Adolph Hess

Brandenburg-Preussische Münzen- und Medaillen-Sammlung

Des Herrn August von der Heyden in Berlin

Adolph Hess

Brandenburg-Preussische Münzen- und Medaillen-Sammlung
Des Herrn August von der Heyden in Berlin

ISBN/EAN: 9783743358287

Hergestellt in Europa, USA, Kanada, Australien, Japan

Cover: Foto ©ninafisch / pixelio.de

Manufactured and distributed by brebook publishing software (www.brebook.com)

Adolph Hess

Brandenburg-Preussische Münzen- und Medaillen-Sammlung

Adolph Hess Nachf., Westendstrasse 7, Frankfurt a. M.

Brandenburg-Preussische
Münzen- und Medaillen-Sammlung

des Herrn

August von der Heyden

in Berlin.

Mit 4 Tafeln Abbildungen.

Preis Mark 3.—

Die öffentliche Versteigerung findet statt:
Mittwoch den 5. Februar 1896 und folgende Tage
im Lokale und unter Leitung des Experten
Adolph Hess Nachf., Westendstrasse 7, **Frankfurt a. M.**

Besichtigungstag: Sonntag den 2. Februar 1896, 11—1 Uhr.

Frankfurt am Main.
Adolph Hess Nachf., Westendstrasse 7.
1896.

Die Sammlung des Herrn von der Heyden, die uns vom Besitzer zur Versteigerung übergeben wurde, erfreut sich seit langer Zeit des Rufes, unter den gegenwärtig existirenden brandenburg-preussischen Privat-Sammlungen eine der bedeutendsten zu sein, wie sie auch der Anciennetät nach einen der ersten Plätze einnimmt. Unter den zahlreichen hervorragenden Sammlungen gleicher Richtung, die wir in den letzten Jahren zum Verkauf gebracht haben — wir erinnern nur an die Cabinete der Herren Carl Farina, Georg Pniower und Adolph Meyer, — gebührt ihr unstreitig die erste Stelle, ja wir dürfen behaupten, dass seit der Auction Henckel, also seit zwanzig Jahren, keine gleichbedeutende brandenburg-preussische Sammlung auf den Markt gekommen ist. Von dem vorliegenden Cataloge wurden nur die artistischen Portrait-Medaillen des 16. Jahrhunderts, einige Thaler der Incunabelzeit, sowie die höchst bedeutende Sammlung von Medaillen auf preussische Privatpersonen ausgeschlossen, welche Partieen Herr von der Heyden weiter auszubauen gedenkt.

Der Catalog ist unter Benutzung der einschlägigen Litteratur mit aller Sorgfalt angefertigt. Durch das liebenswürdige Entgegenkommen des Herrn Dr. Emil Bahrfeldt in Berlin, der uns auf unser Ersuchen die Aushängebogen seines neuen Werkes über das Münzwesen der Mark unter den Hohenzollern bis 1640 zur Verfügung stellte, war es uns möglich die Resultate dieser grundlegenden Arbeit bereits für diesen Catalog zu verwerthen, wofür wir dem Herrn Verfasser auch an dieser Stelle unsern verbindlichsten Dank aussprechen.

A. H. N.

Die Versteigerung geschieht gegen Baarzahlung mit einem Aufgelde von 5% zum Erstehungspreise.

Die Sammlung kann ausser am Besichtigungstage in der Woche vom 27. Januar bis 1. Februar täglich während der üblichen Geschäftsstunden besichtigt werden.

Der Catalog ist mit aller Sorgfalt und Genauigkeit angefertigt; auch ist den Interessenten durch die Ausstellung Gelegenheit geboten, sich von dem Zustande der einzelnen Stücke durch Augenschein zu überzeugen und kann daher nach geschehenem Zuschlage keinerlei Reclamation berücksichtigt werden.

Der Experte ist berechtigt, die Nummern nach seinem Belieben zu vereinigen oder zu trennen.

Die Auction beginnt Mittwoch den 5. Februar 1896, präcis 9 Uhr Vormittags, Westendstrasse 7, Frankfurt am Main.

Aufträge werden unter Anrechnung von 5% Provision und unter voller **Garantie der Aechtheit** der ersteigerten Stücke auf das Sorgfältigste und Gewissenhafteste ausgeführt vom Leiter der Auction.

Die authentische Liste der erzielten Preise erscheint nach der Auction im Druck und ist vom Unterzeichneten zum Preise von Mk. 2.— zu beziehen.

Frankfurt am Main.

Adolph Hess Nachf.,
Westendstrasse 7.

I. Die Courantmünzen.

A. Münzen der Wenden.

1 Pfennig mit Kirche u. Kreuz. Dannenberg 1330.   2
2 Desgl. Kreuz mit Kleeblättern. Rv. Kreuz. Dbg. 1335 b.   2
3 Hälbling, wie vorher. Dbg. 1336.
4 Pfennig mit Bischofsstab u. Kreuz. Dbg. 1343.
5 Hälbling, wie vorher. Dbg. 1344.   2
6 Desgl. Kreuz mit je zwei Ringeln u. Kugeln i. d. Winkeln. Rv. Wie bisher. Zu Dbg. 1338.
7 Pfennig. Krummstab zwischen Kreuz u. Kreis. Rv. Wie bisher. Dbg. 1316.
8 Desgl. Beiders. Kreuz. Dbg. 1347, 1351 a u. a.   6
9 Hälbling. Kreuz mit vier Punkten i. d. W. Rv. Kreuz aus vier Dreiecken gebildet. Dbg. nicht.

Przibislaw-Heinrich, † 1150.

10 Pfennig. Der r. reitende Fürst. Rv. Vierthürmiges Gebäude. B. 1. Gut erh.
11 Ein zweites Exemplar. Undeutlich.
12 Desgl. Zweiter Stempel mit C statt G im Rv. B. 1 b. Gut erh.
13 Pfennig. Beh. Brustb. v. vorn, mit Schwert u. Fahne. Rv. Brustb. der Fürstin Petrissa v. vorn. 1. Sorte mit kleinerem Brustb. B. 3c. Gut erh.
14 Desgl. 2. Sorte mit grösserem Brustb. B. 3r. Gut erh.   2
15 Noch 3 gut erhaltene Exemplare.   3

Jakza von Köpnick, um 1157.

16 Bracteat. IA — RZA · CO · · NIK · C — NG Beh. Brustb. v. vorn mit Schwert, unter einem Portale. B. 5. Mm. 29. S. g. e.
17 Desgl. · IACZA · · · COPNIC · · Brustb. r. mit Schwert u. Palmzweig. B. 6. Mm. 28. S. g. e.

B. Die Markgrafen aus dem askanischen Hause.

Albrecht der Bär, 1134—1170.

18 Bracteat. ✝ HƎRBLA Der Markgraf l. reitend. Hinter ihm ein Blatt. B. 13a. Mm. 24. Zwei sich ergänzende Exemplare. S. g. e.   2
19 Noch zwei sich ergänzende Exemplare.   2

Courantmünzen.

20 Bracteat. + BRAN DE BVRG Beh. u. geh. Brustb. mit Schwert u. Schild, hinter einer mit zwei Thürmen besetzten Mauer. B. 14 a. Zwei sich ergänzende Exemplare. Mm. 29. S. g. e. 2
21 Desgl. Wie vorher, nur + BRAN · · BARG B. 14 b. Zwei sich ergänzende Exemplare. Gut erh. 2
22 Desgl. Gleiche Darstellung, über dem Schilde ein Stern. B. 14 c. S. g. e.
23 Bracteat ohne Schrift. Brustb. v. vorn mit Lilie und Fahne. B. 23. Mm. 25. S. g. e.
24 Desgl. Behelmtes Brustb. v. vorn mit Schwert u. Fahne. B. 24. Mm. 28. S. g. e.
25 Desgl. Beh. Brustb. v. vorn mit Schwert u. Fahne, unter einem mit drei Thürmchen besetzten Bogen. B. 27. Mm. 27. S. g. e.
26 Ein zweites Exemplar. Ebenfalls s. g. e.
27 Desgl. Brustb. wie vorher, hinter einer von zwei Thürmchen flankirten Mauerbrüstung. B. 28. Mm. 26. S. g. e.
28 Desgl. Gleiche Darstellung, ein Thor unter der Mauerbrüstung. B. 29. Mm. 27. S. g. e.
29 Desgl. Gleiche Darstellung, Thurmkuppel unter der Mauer. B. 30. Mm. 29. S. g. e.
30 Desgl. Der steh. geharn. Markgraf mit Fahne u. Schild, zwischen Kuppelthürmen. B. 32. Mm. 27. S. g. e.
31 Desgl. Wie vorher, aber der Markgraf mit Schwert u. Fahne. B. 33. Mm. 27. S. g. e.

Otto I., 1170—1184.

32 Bracteat. BR — AVN — D — G — BV — RS — OTO Der steh. geh. Markgraf mit Schwert u. Fahne, zwischen zwei Kuppelthürmen. B. 37. Mm. 28. S. g. e. 2
33 Noch zwei gleiche Exemplare, ebenfalls s. g. e. 2
34 Desgl. BRA — N — D DBVRG — OTO Der steh. geh. Markgraf mit umgegürtetem Schwerte, Fahne u. Schild haltend. Z. d. Seiten zwei Gebäude mit Kuppelthürmen. B. 38. 28 Mm. S. g. e.
35 Noch zwei gleiche Exemplare. S. g. e. 2
36 Desgl. BRANDE — BVRGENSIS — OT — TO Der geh. Markgraf mit Schwert u. Fahne auf einer von zwei Kuppelthürmen flankirten Mauer sitzend. B. 39. 29 Mm. S. g. e. 3
37 Noch zwei gleiche Exemplare. S. g. e. 2
38 Desgl. OTTO — BRA — ND Zwischen Kirchengebäude u. Zinnenthurm der steh. geh. Markgraf mit Schwert u. Schild. B. 40. Mm. 27. S. g. e. 2
39 Noch drei gleiche Exemplare, ebenfalls s. g. e. 3
40 Desgl. BR — AND — GBV — RG — OT — TO Vierthürmiges Gebäude. B. 41. 28 Mm. S. g. e.
41 Ein zweites Exemplar. S. g. e.
42 Desgl. BRAND · · — · · · · ENS Der steh. geh. Markgraf mit Fahne u. Schild. B. 42. Mm. 28. S. g. e.
43 Desgl. OTTO — BRANDE Zwischen Palmzweig u. Lilienscepter der steh. geh. Markgraf mit Schwert u. Fahne. Unten zu beiden Seiten Brustb. eines Geharn. mit Schild. B. 44. 29 Mm. S. g. e.

44 Bracteat. OTTO Der geh. Markgraf mit Schwert, Fahne u. Schild. Z. d. Seiten zwei Kuppelgebäude. B. 45. Mm. 29. S. g. e.

45 Desgl. OTTO · B — RAN — DE — N — BO — G Der r. reitende geh. Markgraf mit Schwert u. Schild. Unten eine Leiste. B. 52. Mm. 29. S. g. e.

46 Desgl. · ICIOPNCPNO — MPAPCRIVO Zwischen Kirche u. Thurm der steh. geh. Markgraf mit Schwert u. Fahne. B. 60. Mm. 27. Gut erh.

Otto II., 1184—1205.

47 Bracteat. OTO — MARI Der geh. Markgraf mit Schwert, Fahne u. Schild. B. 70. Mm. 25. S. g. e.

48 Desgl. ohne Schrift. Zwischen zwei Kuppelthürmen der geh. Markgraf mit Schwert u. Fahne. B. 72. Mm. 21. S. g. e.

49 Desgl. Geh. Brustb. mit Schwert u. Fahne über einem Bogen. B. 78. Mm. 22. G. e.

50 Desgl. Der steh. geh. Markgraf mit Schwert u. Fahne. B. 83. Mm. 22. S. g. e. 2

51 Desgl. OT — TO Der steh. geh. Markgraf mit Fahne u. Adlerschild. B. 85. Mm. 20. G. e. 2

52 Desgl. OT · ř Der steh. geh. Markgraf mit Fahne u. Schild, über welchem ein Kreuz. B. 86. Mm. 21. S. g. e.

53 Desgl. Der steh. geh. Markgraf mit Schwert, Fahne u. Schild. B. 90. Mm. 21. Gut erh.

54 Noch zwei gleiche Exemplare. Gut erh. 2

55 Desgl. (OTO) Der steh. geh. Markgraf mit Schwert u. Fahne zwischen zwei Kuppelthürmen. B. 92. Mm. 20. Gut erh.

56 Zwischen zwei Lilien der Markgraf wie vorher. B. 93. Mm. 19. S. g. e. 2

57 Desgl. MARCHIDI — SENDALE Der steh. beh. Markgraf mit Fahne u. Schild. Links Zinnenthurm. B. 100. Mm. 22. S. g. e.

Heinrich von Gardelegen, 1184—1192.

58 Bracteat. Ueber einem Doppelbogen das geh. Brustb. v. vorn mit Schwert u. Fahne. Unten der Salzwedel'sche Schlüssel. B. 108. 18 Mm. G. e.

59 Desgl. Dreithürm. Gebäude, darüber der Schlüssel. Ganz oben die segnende Hand Gottes. B. 111. 20 Mm. S. g. e.

60 Desgl. Ueber einem von zwei Kuppelthürmchen flankirten Bogen Brustb. v. vorn mit Schlüssel u. Fahne. Unten drei Kuppelthürme. Vergl. B. 107 a. Mm. 20. S. g. e.

Albrecht II., 1186—1220.

61 Denar. · ALDGRTE — STEND ·· Brustb. v. vorn zwischen zwei Sternchen. Rv. + ALDGR ···· DALG Bogen mit drei Thürmen besetzt. B. 138. S. g. e.

62 Desgl. LDG — RTC Der steh. Graf mit zwei Fahnen. Rv. Adler. B. 140c. S. g. e.

63 Desgl. Der auf einem Bogen sitz. Graf mit Fahne u. Schild. Rv. Mauer mit Thurm etc. B. 142. S. g. e.

64 Desgl. Auf einem Bogen Brustb. mit zwei Fahnen. Rv. Reiter r. B. 155. Gut erh. 2

Courautmünzen.

65 Denar. Dreibogen, darüber Brustb. mit Schwert u. Fahne. Rv. Reiter l. mit Vogel. B. 157. S. g. e.
66 Desgl. Der Markgraf zwischen Thürmchen u. Schild. Rv. Zwillingsfadenkreuz mit vier Blumen. B. 159. S. g. e.

Johann II., Otto IV. und Conrad, 1266—1281.

67 Denar. Sitz. Markgraf mit zwei Helmen. Rv. Zwei sitz. Markgrafen. B. 190. S. g. e. 2

Otto IV., 1266—1308.

68 Denar. Der Markgraf, umher O — T / T — O   Rv. OTTO · MARCHI Im Felde Kreuz. B. 193a. S. g. e. 2
69 Desgl. Adlerschild. Rv. Adler. B. 194. G. e.
70 Desgl. Der Markgraf zwischen vier Adlerschilden. Rv. Adlerschild, umher O — T — O B. 195. S. g. e.
71 Desgl. OTTO Der sitz. Markgraf mit Schwert u. Vogel. Rv. Adler zwischen zwei Kuppelthürmen etc. B. 196. S. g. e. 3
72 Desgl. Av. Wie vorher, ohne Schrift. Rv. Adler. B. 197. S. g. e. 2
73 Desgl. Sitz. Markgraf mit Schwert u. Fahne. Rv. ST—EN—DA—L A Zwillingsfadenkreuz. B. 199. S. g. e. 3
74 Desgl. Sitz. Markgraf mit zwei Schwertern. Rv. Zwillingsfadenkreuz mit vier Rosetten. B. 205. S. g. e.
75 Desgl. Geflügeltes Brustb. Rv. Zwillingsfadenkreuz im Vierpasse. B. 216. S. g. e.

Otto IV. und Conrad, 1281—1291.

76 Denar. Die beiden sitz. Markgrafen. Rv. Kreuz mit O — T — O — A B. 215. S. g. e. 3
77 Desgl. Av. Wie vorher. Rv. Zwei Adlerschilde, dazwischen kleeblattförm. Baum. B. 217. S. g. e. 3
78 Desgl. Markgraf zwischen zwei Kuppelthürmen. Rv. Zwei Helme. B. 219. S. g. e. 4

Otto V., 1267—1298.

79 Denar. Sitz. Markgraf mit zwei Lilienstengeln. Rv. OTTO auf einem Bogen, darüber Thurm u. zwei Vögel. B. 222. S. g. e.
80 Desgl. Sitz. Markgraf mit zwei Vögeln. Rv. Drei Adlerschilde, dazwischen O — T — T B. 224. S. g. e.
81 Desgl. Sitz. Markgraf, daneben OT — TO Rv. OTTO Grosser Helm. B. 226. S. g. e. 4

Albrecht III., 1269—1300.

82 Denar. Der Markgraf mit zwei Lanzen zwischen zwei Thürmchen. Rv. Adlerschild etc. B. 228. S. g. e. 3
83 Bracteat. Der Markgraf mit zwei Lanzen zwischen zwei Thürmchen. B. 229. 21 Mm. S. g. e.
84 Denar. Geflügelter Markgraf. Rv. Adlerschild zwischen zwei Thürmchen. B. 230. S. g. e.
85 Desgl. Geflügelter Markgraf, Kreuzscepter in beiden Händen. Rv. Vier Thürme, i. d. Mitte Kreis mit Kreuz. B. 231. S. g. e. 5

Courantmünzen. 5

86 Denar. Markgraf mit Schwert u. Lanze. Rv. + BRANDGBORG Helm. B. 233. S. g. e.
87 Desgl. Der Markgraf mit Vogel l. reitend. Rv. Schild mit halbem Adler u. Löwen. B. 235. Gut erh. 2
88 Desgl. + BRANDGBOR Adler. Rv. Adler u. Löwe. B. 237. Gut erh. 2
89 Noch drei gleiche Denare. S. g. e. 3

Otto V., Albrecht III. und Hermann. 1296—1298.

90 Denar. Markgraf zwischen vier Sternen. Rv. + OTTO AL hER Adlerkopf. B. 245. Gut erh.

Unbestimmte Münzen aus der 2. Hälfte des XVIII. Jahrhunderts.

91 Denar. Markgraf mit Fahne u. Adlerschild l. reitend. Rv. Kreuz mit vier Thürmchen i. d. W. B. 257. Gut erh. 3
92 Desgl. Markgraf mit Schwert r. reitend. Rv. Steh. Markgraf mit zwei Lanzen. B. 258. S. g. e.
93 Desgl. Markgraf mit Fahne u. Schild. Rv. Zweithürm. Portal mit Kopf, oben Adlerschild. B. 262. S. g. e.
94 Bracteat. Dreibogen mit drei Thürmen. unten Kopf zwischen zwei Thürmchen. B. 278. Mm. 22. S. g. e.
95 Desgl. Beh. Kopf v. vorn. B. 320. Mm. 17. Schlecht erh.
96 Desgl. Zwei gekreuzte Schlüssel. B. 330. Mm. 17. Schlecht erh.
97 Desgl. Kopf über liegendem Schlüssel. B. 337. Mm. 16. S. g. e.
98 Denar. Markgraf mit zwei Schlüsseln. Rv. Vier Adlerschilde in's Kreuz gestellt. B. 338. Gut erh.
99 Desgl. Sitz. Markgraf mit zwei Schlüsseln. Rv. Fünf Kreuze zu einem grösseren vereinigt. B. 339. S. g. e.
00 Desgl. Markgraf zwischen vier Halbbogen. Rv. Helm zwischen zwei Fahnen auf einem Aufsatz, unten Adlerschild. B. 341. Gut erh.
01 Desgl. Sitz. Markgraf mit zwei Kreuzen. Rv. Mauer mit drei Thürmen besetzt, unten Helm. B. 345. S. g. e.
02 Desgl. Markgraf zwischen vier Kreuzen. Rv. Zweithürm. Portal mit Helm. B. 347. G. e.
03 Obol. Markgraf im Portal, aus zwei Thürmen gebildet. Rv. Aehnliches Portal mit Helm. Wie B. 349. S. g. e.
04 Denar. Sitz. Markgraf mit zwei Schwertern. Rv. Doppeladler. B. 365. S. g. e.
05 Desgl. Markgraf mit zwei Streitäxten. Rv. Schreitender Adler l. B. 366. Gut erh.
06 Desgl. Geflügelter Markgraf. Rv. Wie vorher. B. 367. G. e.
07 Desgl. Markgraf zwischen vier Adlerköpfen. Rv. Stern. B. 370. Gut erh.
08 Bracteat. Markgraf mit Schwert u. Lanze zwischen zwei Thürmen. B. 383. Mm. 22. S. g. e.
09 Desgl. Aehnlich wie vorher. B. 389. Mm. 22. G. e.
10 Desgl. Markgraf mit Fahne u. Schild. B. 401. Mm. 21. S. g. e.
11 Desgl. Aehnlich wie vorher. Grosser Ringel über dem Schilde. B. 404. Mm. 20. G. e.

6 Courantmünzen.

112 Denar. Markgraf l. mit Fahne u. Schild. Rv. Kreuz. B. 405. S. g. e. 1
113 Bracteat. Markgraf mit zwei Fahnen, zwischen zwei Thürmchen. B. 410. Mm. 20. S. g. e.
114 Desgl. Zwischen zwei Thürmchen der Markgraf mit zwei Kugelsceptern. B. 435. Mm. 21. S. g. e.
115 Denar. Markgraf zwischen zwei Thürmchen. Rv. Gekr. Adler. B. 443. S. g. e. 2
116 Bracteat. Markgraf mit Lanze u. Schlüssel. B. 539. Mm. 15. S. g. e.
117 Desgl. Markgraf mit zwei Schwertern. B. 541. Mm. 15. S. g. e.
118 Desgl. Markgraf mit Schwert u. Lilienstab. B. 543. Mm 15. G. e.
119 Desgl. Markgraf mit zwei Kreuzstäben. B. 548. Mm. 15. S. g. e.
120 Denar. Markgraf im Portal. Rv. Kleeblatt. B. 555. G. e.
121 Desgl. Geflügelter Markgraf. Rv. Wie vorher. B. 557. S. g. e. 2
122 Desgl. Markgraf mit zwei Lilienstäben. Rv. Vier Kuppelthürme, unten Kreuz. B. 558. S. g. e. 6
123 Desgl. Markgraf mit zwei Speeren. Rv. Vier Helme in Kreuzform. B. 561. S. g. e.
124 Desgl. Sitz. Markgraf mit zwei Thürmen. Rv. Drei Helme u. drei Lilien. B. 563. S. g. e.
125 Desgl. Markgraf zwischen zwei Vögeln u. zwei Helmen. Rv. Adlerschild im Vierpass. B. 565. S. g. e. 2
126 Desgl. Markgraf zwischen zwei Helmen u. Zinnenthürmen. Rv. Kreuz mit vier Adlerköpfen. B. 567. S. g. e. 2
127 Desgl. Markgraf zwischen zwei Helmen u. zwei Rosetten. Rv. Adler. B. 569. Gut erh.
128 Desgl. Sitz. beh. Markgraf mit Schwert u. Schild. Rv. Lilie zwischen zwei beh. Adlerschilden. B. 571. S. g. e. 2
129 Desgl. Markgraf mit Schwert u. Adlerschild. Rv. Grosses Kreuz, vier kleinere i. d. W. B. 572. S. g. e. 2
130 Desgl. Markgraf mit zwei Schwertern zwischen zwei Kuppelthürmen. Rv. Dreibogen mit drei Thürmen besetzt. B. 573. S. g. e. 5
131 Desgl. Sitz. Markgraf mit zwei Kreuzchen. Rv. Stern. B. 574. Gut erh.
132 Desgl. Markgraf zwischen vier Blumenkreuzen. Rv. Zwei Vögel. B. 576. Gut erh. 3

Waldemar, 1305—1319.

133 Denar. Markgraf zwischen zwei Lilien und zwei Adlerköpfen. Rv. WO — LD — ΘM — ΆR Kreuz. B. 577. Gut erh.
134 Noch drei Exemplare. G. e. 3
135 Desgl. Wie vorher, nur WO — LDΘ — MΆЯ — ÐS · L B. 578. Gut erh.
136 Obol. Wie vorher, nur OW — ON — OO — O · Zu B. 579. Mm. 12. 0,4 Gr. G. e.
137 Denar. Beh. Markgraf l. reitend. Rv. Stern. B. 580. Gut erh. 3
138 Desgl. Reiter mit Schwert l. Rv. Kreuz mit vier Kleeblättern. B. 582. Gut erh. 3

Agnes, Gemahlin Waldemars, † 1334.

139 Denar. Weibl. Gestalt mit Falken l. reitend. Rv. Stern. B. 581. G. e. 3

Unbestimmte Münzen aus der Zeit der letzten Anhaltiner.

140 Denar. Markgraf mit Fahne u. Schild. Rv. Zwischen zwei Thürmen Adlerschild u. Helm. B. 583. G. e.
141 Desgl. Markgraf mit zwei Balken. Rv. Kreuz mit vier Lilien. B. 584. Gut erh. 2
142 Desgl. Markgraf mit Fahne u. Schlüssel. Rv. Vier Lilien in's Kreuz gestellt. B. 586. Gut erh.
143 Obol. Von gleicher Darstellung. B. 587. Gut erh.
144 Denar. Markgraf zwischen vier Pfeilspitzen. Rv. Stern. B. 592. Gut erh. 2
145 Desgl. Markgraf mit zwei Bäumchen. Rv. Blätterkreuz im Vierpass. B. 594. Gut erh. 3
146 Desgl. Markgraf mit zwei Lilien. Rv. Wie vorher. B. 596. Gut erh.
147 Desgl. Markgraf mit Schwert u. Schild. Rv. Drei Adlerflügel. B. 602. Gut erh. 4
148 Obol. Markgraf zwischen vier Lilien. Rv. Wie vorher. B. 603. G. e.
149 Denar. Markgraf zwischen zwei Helmen u. zwei Adlerschilden. Rv. Kreuz mit langem Fusse u. zwei Helmen. B. 607. G. e.
150 Desgl. Markgraf mit zwei Blumen. Rv. Wie vorher. B. 609. Gut erh. 3
151 Desgl. Markgraf zwischen zwei Kreuzen u. zwei Winkeln. Rv. Kleepflanze zwischen zwei Adlerköpfen. B. 610. Gut erh.
152 Desgl. Markgraf zwischen zwei Helmen u. zwei Adlerköpfen. Rv. Scepter zwischen zwei Vögeln. B. 612. Gut erh.
153 Desgl. Markgraf mit zwei Bogen. Rv. Kreuz, daneben zwei gekr. Köpfe. B. 613. G. e.
154 Desgl. Markgraf zwischen vier Sternen. Rv. Kreuz. B. 615. Gut erh. 2

C. Die Markgrafen aus dem bayerischen Hause.

Ludwig I., der Bayer, 1323—1351.

155 Denar. Markgraf mit zwei Schwertern. Rv. L O D E —V—I O um einen Helm. B. 619. Gut erh.

Ludwig II., 1351—1365.

156 Denar. Der Markgraf mit zwei Pfeilen. Rv. L O D E V I O h · um einen Helm. B. 620. G. e.
157 Desgl. Markgraf mit zwei Blumenstengeln. Rv. Grosses L B. 621. G. e.
158 Desgl. Av. Wie vorher. Rv. Zwei Vögel. B. 622. G. e.

Otto VIII., der Faule, 1365—1373.

159 Denar. O — O / T — T Dazwischen der Markgraf. Rv. Zwei Vögel. B. 623. Gut erh.
160 Desgl. Av. Wie vorher. Rv. Kreuz. B. 624. Gut erh.
161 Desgl. Markgraf mit zwei Trinkhörnern. Rv. Kreuz mit O — T — T — O B. 625. Gut erh. 2

Unbestimmte Denare aus der bayerischen Zeit.

162 Denar. Markgraf mit Lanze und Schwert. Rv. Bär l. schreitend. B. 626. Gut erh. 2

Courantmünzen.

163 Denar. Markgraf mit zwei Kreuzstäben. Rv. Dreipass mit drei Lilien. B. 629. Gut erh.
2,50 164 Desgl. Markgraf mit zwei halben Lilien. Rv. Vier Lilien in's Kreuz gestellt. B. 630. Gut erh.
0,50 165 Obol. Mit gleicher Darstellung. B. 630 I. Gut erh.
166 Denar. Markgraf mit Pfeil und Bogen. Rv. Drei Adler. B. 635. G. e.
167 Desgl. Av. Wie vorher. Rv. Fünf Sterne. B. 636. Gut erh.
168 Desgl. Markgraf mit zwei Lilien. Rv. Drei Sterne. B. 637. Gut erh.
169 Desgl. Markgraf mit zwei Ringen. Rv. Grosser Stern. B. 639. Gut erh.
170 Desgl. Aehnlich wie vorher. B. 641. Gut erh.
171 Desgl. Av. Wie vorher. Rv. Vier Rosen um einen Vierpass. B. 643. Gut erh.
172 Desgl. Markgraf mit zwei Hirschgeweihen. Rv. Grosser Stern. B. 644. Gut erh. 2
173 Desgl. Markgraf zwischen vier Herzen. Rv. Wie vorher. B. 645. Gut erh.
174 Desgl. Markgraf mit zwei Fahnen. Rv. Vier Sterne und zwei Bogen. B. 646. Gut erh.
2,— 175 Desgl. Markgraf mit zwei Hirschstangen. Rv. Zwei Schlüssel. B. 649. Gut erh.
176 Desgl. Markgraf mit zwei Schlüsseln. Rv. Die bayr. Wecken. B. 650. Gut erh.
177 Desgl. Av. Wie vorher. Rv. Acht Doppellilien. B. 652. Gut erh.
178 Desgl. Markgraf mit zwei Bogen. Rv. + BRANDBORG um einen Helm. B. 653. Gut erh. 2
1,25 179 Desgl. Av. Wie vorher. Rv. Kreuz etc. B. 654. Gut erh.
180 Desgl. Markgraf mit Pfeil und Bogen. Rv. Helm im Kranze. B. 655. Gut erh.
0,50 181 Desgl. Harpye. Rv. Hirschgeweih, darin Helm. B. 656. Gut erh. 2
182 Desgl. Markgraf zwischen vier Kronen. Rv. Helm zwischen zwei Hirschstangen. B. 657. Gut erh.
2,50 183 Obol. Markgraf zwischen zwei Kronen und zwei Dreiblättern. Rv. Wie vorher. B. 658. Gut erh.
0,50 184 Denar. Markgraf mit zwei Kannen. Rv. Mauer mit drei Thürmen, im Bogen ein Helm. B. 660. Gut erh. 3
185 Desgl. Markgraf mit Schwert und Schild. Rv. Mauer mit drei Thürmen, unten Adlerkopf. B. 661. Gut erh.
1,75 186 Desgl. Markgraf zwischen zwei Hehnen und zwei Schilden. Rv. Wie vorher. B. 662. Gut erh.
1,75 187 Desgl. Markgraf zwischen zwei Lilien und zwei Adlerköpfen. Rv. Wie vorher. B. 663. Gut erh.
188 Desgl. Markgraf mit zwei Thürmen. Rv. Thurm zwischen zwei Vögeln. B. 664. Gut erh.
189 Desgl. Markgraf zwischen zwei Kronen. Rv. Thurm zwischen zwei Blumenstengeln. B. 665. G. e.
1,— 190 Desgl. Geflüg. Markgraf. Rv. Lilienkreuz und vier Helme. B. 666. Gut erh. 2

bis 194

von 188 an

Courantmünzen. 9

191 Denar. Markgraf mit zwei Geweihen. Rv. Wie vorher. B. 667. Gut erh.
192 Desgl. Markgraf mit zwei Blumenstäben. Rv. Zweistengelige Pflanze etc. B. 669. Gut erh.
193 Desgl. Markgraf mit Schwert u. Scepter. Rv. Drei Lilienstäbe u. drei Helme. B. 670. Gut erh.
194 Desgl. Markgraf mit zwei Fahnen. Rv. Kreuz im Vierpass. B. 672. Gut erh. 2
195 Obol von gleicher Darstellung. B. nicht. Gut erh.
196 Denar. Markgraf mit zwei Vögeln u. zwei Helmen. Rv. Adlerschild im Vierpass. B. 673. Gut erh.
197 Desgl. Markgraf mit zwei Bäumchen. Rv. Baum zwischen zwei Schilden. B. 677. Gut erh.
198 Desgl. Markgraf mit zwei Pokalen. Rv. Gekr. Kopf im Dreipass. B. 678. Gut erh.
199 Desgl. Markgraf zwischen zwei Flügeln u. zwei Adlerköpfen. Rv. Stern. B. 679. Gut erh. 3
200 Desgl. Markgraf mit zwei Helmen u. zwei Bogen. Rv. Krone im Kranze. B. 681. Gut erh.
201 Desgl. Sitz. Markgraf. Rv. Zwei Fische. B. 687. Gut erh.
202 Desgl. Markgraf mit zwei Zweigen. Rv. Stern. B. 690. Gut erh. 5
203 Desgl. Markgraf zwischen Adlerköpfen u. Sternen. Rv. Sechs Kleeblätter. B. 691. Gut erh. 2
204 Desgl. Markgraf mit zwei Stäben. Rv. Verziertes Dreieck. B. 692. Gut erh. 2
205 Desgl. Markgraf mit zwei Pfeilen. Rv. Geflügeltes Schwert. B. 694. Gut erh.
206 Desgl. Markgraf zwischen je zwei Helmen und Bogen. Rv. Stern aus Adlerköpfen und Sternen. B. 695. Gut erh.

D. Die Markgrafen aus dem lützelburgischen Hause.

207 Denar. Markgraf mit zwei Lanzen. Rv. Zwei Kronen. B. 710. Gut erh.
208 Desgl. Markgraf mit zwei Kreuzstäben. Rv. Krone. B. 711. Gut erh.
209 Desgl. Aehnlich wie vorher. B. 712. Gut erh. 2
210 Desgl. Av. Wie vorher. Rv. Sechs Kronen in einen Kreis gestellt. B. 713. Gut erh.
211 Desgl. Av. Wie vorher. Rv. Bethürmtes Thor. B. 714. Gut erh.
212 Eins. Obol. Adler l. sehend. B. 715. Gut erh.
213 Denar. Markgraf zwischen zwei Schilden. Rv. Zwei halbe Adler. B. 719. Gut erh.
214 Desgl. Av. Wie vorher. Rv. Vier Adlerköpfe. B. 722. G. e.
215 Desgl. Brustb. mit zwei Fischen. Rv. Sitz. Löwe. B. 725. G. e.
216 Desgl. Markgraf mit zwei Vögeln. Rv. Löwe l. B. 726. G. e.

E. Die geistlichen Herren.
Bisthum Havelberg.

217 Denar. Bischof mit zwei Krummstäben. Rv. Hand. B. 750. Gut erh.
218 Desgl. Av. Wie vorher. Rv. Stern aus Eicheln u. Eichenblättern gebildet. B. 751. G. e.
219 Desgl. Av. Wie vorher. Rv. Grosser Kopf. B. 756. G. e.

Bisthum Lebus.
Conrad I., von Sternberg, 1284—1299.

4,— 220 Bracteat. In vierbogiger Einfassung steh. Bischof mit zwei Kleestengeln. B. nicht. Mm. 20. S. g. e.

F. Münzen der Hohenzollern.
Friedrich I., 1415—1440.

57,— 221 Nürnberger Goldgulden. ✠ FRID:DEI:G·BURGI·IN NUREMBG Im Sechspass das burggräfl. Wappen, in den äusseren Bogen kleine Ringel. Rv. o — S § IOAN — § — NNES § B o Der steh. Heil. mit Kreuzscepter, unten r. der Zollernschild u. oben l. Brackenkopf. Zu v. Arn. 1. Gut erh.

58,— 222 Desgl. ✠ FRID § DEI § G § BURGI o IN NUREMBG Rv. S § IOAN — NNES § B' Sonst wie vorher. Vortreffl. erh. *Abgeb. Taf. II.*

51,— 223 Desgl. ✠ FRID DEI G BURGI·IN NUREMBG ✠ Rv. o — S § IOAN — § — NNES;Bo—· Sonst wie vorher. S. g. e.

82,— 224 Desgl. ✠ FRIDERIC'* MARGF'* BN'* GN' Adler. Rv. S'* IOHAN *,— NES * BAP' Der steh Heil. zwischen Zollernschild u. Brackenkopf. Halbmond zwischen den Füssen. B. p. 19. Vortreffl. erh.

91,— 225 Desgl. Wie vorher, von wenig abweichender Zeichnung. Der Schluss der Av.-Umschrift geht bis dicht an das Kreuz, wogegen bei dem Vorhergeh. ein kleiner Zwischenraum bleibt. Vortr. erh.

Friedrich II., 1440—1470.
1. Ohne Angabe der Prägestätte.

1,— { 226 Adlerhohlpfennig mit glattem Rand, auf welchem oben ein kleiner Zollernschild. B. 6a. S. g. e.
227 Desgl. mit Strahlenrand. B. 7. 4 Var. S. g. e.   4

2. Brandenburg.

3.— { 228 Groschen. Kurzes Kreuz mit vier Wappen. Rv. Adler. B. 28a. S. g. e.
229 Ein zweites Exemplar. Etwas andere Zeichnung. S. g. e.
230 Desgl. Adlerschild. Rv. Vierfeld. Wappen. B. 33a. S. g. e.
231 Desgl. Wie vorher. B. 33c. S. g. e.
232 Desgl. Ebenso. B. 33gg. S. g. e.   2
233 Desgl. Ebenso. B. 33 m. Gut erh.
234 Noch 4 Exemplare. G. e.   4

3. Frankfurt a. d. Oder.

1,50 { 235 Adlerhohlpfennig, oben auf dem Strahlenrande F B. 12. S. g. e.   4
236 Hohlpfennig mit Helm. B. 15 u. 16. S. g. e.   2

4. Havelberg.

4,25 { 237 Hohlscherf wie vorher. B. 18, desgl. 18d, oben Stern r. im Felde. Gut erh. 2
238 Groschen. Kurzes Kreuz, mit drei Wappen und Stern. Rv. Adler. B. 36n. S. g. e.
239 Desgl. Adlerschild. Rv. Vierfeld. Wappen. B. 37. G. e.

Courantmünzen. 11

5. Königsberg.

240 Groschen. Adlerschild. Rv. Kreuz mit vier Wappen. B. 40a. S. g. e. u. ein schlecht erh. Exempl. 2

6. Salzwedel.

241 Hohlpfennige mit halbem Adler u. Schlüssel. B. 21a u. b. S. g. e. 4
242 Hohlscherfe, ebenso. B. 22. Gut erh. 6

7. Stendal.

243 Hohlpfennige mit halbem Adler u. vier Steinen. B. 19. Div. Var. Meist s. g. e. 12
244 Hohlscherf, ebenso. B. 20a u. b. Gut erh. 2

Albrecht Achilles, 1470—1486.

245 Schwabacher Goldgulden o/J. ALBT' ⦂ MARC — h' ⦂ BRAD ⦂ ELTO' Johannes der Täufer steh., mit dem Lamm, zwischen den Füssen Brackenkopf. Rv. ✠ MONETA ⦂ NOVA ⦂ AVR' ⦂ SWO-BACh Scepterschild auf Lilienkreuz, in den Winkeln vier Wappen. Zu H. 137. S. g. e.
246 Desgl. o/J. Wie vorher, aber MARCh — BRAND'⦂ H. 138. S. g. e.
247 Desgl. o/J. Wie vorher. H. 139. S. g. e. 2
248 Brandenburger Groschen o/J. Adlerschild. Rv. Vierfeld. Wappen. B. 41. G. e.

Johann Cicero, 1486—1499.

1. Ohne Angabe der Prägestätte.

249 Groschen 1496. ✶✶IOhS·D·G·MARChIO·DRA·ELEC Adler mit Scepterschild auf der Brust. Rv. MONE — ANNO — DOMI — 1896 Langes Kreuz u. vier Wappenschilde zwischen Ringeln. B. 43d. S. g. e.
250 Desgl. 1496. ✶IOh'S ○ D ⦂ G ○ MARChIO ○ BRA ○ ELEC Wie vorher. Rv. Wie vorher, aber ohne die Ringel neben den Wappenschildern. Zu B. 46c. S. g. e.
251 Desgl. 1496. Wie vorher, aber ✶IOhS ○ Zu B. 46d. S. g. e.
252 Desgl. 1496. ✶IOhS ○ D ⦂ G ○ MARC'○ BRA ○ E ○ ⦂ ELEC Sonst wie vorher. B. nicht. S. g. e.
253 Desgl. 1497. ✶IOh'S ○ ∂⦂ G ○ MARChIO ○ BRA ○ ELEC Sonst wie vorher, aber 189A. B. 48a. S. g. e.
254 Desgl. 1497. ❀ ○ IOhS ○ D ○ G ○ MAR ○ BRA ○ ELECT○ Der Adler wie vorher. Rv. MONETA ○ ANNO ○ DOMINI ○ 189A Kurzes Kreuz mit den vier Wappen. B. 50a. S. g. e.
255 Desgl. 1498. Wie vorher. B. 51a und d. S. g. e. 2
256 Desgl. 1498. Noch zwei Varianten. B. 51b und d. S. g. e. 2
257 Desgl. 1497. Der Adler, wie bisher. Rv. Lilienkreuz mit den vier Wappen. B. 52a und c. S. g. e. 2
258 Halbgroschen 1496. ✶IOhS·D:G·MARChIO·DRA·CLC· Der Adler. Rv. MONE — TANN — O·DNI·— 1896 Langes Kreuz mit den Wappen. B. 59d. S. g. e. 2

Courantmünzen.

259 Halbgroschen 1496. * IOh'S · Ṡ · 6 · MARAhIO · DRA · ALAA Adler ohne Scepterschild. Rv. MONA — ANNO — ṠOMI — 1896 Der Kurschild auf langem Kreuz. B. 64a. S. g. e. 2

260 Desgl. 1498. * IOhS · D : 6MARAhIO · DRA · ALA · Adler mit Scepterschild. Rv. MONA — TANI — ODNI — 1898 Der Scepterschild auf langem Kreuz. B. 62c. S. g. e.

261 Desgl. 1498. * IOhS · Ṡ : 6 : MARAhIO · DRA · ALAA Adler ohne Scepterschild. Rv. MONA — ANNO — ṠOMI — 1898 Wie vorher. B. 66a. S. g. e. 2

2. Frankfurt a. d. Oder.

262 Groschen 1499. * IOhS · D : 6 · MARAhIO · DRA · ALAA Adler mit Scepterschild. Rv. ☾ · (Zeichen des Münzmeisters Heinr. Koch) MONA ✠ TANN ✠ ODNI ✠ 1899 :· Kurzes Kreuz mit den vier Wappen. B. 56a und b. S. g. e. 2

Joachim I., 1499—1535.

A. Gemeinsam mit seinem Bruder Albrecht, 1499—1514.

1. Ohne Angabe der Münzstätte.

263 Groschen 1499. Adler mit Scepterschild. Rv. Kurzes Kreuz mit vier Wappen. Mzz. * B. 85a. G. e. 2
264 Noch 3 Exemplare. B. 85a u. b. Gut erh. 3
265 Desgl. 1500. Wie vorher. Mzz. ⚘ B. 88a. S. g. e.
266 Desgl. 1500. Wie vorher. Mzz. ⁂ B. 90a. S. g. e.
267 Desgl. 1501. Wie vorher. Mzz. ✱ B. 93a. S. g. e.
268 Desgl. 1501. Wie vorher. Mzz. ✿ B. 94b. S. g. e.
269 Desgl. 1501. Wie vorher, mit MONATA NOVA etc. im Rv. Mzz. ⚹ B. 105a, c, d. S. g. e. 3
270 Noch 3 Exemplare. B. 105a und c. S. g. e. 3
271 Desgl. 1503. Wie vorher. B. 107a. S. g. e.
272 Desgl. 1502. Wie vorher, mit MONAT · NOVA · ARGENT · B. 113b u. c. S. g. e.
273 Desgl. 1504. Wie vorher. B. 117a. S. g. e.
274 Desgl. 1504. Wie vorher. B. 117b. S. g. e. 2

275 Halbgroschen 1502. Adler. Rv. Scepterschild auf langem Kreuz. B. 268a. Gut erh.

2. Angermünde.

276 Groschen o/J. Adler mit Scepterschild. Rv. kurzes Kreuz mit vier Wappen. Mit ANṠDRMVNDNSIS Mzz. ✠ (M. Brasch). B. 177. Gut erh.

3. Berlin.

277 Goldgulden o/J. o IOA o AL o Z o ALB'ọ̈ — ọ̈MAR'o BRAN o Steh. Apostel Paulus, zwischen den Füssen ein Brackenkopf. Rv. ⸫ MONA ọ̈ NOọ̈AVRọ̈BARLINANSIS Lilienkreuz mit den vier Wappen u. dem Scepterschild. B. 285e. S. g. e.
278 Groschen o/J. Adler mit Scepterschild. Rv. * MONATA · NOVA · BARLINANSIS Kurzes Kreuz und vier Wappen. B. 179a, c. S.g.e. 3

Courantmünzen. 13

279 Groschen o/J. Wie vorher, mit ✱ MONETARRO DOMINI BLIND-SIS B. 179k. S. g. e.
280 Desgl. o/J. Wie vorher, mit ✱ ☽ MONETA · NOVA BERLI-NENSIS B. 180c. S. g. e.
281 Desgl. 1507. Wie vorher. B. 181a. d, k, l. S. g. e. 4
282 Desgl. 1508. Wie vorher. B. 182b, zu g. u. Av. a, Rv. b. S. g. e. 3
283 Desgl. 1508. Wie vorher, aber Lilienkreuz u. Mzz. ✿ B. 185a. S. g. e.
284 Desgl. 1508. Wie vorher. B. 185a, aber BEBLINENSIS S. g. e.
285 Desgl. 1508. Wie vorher. B. 185k, m. S. g. e. 3
286 Desgl. 1508. Wie vorher. B. 185q. S. g. e.
287 Desgl. 1509. Wie vorher. B. 186e. S. g. e. 4
288 Desgl. 1510. Wie vorher. B. 187o, t. S. g. e. 2
289 Desgl. 1510. Wie vorher. Av. B. 187i, Rv. 187n, aber MONET S. g. e.
290 Desgl. 1511. Wie vorher. B. 188a, g und b, aber o 1511 o S. g. e. 4
291 Desgl. 1512. Wie vorher. B. 189a. S. g. e. 2
292 Desgl. 1513. Wie vorher. B. 190a, c, e, f. S. g. e. 4
293 Desgl. 1514. Wie vorher. B. 192a. S. g. e.

4. Brandenburg.

294 Goldgulden o/J. IO o EL'o Z o ALB' — MAR o BRAN Steh. St. Paulus, zwischen den Füssen Brackenkopf. Rv. ✱(Hermann Meyse) ⁰MONE⁰ NO o AVR o BRANDBVR'⁰ Blumenkreuz mit den vier Wappen u. dem Scepterschild. B. 283. S. g. e.
295 Groschen o/J. Adler mit Scepterschild. Rv. Kurzes Kreuz mit den vier Wappen. B. 244b. Gut erh.
296 Desgl. 1511. Av. Wie vorher. Rv. Blumenkreuz etc. B. 246a, b, c. S. g. e. 4
297 Desgl. 1514. Wie vorher. B. 249. S. g. e.
298 Desgl. 1516. Wie vorher. B. 253. Gut erh.
299 Desgl. 1517. Wie vorher. B. 255a. Gut erh.

5. Crossen.

300 Groschen o/J. Wie vorher. Mzz. ✱ (Herm. Meyse). Zu B. 259, aber ✱IOTAISM o Z o ALB'o S. g. e.
301 Desgl. 1511. Wie vorher. B. 259. Av. a, Rv. b. S. g. e.
302 Desgl. 1512. Wie vorher. B. 261a, c, i und e, aber 1512 ⁰ S. g. e. 4
303 Desgl. 1512. Wie vorher. B. 261. Av. q, Rv. x, v. S. g. e.
304 Desgl. 1513. Wie vorher. B. 263a, c und d, aber ⁰ 1513 ⁰ S. g. e. 3
305 Desgl. 1514. Wie vorher. B. 265c. S. g. e.
306 Adlerhohlpfennige. Kopf des Adlers nach l. B. 68. S. g. e. 10
307 Desgl. Kopf nach r. B. 68c. 3

6. Frankfurt a. d. Oder.

308 Groschen 1500. Adler mit Scepterschild. Rv. Kurzes Kreuz mit vier Wappen. Mzz. ✣ (Heinr. Koch oder Mor. Kreusel). B. 128d. S. g. e.
309 Desgl. 1507. Wie vorher. Mzz. ✱ ☽ (Dietr. von Ostrum u. Mor. Kuneke?) B. 133, aber 1 · 50 · 7 S. g. e.

Courantmünzen.

1, — 310 Groschen 1513. Wie vorher. Mzz. ☾ (Kuncke). B. 144, aber BRANDBVRG S. g. e.
0,50 311 Desgl. 1514. Wie vorher. B. 146g. Verprägt. S. g. e.

7. Stendal.

2, — 312 Groschen 1509. Wie vorher. Mzz. Adlerkopf (Georg Füge). B. 204e. S. g. e.
{ 313 Noch 2 Exemplare. S. g. e. 2
1, — { 314 Desgl. 1510. Wie vorher. B. 206a, aber im Av. IONE Z ALB MA ··· RANDBVR · G. e.
4, — { 315 Desgl. 1511. Wie vorher, aber statt des Lilienkreuzes kurzes einfaches Kreuz. Zu B. 207h und 208b, aber 1511 S. g. e. 2
{ 316 Desgl. 1511. Wie vorher. Zu B. 207a, und Var. mit BRANBERB' S. g. e. 3
4,75 317 Desgl. 1512. Wie vorher. Zu B. 210a (2), u. 210b. S. g. e. 3
{ 318 Desgl. 1512. Wie vorher, aber Lilienkreuz. B. 211c. S. g. e. 2
3, — { 319 Desgl. 1513. Wie vorher. Zu B. 212d, aber kein Adlerkopf im Rv., und 212i, aber BRANDENB'S S. g. e. 2
{ 320 Desgl. 1513. Wie vorher. B. 212a, aber BRANDBVRN und 212g. S. g. e. 3
{ 321 Desgl. Mit undeutlicher Jahrzahl. G. e. 3

B. Joachim I. allein, 1514—1535.

1. Ohne Angabe der Münzstätte.

29, — 322 Thaler 1521. v. Arn. 1. Sch. 5690, Anm. Spätere Prägung. S. schön.
35, — 323 Desgl. 1522. v. Arn. 6, Anm. Sch. 5690, Anm. Spätere Prägung. S. schön.
{ 324 Groschen 1500. Adler mit Scepterschild. Rv. Kurzes Kreuz mit den vier Wappen. B. 109c. S. g. e.
1,25 { 325 Desgl. 1501. Wie vorher. B. 112b. S. g. e.
{ 326 Desgl. 1503. Ebenso. B. 116a. S. g. e.
2, — 327 Hohlpfennig. Scepter- und Adlerschild. B. 77a. S. g. e. 10

2. Angermünde.

3, — 328 Groschen 1503. Adler. Rv. Kurzes Kreuz mit vier Wappen. Mzz. ✢ (M. Brasch). B. 172. S. g. e.
1,50 { 329 Desgl. 1508. Wie vorher. B. 175d, h. S. g. e. 3
{ 330 Desgl. 1508. Wie vorher. B. 175d, g. S. g. e. 3
2, — 331 Desgl. o/J. Wie vorher, mit Angabe der Prägestätte. B. 178a. S. g. e.
1,50 { 332 Desgl. o/J. Wie vorher. B. 178c. G. e.
{ 333 Desgl. o/J. Wie vorher. B. 178. G. e.

3. Berlin.

{ 334 Groschen 1514. Adler. Rv. Blumenkreuz mit vier Wappen. B. 193f. S. g. e.
1,50 { 335 Desgl. 1515. Wie vorher. B. 195e, f. S. g. e. 2
{ 336 Desgl. 1515. Wie vorher. ✠ (Boldicke) IONAIMo E oMAR oo BRAN- DENB Rv. MONE oo NOVA o BERLIN EN SIS o 1515 o Zu B. 195. S. g. e.
1,50 337 Desgl. 1516. Wie vorher. B. 196d, e, i, l, n. S. g. e. 5

Groschen 1516. Wie vorher. B. 197b. Gut erh.
Desgl. 1517. Wie vorher. B. 200, f, k. S. g. e.   3
Desgl. 1517. Wie vorher. B. 200q, v, y. S. g. e.   3
Desgl. 1518. Wie vorher. B. 201f, h. S. g. e.   3
Desgl. 1518. Wie vorher. Zu B. 201, aber BƐRLIΠƐΠ G. e.
Desgl. 1518. Wie vorher. B. 201f, aber BƐRLIΠƐ Gut erh.   2

4. Brandenburg.

Groschen 1511. Adler. Rv. Blumenkreuz und vier Wappen. Mzz. ‡
(Herm. Meyse). B. 247a, b. S. g. e.   2
Desgl. 1511. Wie vorher. Mzz. *, sonst wie B. 247b. S. g. e.
Desgl. 1512. ‡ o I O Π Ɛ o Ɛ L o ΜΠRƐR o BRΠRBƐRBV'o Der Adler.
Rv. Wie B. 248b. S. g. e.
Desgl. 1512. Wie vorher. Mzz. ✱ Av. B. 248a, Rv. 248b. S. g. e.
Desgl. 1515. Wie vorher. B. 252b. G. e.
Desgl. 1516. Wie vorher. Mzz. ‡ B. 254a und b. S. g. e.   2
Desgl. 1517. Wie vorher. B. 256a. S. g. e.   2
Desgl. 1517. Wie vorher. B. 257a und d. S. g. e.   3
Halbgroschen o/J. Adler. Rv. Scepterschild auf langem Kreuz. Mzz. ‡
B. 282b. S. g. e.
Ein zweites Exemplar. Gut erh.

5. Crossen.

Hohlpfennige. Zwei Wappen, darunter C B. 81a, c u. d. S. g. e.   8

6. Frankfurt a. d. Oder.

Goldgulden 1516. B. 286a. Guss. S. g. e.
Desgl. 1518. IOΠƆ*P*ƆL*ΜΠ — R*BRΠRDƐ'; Steh. St. Paulus,
Brackenkopf zwischen den Füssen. Rv. ☽ ΜOΠƐ * ΠO * ΠVR *
FRΠΠƆKFOR * 1518 * Blumenkreuz mit vier Wappen u. d. Scepter-
schild. Zu v. Arn. 7. B. 289c. S. g. e.
Desgl. 1519. IOΠƆ * P * ƐL · ΜΠ — R * BRΠRDƐΠ St. Paulus wie
vorher. Rv. Wie vorher, aber *1519 Zu v. Arn. 7. B. 290g. S. g. e.
¼ Thaler 1526. B. 310a. Guss. S. g. e.
Desgl. 1526. Galvanische Copie.
Groschen 1512. Adler. Rv. Blumenkreuz mit den vier Wappen. Mzz. ☽
(Kuneke). B. 143c. S. g. e.   2
Desgl. 1512. Wie vorher. B. 143d. Gut erh.   2
Desgl. 1514. Wie vorher. B. 147a, aber IOΠƆIΜo S. g. e.
Desgl. 1514. Wie vorher. B. 147d und g. S. g. e.   4
Desgl. 1515. Wie vorher. B. 150c und e. S. g. e.   3
Desgl. 1516. Wie vorher. B. 151a, e und g. S. g. e.   3
Desgl. 1516. Wie vorher. Av. B. 151q, Rv. 151p. S. g. e.
Desgl. 1517. Wie vorher. B. 152o und ein verprägtes Stück. S. g. e.   2
Desgl. 1518. Wie vorher. B. 153a. S. g. e.   3
Desgl. 1519. Wie vorher. B. 154a, b, f. S. g. e.   3
Desgl. 1519. Adlerschild. Rv. Kurzes Kreuz etc. B. 155b.

16   Courantmünzen.

0,50 371 Groschen 1520. Wie vorher. B. 156a, e. G. e.   2
1,—   372 Desgl. 1521. Wie vorher. B. 157b. S. g. e.
1,— {373 Desgl. 1521. Av. Wie vorher.. Rv. Blumenkreuz etc. B. 158a. S. g. e.
     {374 Desgl. 1522. Av. Wie vorher. Rv. Kurzes Kreuz. B. 159a, d, f. S. g. e.   3
1,—   375 Desgl. 1523. Wie vorher. B. 160c, d. G. e.   2
      376 Desgl. 1524. Wie vorher. B. 161d, e, f. S. g. e.   3
—,75 377 Desgl. 1525. Wie vorher. B. 162d, k, und ein verprägtes Stück. S. g. e.   3
3.25 378 Desgl. 1526. Wie vorher. B. 164a, b, l. S. g. e.   3
3.75 {379 Desgl. 1527. Wie vorher. B. 165b, h. G. e.   3
     {380 Desgl. 1528. Wie vorher. B. 166a, i. G. e.   2
     {381 Desgl. 1529. Wie vorher. B. 167a. G. e.
1,— {382 Desgl. 1532. Wie vorher. Zu B. 169d. G. e.
      383 Desgl. Mit undeutlicher Jahrzahl. 2 Var. G. e.   2
1.50 384 Hohlpfennige mit zwei Wappen, darunter F B. 78. S. g. e.   11

7. Stendal.

65,— 385 ¼ Thaler o/J. Adlerkopf (G. Füge) IOAC ∗ PRIN ∗ ELEC ∗ MAR ∗ BRAN
          Brustb. r. im Kurornat mit Scepter. Rv. MON ▼ NOA ▼ ARC ∗ PRIN ∗
          ELEC ∗ BR ∗ Vierfeld. Wappen mit Mittelschild. B. 301a. G. e.
57,— 386 Desgl. 1524. Av. Wie vorher, aber IOA ∗ Rv. Wie vorher, aber ELEC ▼ B ▼,
          und Jahrzahl über dem Wappen. Av. B. 303a, Rv. 303f. G. e.
2.25 387 Desgl. 1524. Aehnlich wie vorher. B. 303h. Guss. S. g. e.
      388 Desgl. 1525. (Adlerkopf) IOAC ∗ PRIN ∗ ELEC ▼ MAR ▼ BRAND Brustb.
76,—   wie bisher. Rv. (Schildchen mit drei Adlerköpfen) MON ▼ NOV ∗ ARC ∗
          PRIN ▼ ELEC ▼ BRAN Wappen, darüber Jahrzahl. B. 308c. Gut erh.
      389 Desgl. 1525. Wie vorher. (Adlerkopf) IOAC ▼ PRIN ▼ ELEC ∗ MAR ∗
60,—   BRA Rv. MON ∗ NOA ▼ ARC ▼ PRIN ▼ ELEC ∗ BR ▼ B. 309d. War geh.
          Gut erh.
     {390 Groschen 1514. Adler. Rv. Blumenkreuz u. Wappen. B. 214e. G. e.
     {391 Desgl. 1516. Wie vorher. Av. B. 217n, Rv. 217h. S. g. e.
4,— {392 Desgl. 1516. Wie vorher. Zu B. 218c. S. g. e.
     {393 Desgl. 1517. Wie vorher. B. 219c. Gut erh.
     {394 Desgl. 1522. Adlerschild. Rv. Kurzes Kreuz mit den 4 Wappen. Zu
          B. 222f. S. g. e.
2.25 395 Desgl. 1531. Wie vorher. Mzz. Stern. B. 237d. G. e.   3
6.50 {396 Desgl. 1532. Wie vorher. Mzz. Thurm (Hans Thornow). B. 289c u. g.
          S. g. e.   2
     {397 Desgl. 1534. Wie vorher. B. 241b u. c. S. g. e.   2
1.75 398 Desgl. 1534. Wie vorher. Zu B. 241a, aber im Av. BRANDEN o und
          im Rv. o STEER DAE' o S. g. e.

Albrecht von Brandenburg,
Hochmeister des deutschen Ordens 1511—1525, Herzog von Preussen 1525—1568.

39,— 399 Groschenklippe o/J. Adlerschild. Rv. Ordensschild. Vossberg 1232.
          S. g. e.

400 ¼ Thaler 1521. ALBERTV ○ ○ DEI ○ GRA—MARCHIO ○ BRANDE Madonna auf dem Halbmond, unten in der Umschrift Ordensschild. Rv. ✠ HONOR ○ MAGISTRI ○ IVSTICIAM ○ DILIGIT ○ 15Z1 Adlerschild auf dem Lilienkreuz. Wie Vossb. T. XI 1227 von 1520. G. e.

401 Sechsgröscher 1535. (Zollernschild) ⁑ ALBERTVS ⁑ D ⁑ G ⁑ MAR ⁑ BRAN ⁑ DVX ⁑ PRVSSI ⁑ Brustb. r. Rv. ✠ GROS ⁑ AR ⁑ SEXDVP ⁑ DVCIS ⁑ PRVSSIE ⁑ 1535 Verzierter Schild, darin der Adler mit S auf der Brust, oben V—I, an den Seiten K—I H. 3123. S. g. e.

402 Desgl. 1535. Wie vorher, aber ⚭ statt ✠ S. g. e.

403 Ein zweites Exemplar. War geh. Gut erh.

404 Dreigröscher 1537. Brustb. Rv. Werthangabe. H. 3129. S. g. e.

405 Desgl. 1541. Wie vorher. H. 3140. S. g. e.

406 Groschen 1538. Brustb. u. Adler. H. 3133. S. g. e.

407 Desgl. 1542. Ebenso. H. 3144. S. g. e.

Joachim II., 1535—1571.

1. Berlin.

408 Thaler 1541. ✠ (Paul Mühlrad) IOACH ᛫ II ᛫ D ᛫ G ᛫ MAR ᛫ BRA ᛫ S ᛫ R ᛫ IMP ᛫ P ᛫ EL' Brustb. r. im Hermelinmantel mit Scepter. Rv. ✱ MON ᛫ NOVA ᛫ PRIN ᛫ ELECT ᛫ BRAND Vierfeld. Wappen mit Kur-Mittelschild, darüber 1541 v. Arn. 10. Sch. 5700. B. 346, b. Sehr gut erh.

409 Desgl. 1541. Genau wie vorher, nur das H in IOACH undeutlich. v. Arn. 11. Sch. 5701. B. 346, b. Sehr gut erh.

410 Desgl. 1541. Av. Wie vorher. Rv. ✱ MON ○ NOVA ○ PRIN ○ ELECT ○ BRA' Wappen wie vorher. v. Arn. nicht. Sch. 5702, Anm. B. 346e. S. g. e.

411 ½ Thaler 1541. ✠ IOACH ᛫ II ᛫ D ᛫ G ᛫ MAR ᛫ BR' ᛫ S ᛫ R ᛫ IMP ᛫ P ᛫ EL Brustb. wie vorher. Rv. ✱ МОИ ᛫ ИОVА ᛫ PRIИ ᛫ ELECT ᛫ BRAИD Das Wappen, darüber ᛫ 1541 ᛫ Zu Sch. 5701. B. 353. Gut erh. Abgeb. Taf. I.

412 Thaler 1551. ✱ IOCHIM ᛫ II ᛫ D ᛫ G ᛫ MARCHIO ᛫ BRANDEMB ᛫ ELECT Brustb. r. im Kurornat, mit geschultertem Scepter, die Linke am Schwertgriff, unten 1551. Rv. CAROLI ᛫ V ᛫ IMPERA ᛫ AVGVSTI ᛫ P ᛫ F ᛫ DECRE ᛫ 1551 Gekr. Doppeladler mit Reichsapfel, worin 72 v. Arn. 18. Sch. 5707. B. 385, Abbildung. S. g. e.

413 Guldenthaler 1560. ✱ IOACHIM + D + G + MARC + BRANDEMBVR + ELECTOR Fünfzehnfeldiges Wappen, darüber ✱ an den Seiten 15—60 Rv. FERDINANDI ✱ IMPE ✱ AVGVS ✱ P ✱ F ✱ DECRETO Gekr. Doppeladler mit Reichsapfel, worin 60 v. Arn. 22. Sch. 5711. B. 447b. Treffl. erh. Abgebildet Tafel I.

414 Ducat 1566. B. 456. Galvanische Copie.

415 Thaler 1539. v. Arn. 9, 2. Anm. Zu Sch. 5697. Neuere Prägung. Sch.

416 Desgl. 1545. v. Arn. 17, 1. Sch. 5706. Neuere Prägung. Sch.

417 Desgl. 1550. v. Arn. 17, 2. Anm. Neuere Prägung. Sch.

418 Thaler o/J. (1552). v. Arn. 8. Sch. 5696. B. 384. Galvano. Sch.

419 12 Kreuzer 1552. B. 392, Abbild. Galvano. Sch.

420 Groschen 1538. Adlerschild, darüber die Jahrzahl. Rv. Fünffeld. Wappen mit Kurhut. B. 326e. G. e.

421 Groschen 1538. Wie vorher. B. 326a und b. G. e. 3
422 Desgl. 1538. Wie vorher, aber ohne Kurhut im Rv. B. 327a, b. G. e. 2
423 Desgl. 1538. Wie vorher. B. 327c, d. G. e. 2
424 Desgl. 1539. Adler. Rv. Geschweiftes fünffeld. Wappen, daneben 3 — 9 B. 330 b, e. g. S. g. e. 3
425 Desgl. 1539. Wie vorher. B. 330 a, c, f. G. e. 3
426 Desgl. 1541. Wie vorher. B. 332 a, c. S. g. e. 2
427 Desgl. 1541. Wie vorher, aber 41 über dem Wappen. B. 329a. S. g. e.
428 Desgl. 1560. Wappen. Rv. Titel Ferdinands I., im Felde Reichsapfel, daneben 15 — 60. B. 445b. S. g. e.
429 Drei Kreuzer o/J. (1551). ∗ IOACH ▲ MARCH ▲ BRAN ▼ ELEC Adler mit Scepterschild. Rv. CARO ▲ V ▲ IMP ▲ AVG ▲ P ▲ F ▲ DEC Gekr. Doppeladler mit Reichsapfel, worin 3 B. 391 d. S. g. e.
430 Desgl. o/J. ∗ IOACH · II · MARCH · BRAN · ELECT Wie vorher. Rv. Wie vorher. B. 391, 1. Verg. Gut erh.
431 Kreuzer 1552. ∗ IOACH · II · MARCH · BRAN · ELEC · 155Z Adler mit Scepterschild. Rv. CAROL · V · IMP · AVG · P · F · DECR · · Gekr. Doppeladler mit I im Reichsapfel. B. 389. Cat. Ad. Meyer 2984 (dessen Exemplar). Sehr gut erh.
432 Desgl. o/J. Wie vorher. B. 390b. S. g. e.
433 Desgl. o/J. Wie vorher. B. 390 d. S. g. e.
434 Desgl. o/J. Wie vorher. B. 390g. S. g. e.
435 Probe-Doppeldreier 1538. Beh. Adlerschild, neben dem Helmflug ☉—☉ Rv. Beh. Scepterschild, oben 15—38 2,05 Gr. B. 325. S. g. e. *Abgebildet Tafel II.*
436 Probe-Vierfacher Dreier 1562. Scepterschild, darüber ★ SSS ★. daneben ☉—☉ Rv. Adlerschild, oben · 156Z · . daneben ☉—☉ 4,1 Gr. B. 404. S. g. e.
437 Dreier 1553. B. 360a, c. S. g. e. 3
438 Desgl. 1554. B. 361, b. S. g. e. 3
439 Desgl. 1554, mit verkehrt stehender ₽ B. 361k. S. g. e.
440 Desgl. 1555. Wie vorher. B. 362f, k, m. S. g. e. 6
441 Desgl. 1556. Wie vorher. B. 364a, b. S. g. e. 7
442 Desgl. 1557. Wie vorher. B. 366a. S. g. e. 4
443 Desgl. 1558. Wie vorher. B. 367b. S. g. e. 3
444 Desgl. 1559. Wie vorher. B. 372b, d. S. g. e. 9
445 Desgl. 1561. Wie vorher. B. 400a, b, u. 402b. G. e. 5
446 Desgl. 1562. Wie vorher. B. 403 a, d. G. e. 3
447 Desgl. 1563. Wie vorher. B. 405b. G. e. 2
448 Desgl. 1564, 1565, 1566, 1568. B. 411a, 408, 416, 425. G. e. 4
449 Eins. Pfennig o/J. Adler mit Scepterschild, ohne Schrift. B. 314a. Cat Ad. Meyer 2977 (dessen Exemplar). S. g. e.
450 Desgl. 1540. Bären- und Adlerschild, darüber 1 # 5, unten 40 B. 321 a, b, d. S. g. e. 4
451 Desgl. 1510. Wie vorher, aber unten 0₽ u. 04. B. 321 f und g. S. g. e. 2
452 Desgl. 1541. Wie vorher. B. 322a. Gut erh.
453 Desgl. 1542. Wie vorher. B. 323a. Gut erh. 2

Courantmünzen.

2,50 454 Eins. Pfennig 1552. Kurschild u. Adlerschild, darüber 1552. B. 357d. Gut erh.
2,50 455 Desgl. 1553. Wie vorher. B. 358a. Gut erh.
4,50 456 Desgl. 1560. Wie vorher. B. 395. S. g. e. 4
3,75 457 Pfennig 1562. Adlerkopf. Rv. SSS / 1562 B. 397a, b. S. g. e. 3

2. *Frankfurt a. d. Oder.*

19,50 458 Dreigröscher 1553. * IOACH · D · G · ELECT : P : BRAND · V, Brustb. r. im Kurornat mit Scepter. Rv. ✠ III ✠ / GROS : ARG / TRIP : IOAC · ELECTOR · / BRA — ND / 15—53 Unten Scepterschild. B. 382d. S. g. e.
27,— 459 Ein zweites Exemplar, mit · 15—53 · B. 382e. Schön.
2,— 460 Desgl. 1560. Mzz. SSS Falsum. S. g. e.

3. *Stendal.*

461 Thaler 1542. (Thürmchen, als Zeichen Hans Thornows.) IOACH * II *
29,— D * G * MAR * BRA * S * R * IMP * P * EL * Brustb. r. im Hermelinmantel mit Scepter. Rv. MON ✪ NOVA ✪ PRIN ✪ ELECT ✪ BRA ✪ Fünffeld. geschweiftes Wappenschild, darüber 154Z v. Arn. 13. Sch. 5705 Anm. a. B. 348a. Sehr gut erh.
28,— 462 Desgl. 1543. Wie vorher. v. Arn. 14. Sch. 5705 Anm. d. B. 349a. S. g. e.
4,50 463 Groschen 1538. Adlerschild, darüber Jahrzahl. Rv. Fünffeldiger Wappenschild, darüber Kurhut. B. 333c. G. e.
9,— 464 Desgl. 1539. Wie vorher, aber die Jahrzahl neben dem Adlerschild. B. 336a, c. Gut erh. 2
32,— 465 Halbgroschen 1538. (Thurm) ▲ IOACH ▲ II ▲ P ▲ EL ▲ BRAN ▲ 1538 ▲ Adlerschild. Rv. ○ MON ▲ PRIN ▲ ELECT ▲ BRAN Scepterschild. B. 340b. S. g. e.
0,25 466 Dreier 1558. B. 380a und c. G. e. 4
467 Desgl. 1563. B. 441. G. e.

Sigismund von Brandenburg.
Erzbischof von Magdeburg 1553—1566.

685,— 468 Thaler o. J. ✳ SIGISM ○ D ○ G ○ ARCHIEPISCO ○ MAGDEBVR Geharn. Brustb. l. mit Mantel u. Barett. Rv. PRIMVS) IN) GERMA) MAR) BRA) Dreifach beh. neunfeldiges Wappen. Sch. 3406. Vorzügl. erh. *Abgebildet Tafel I.*

Johann von Küstrin. 1535—1571.

94,— 469 Thaler 1545. ✪ IOHANES:D:G:MARCHIO ✪ BRANDENBVRG Brustb. im Wamms, fast von vorn, einen Kranz auf dem Kopfe. Rv. ✪ IN + SILENCIO ✪ ET + SPE ✪ FORTITVDO ✪ MEA Fünfzehnfeld. Wappenschild, darüber 1545 Sch. 5985. B. 464. Schön.
450,— 470 Desgl. 1545. ✪✪ IOHANES·D:G· etc., wie vorher. Geharn. Hüftbild r, ebenfalls mit einem Kranze auf dem Kopfe. Rv. Wie vorher, aber + 1545 + Sch. 5986. B. 465b. S. g. e. *Abgebildet Tafel I.*
471 Dreigröscher 1541. Geh. Brusb. r. Rv. Werthangabe. B. 461a, b. S. g. e. 3
9,50 472 Desgl. 1544. Wie vorher. B. 461b, c, g. S. g. e. 5
473 Desgl. 1545. Wie vorher. B. 462. S. g. e.

2*

Courantmünzen.

474 Groschen 1544. Brustb. r. Rv. Adler mit Zollernschild. B. 458a, d, e. f, k, l. Meist schön. 8
475 Desgl. 1545. Wie vorher. B. 459b, f, g. Meist schön. 7
476 Desgl. 1546. Wie vorher. B. 460a, b. S. g. e. 4

Johann Georg. 1571—1598.

477 Berliner Thaler 1572. IOHANS+GEORG+D+G+MARC+BRAN+SACRI+ Geharn. Hüftb. r., mit Scepter, daneben 15—7Z Rv.+ROM+IMP+ARC+— +CAM+ET+ELEC+ Dreifach beh. grosses Wappen, oben in der Mitte das Münzzeichen Widemans. v. Arn. 23. Sch. 5712. B. 495. S. g. e.
478 ¼ Thaler 1572. ♣ · IOHAN + GEOR + D + G + MARC + BRAN + SACR · Hüftb. und Jahrzahl wie vorher. Rv. (Münzzeichen) + ROMA + IMP + ARCHI + CAM + ET + ELECT + Verzierter siebenfeldiger Wappenschild, umher drei Rosetten. B. 483a. S. g. e.
479 Thaler 1573. Genau wie No. 477, aber im Av. BRAND statt BRAN, und im Rv. ROM+ statt +ROM+ v. Arn. 24. Sch. 5713. B. 496a. Treffl. erh.
480 Desgl. 1574. Wie der Vorige. v. Arn. 25. Sch. 5713, Anm. b. B. 497. S. g. e.
481 Viertelthaler 1575. Wie Nr. 478, aber GEORG B. 485, Abbild. S. g. e.
— Abgebildet Tafel II.
482 Thaler 1579. ♣IOHANS×GEOR×D×G×MARC×BRAN×SACRI Geharn. Hüftb. r. mit Scepter, daneben 15—79 Rv. ROM × IMP × ARC — CAM × ET × ELEC Wappen und Mzz. wie früher. v. Arn. 82. Sch. 5723. B. 501a. Vorzügl. erh.
483 Desgl. 1579. Wie vorher, aber ELEc B. 501b. S. g. e.
484 Desgl. 1580. Wie vorher, aber ×GEORG× B. 502a. S. g. e.
485 Desgl. 1580. Wie vorher, aber × nach ELEC B. 502b. Schön.
486 ½ Thaler 1580. Av. Wie vorher, aber IOHAN× und SACR Rv. (Münzzeichen) × ROMA × IMPE × ARCHI × CAME × ET × ELECTO × Geschweiftes siebenfeld. Wappen, umher 3 Rosetten. Sch. 5725. B. 493. S. g. e.
— Abgebildet Tafel II.
487 Thaler 1587. ♣*IOHANS*GEORG*D*G*MARC*BRAND*SACRI* Geharn. Brustb. r. mit Scepter, daneben ·1·5·—·8·7· Rv. ROM· IMP · ARC · — · CAM · ET · ELEC · Dreifach beh. grosses Wappen, über dem mittelsten Helm * Zu v. Arn. 37. Sch. 5727, Anm. B. 503e. S. g. e.
488 Desgl. 1587. Av. Vom Stempel des Vorigen. Rv. Wie vorher, aber · ROM · IMP · ARC : — · CAM · ET · ELEC : Zu B. 503. Vortreffl. erh.
489 ½ Thaler 1587. Av. Wie vorher, aber IOHAN× und ×BRAN× Rv. ⚹ ROMA · IMPE · ARCHICAMER · ET · ELECTOR Siebenfeld. geschweiftes Wappen. Sch. 5728. B. 494b. W. geh. S. g. e.
490 Spruchthaler 1587, mit LOB·DEN·HE—RN: etc. Spätere Prägung. Zu v. Arn. 40. Sch. 5726. B. 504. Sch.
491 Groschen 1572. Schild, worin der Reichsapfel mit Z1, daneben 15—7Z, darüber das Mzz. Widemanns. Rv. Wappenschild. B. 474a, d, k. S. g. e. 3
492 Desgl. 1573. Wie vorher. B. 475a, b, c. S. g. e. 4
493 Desgl. 1573. Wie vorher. B. 475e, f, g, h. S. g. e. 5
494 Desgl. 1574. Wie vorher. B. 476e. S. g. e. 2

Courantmünzen.

495 Groschen 1574. Wie vorher. B. 476 b. S. g. e. 5
496 Desgl. 1574. Wie vorher. B. 476 d. S. g. e.
497 Desgl. 1578. Wie vorher. B. 480 b. Sch.
498 Dreier 1572. Reichsapfel mit 84 im Schild, darüber 157Z Rv. Scepterschild, darüber das Münzmeichen. B. 468 a, b. S. g. e. 2
499 Desgl. 1573. Wie vorher. B. 469 a, b. Gut erh. 2
500 Desgl. 1574. Wie vorher. B. 470 a. S. g. e. 4

Joachim Friedrich, 1598—1608.

501 Berliner Doppelducat 1604. B. 548. Galvanische Copie. S. g. e.
502 ½ Thaler 1602. ❧ IOACHIM * FRID * D : G * MARCH * BRANDEN * SAC Geharn. Hüftb. r. mit Scepter, daneben 1 · — 602 Rv. (Schwan, als Zeichen des Münzmeisters v. Rehnen) ROMA * IMPE * ARCHICAMER * ET * ELECTOR Verzierter Schild zwischen * — * Sch. 5736. B. 538. Gut erh. *Abgebildet Tafel II.*
503 Thaler 1604. ❧ IOACHIM · FRIDERIC · D : G · MARCHIO · BRANDENB · SAC Wie vorher. Rv. ROM * IMP * ARC — CAM * ET * ELEC — M̄H (Melchior Hoffmann) Das grosse dreifach beh. Wappen. v. Arn. 45. Sch. 5737. B. 537 b. S. g. e.
504 Desgl. 1605. ❧ IOACHIM · FRID · D : G · MARC · BRAND : SAC · RO Hüftb. r. wie vorher. Rv. IMP · ARCHI · CA — E · ELECT · 1605 — M̄H Wappen wie vorher. v. Arn. 47. Sch. 5740. B. 539. Vortreffl. erh.
505 Desgl. 1605. Av. wie vorher. Rv. IMP · ARCHI · CA — · E · ELECTO · G · P — M̄H Neben dem Wappen 16 — 05 v. Arn. 48. Sch. 5741. B. 540 a. S. g. e.
506 Desgl. 1605. Wie vorher, aber im Rv. D · P richtig gestellt. v. Arn. 49. Sch. 5741 Anm. B. 540 b. S. g. e.
507 ½ Thaler 1605. ❧ IOACHIM · FRIDE · D · G · MARCHI · BRA · SAC Geh. Hüftb. r. mit Scepter. Rv. * ROM · IMP · ARCHI · CAM · ET · ELECT · 1605 Siebenfeld. Wappenschild, darüber M̄H Henckel 491. B. 535. Etwas Doppelschlag, sonst treffl. erh.
508 Doppelthaler 1606 für Jägerndorf. ❧ IOACHIM · FRIDERIC · D · G · MARCHIO · BRANDE · SAC Hüftb. r. wie bisher, daneben 1 · — 606. Rv. ROM · IMP · ARC — CAM · ET · ELEC : Dreifach beh. grosses Wappen, darüber ein Arm mit Pfeil, Mzz. des Leonh. Emich in Jägerndorf. Sch. 5743. H. 494. v. Saurma 79. Treffl. erh. *Abgebildet Tafel II.*
509 Thaler 1606 für Jägerndorf. Wie vorher. v. Arn. 50. Sch. 5743, Anm. H. 495. v. Saurma 80. S. g. e.
510 ½ Thaler 1606 für Jägerndorf. ❧ IOACHIM o FRID o D g G o MARCHIO o BRANDE o SAC Hüftb. und Jahrzahl wie vorher. Rv. (Das Münzzeichen) ROMA · IMPE · ARCHICAMER · ET · ELECTOR Kleines Wappen zwischen * — * Zu Sch. 5736. Vortreffl. erh.
511 Doppelschilling 1599. * IOACHIM · FRIDERIC : D · G · MARCHIO · BRANDENBVR Geschweiftes siebenfeldiges Wappen. Rv. (Schwan v. Rehnen's) SAC · ROMA · IMPE · ARCHICAM · ELEC · DVX · PRVSS · Im geschnitzten Schilde Reichsapfel mit 16, daneben 9—9 B. 529. S. g. e.

512 Doppelschilling 1600. ✶ IOACHIM : FRID : D : G : MARCHIO : BRANDE
Geschweiftes fünffeld. Wappen. Rv. (Schwan) SAC : ROM : IMP : ARCHI-
CAM : ET : ELECTOR · In geschnitzter Cartouche ✶ II ✶ / SCHIL /
LING · / 1600 B. 530. Vorzügl. erh. *Abgebildet Tafel II.*

513 Groschen 1599. ✶IOACHIM FRID · D · G · MARCHIO BRANDE · Fünf-
feldiges Wappen zwischen ✶—✶ Rv. (Schwan) SAC · ROM · IMP ·
ARCHICAM·ET ELEC 1599 Reichsapfel mit 24 im geschweiften Schild,
daneben ✶—✶ B. 523. S. g. e.

514 Desgl. 1600. Im Allgemeinen wie vorher. B. 524. Vorzügl. erh.
515 Desgl. 1601. Wie vorher. B. 525. Gut erh.
516 Desgl. 1604. Aehnlich wie vorher. B. 526a. Gut erh.
517 Dreier 1600. Fünffeld. Wappen zwischen ⊛—⊛ Rv. Reichsapfel im ge-
schnitzten Schild, darüber Schwan u. 16—00 B. 520b. Gut erh.
518 Desgl. 1600. Späterer Stempel. Vorzügl. erh.
519 ¼ Thalerklippe 1600 von demselben späteren Stempel. B. 520, Anm. S. g. e.
520 Pfennig 1599. Scepterschild, daneben 9—9 Rv. XV / VMB · I · / SGR
B. 517a. S. g. e.
521 Desgl. 1598. Späterer Stempel. B. 516a. Sch.

Johann Sigismund, 1608—1619.

1. *Cöln an der Spree.*

522 Ducat 1614. IOH·SIGISM·D·G·MA — BR·—SAC·R·I·ARCHIC·E· — E
Der geharn. Kurfürst stehend, mit Kurhut und Scepter. Rv. ✶1·PR—
VSS·IVLI — Æ·CLIVI — Æ MON — T·D Adler mit Scepterschild, in der
Umschrift vier Wappen. v. Arn. 26. B. 578. S. g. e.

523 Goldgulden 1617. ✿ IOH·SIGISM·D : G·MA·B·S·R·I·ARCHIC·E·E·
Geharn. Hüftb. v. vorn mit Scepter. Rv. ✿ IN PRVSSLÆ (sic!) IVLIÆ
CLIVIÆ MONTIVM·D·1617 Neunfeld. Wappenschild mit Schnitzwerk.
Zu v. Arn. 29. B. 574a. S. g. e.

524 Thaler o/J. ✿IOH·SIGISM·D·G·MAR·BR·S·ROM·IMP·ARCHIC·E·EL·
Hüftb. r. im geblümten Harnisch mit Scepter. Rv. I·PRVS·IVL —·
CLIV·MO·D· Grosses fünffach beh. Wappen, daneben rechts unten
M͡H (Hoffmann). v. Arn. 54. Sch. 5748. B. 564b. Sch.

525 Desgl. o/J. Av. Wie vorher, aber E·E·; und Feldbinde über dem nicht
geblümten Harnisch. Rv. Wie vorher. v. Arn. 55. Sch. 5749. B. 565b.
Treffl. erh.

526 Doppelthaler 1611. Wie vorher, aber unter dem Hüftb. ~1611~ v. Arn.
59. Sch. 5751. B. 571b. W. geh. S. g. e.

527 Thaler 1611. Wie vorher. v. Arn. 59. Sch. 5751, Anm. B. 566a. S. g. e.

528 Desgl. 1611. Wie vorher, aber M͡H links unten neben dem Wappen.
B. 566e. Gut erh.

528a Desgl. 1611. Wie vorher, aber ohne die Münzmeister-Initialen. B. 566f.
Vortreffl. erh.

529 ½ Thaler 1612. ✤ IOHANNES SIGISM · D : G · MAR · BRA · SAC ·
ROM · I Hüftb. u. Jahrzahl wie vorher. Rv. ✤ · ARCHIC · E · EL ·

I · PRVSS · IVL · CLIVI · MONTIVM D · Zwölffeld. Wappenschild mit Schnitzwerk, daneben M — H S. g. e.

530 ¼ Thaler 1612. ✠ IOHANNES SIGISM · D : G · MARCH · BRAND · SAC · RO · I Hüftb. etc. wie vorher. Rv. Wie vorher, aber ET · EL · und CLIVIÆ Amp. 10,509. Reimm. 3179. B. 561. S. g. e.

531 Doppelthaler 1614. ❀ IOH · SIGISM · D : G · MAR · BR · S · ROM · IMP · ARCHIC · E · EL · Hüftb. u. Jahrzahl wie bisher. Rv. I · PRVS · IVL · — · CLIV · MO · D · Grosses fünffach beh. Wappen, unten r. M̂H v. Arn. 63. Sch. 5755, Anm. B. 572b. S. g. e.

532 Thaler 1614. Wie vorher. B. 567c. S. g. e.

533 Desgl. 1614. Wie vorher, aber kein Punkt nach IVL B. 567b. S. g. e.

534 Desgl. 1617. Wie vorher, aber Hüftb. im geblümten Harnisch ohne Feldbinde. v. Arn. 67. B. 569. S. g. e.

535 Thaler 1615. Medaillenartige Prägung des 18. Jahrh. S. sch.

536 Groschen 1613. B. 552a, b. S. g. e. 2

537 Desgl. 1615. B. 554a, b. S. g. e. 4

2. Driesen.

538 Thaler o/J. ✠ IOHAN ❀ SIGIS ❀ D ❀ G ❀ MAR ❀ BRAN ❀ S ❀ RO ❀ IMP ❀ ARCHIC ❀ E ❀ E Geh. Hüftb. r. mit Feldbinde und Scepter. Rv. I · PRVS · IVL · — · CLIV · MO · D · Fünffach beh. grosses Wappen, daneben unten H — L (Heinr. Laffert). v. Arn. 56. Sch. 5750. B. 603. S. g. e.

539 Desgl. o/J. Av. Wie vorher. Rv. ✱ I ✱ PRVSS ✱ IVL ✱ CLIVI ✱ MONT ✱ DVX ✱ Gekr. zwölffeld. Wappenschild mit Schnitzwerk. v. Arn. 52. Sch. 5744. B. 604b. Sch.

540 Desgl. 1612. Wie No. 538, aber im Av. Punkte statt ❀ und die Jahrzahl unter dem Hüftb. v. Arn. 61. Sch. 5753. B. 602a. S. g. e.

541 Groschenklippe 1614. IOH : SIG · D : G · MAR · B · S · R · I · Reichsapfel worin 24, daneben · 1 · — · 4 · Rv. AR · E · EL · I · PR · IVL · C · MON · D · ĤL · Fünffeld. Wappen. B. 595. 5,2 Gr. W. geh. S. g. e. *Abgebildet Tafel II.*

542 Groschen 1614 u. 1615. B. 594 u. 599a. S. g. e. 2

3. Königsberg.

543 Dreipölker 1619 u. 1620. H. 3197 u. 3199. S. g. e. 2

Georg Wilhelm, 1619—1640.

1. Berlin.

544 Goldgulden 1622. GEORG · GVILHEL · D · G · M · B ✱ Geh. Brustb. r. Rv. SACRI · R · I · ARCHI · CAM · E · ELEC · Siebenfeld. Wappen, darüber · 16ZZ · B. 644a. Sch. *Abgebildet Tafel II.*

545 Thaler 1620. ❀ GEORG · WILHEL · V · G · G · MARC · Z · BRAN · DE · HEI · RO · REI · ERT · CA · VN Geh. Hüftb. r., mit Scepter. Feldbinde u. Helm. Rv. ❀ CHVR · I · PR · ZV · GV · C · VN · BE · S · I · P : D : C · W · A · J · S · Z · K · V · I · H · B · Z · N · F · Z · R · G · Z · D Adler mit verschlungenem SA auf der Brust, daneben 16—Z0 und L — M (Lib. Müller). v. Arn. 70. B. 636. Gut erh.

546 Thaler 1620. Av. Wie vorher. Rv. Umschrift ziemlich wie vorher. Gekr. Adler mit grossem Wappen auf der Brust und kleinen Schilden auf den Flügeln, daneben 16 — Z0 und L — M v. Arn. 71. Sch. 5759. B. 637. S. g. e.

547 Desgl. 1620. Av. Wie vorher. Rv. CHVRF · I · P · Z · — G · C · B · S · P · D : C · Grosses siebenfach beh. Wappen, darüber L — · 1 · 6 · * · Z · 0 · — M v. Arn. 74. Sch. 5765. B. 639a. Sch.

548 Degl. 1620. Av. Wie vorher. Rv. ⊕ CHVRF · I · P · Z · C · C · B · etc. — Adler mit Krone um den Hals und neunfeld. Wappen auf der Brust, daneben 16 — 20 unten L — M v. Arn. 73. Sch. 5762. B. 640. S. g. e.

549 Desgl. 1620. Av. Wie vorher. Rv. Scepter zwischen sechs Wappen, umher Schriftkreis, darüber 1 — 6 — 3 — 0, darunter L — M, aussen Kreis von 18 Wappen. v. Arn. 69a. Sch. 5761. B. 641. S. g. e.

550 Achtgröscher 1621. Geh. Brustb. r. Rv. Unten abgerundeter Scepterschild, daneben 16—Z1, unten in der Umschrift (VIII) Zu B. 624a. S. g. e. 2

551 Desgl. 1621. Wie vorher, aber der Scepterschild unten zugespitzt. B. 626. S. g. e.

552 Noch 2 Exemplare. Gut erh. 2

553 Desgl. 1621. Ohne Werthangabe. Wie B. 631, aber der Scepterschild unten dreibogig. G. e.

554 Viergröscher 1620. Geh. Brustb. r. Rv. Vier Schilder ins Kreuz gestellt, dazwischen 16—Z0, L—M Zu B. 615 b. S. g. e.

555 Kipper-Dreier 1621. Adlerschild. Rv. Kurscepter. B. 606d. S. g. e.

2. Beeskow.

556 Kipper-Pfennig 1621. Zwei Schilde, darüber 1621. B. 713 g. S. g. e.

3. Cöln an der Spree.

557 Doppelducat 1634. GEORGE · WILH — D : G · — MAR · B · S · R · I · Der steh. geharn. Kurfürst r. mit Scepter u. gesenktem Schwert, hinter ihm ein Tisch, darauf der Helm. Rv. ⊕ ARCHIC · E · ET · PRV · IV · CL · MON · PO · E& · αVX · Zwölffeld. Wappenschild, darüber · 1634; an den Seiten L—M (Liborius Müller). v. Arn. 40. B. 803. Vortr. erh.

558 Desgl. 1636. · GEORGE · WILH · — D : G · — MAR · B · S · R · I · Steh. geh. Kurfürst wie vorher. Rv. *ARCHIC · ET · EL · PR · IV · CL · MON · PO · S · E& · αVX Zwölffeld. Wappenschild, darüber · 1636 ·, daneben L—M (Liborius Müller). v. Arn. 48. B. 804. Sch.

559 Desgl. 1638. Av. Wie vorher. Rv. AR · CA · ET · EL · P · G · C · EE · PO · DV · Gekr. Adler mit fünffeld. Wappen auf der Brust und kleinen Schilden auf den Flügeln, neben den Fängen L—M, zwischen den Schwanzfedern 1—6—3—8 v. Arn. 56. B. 807. S. sch.

560 Thaler 1628. GEORG · WILH · D : G · MAR · BRAN · S · R · I · A · C · E · ELE · Hüftb. r. im Kurornat mit Scepter. Rv. · P · IV · CL · — · M · P · & · DV · Grosses siebenfach beh. Wappen, darüber I — 6 — L͡M — 2 — 8 v. Arn. 83. Sch. 5774. B. 761. Sch.

561 ½ Thaler 1628. GEORG · WILHELM · D : G : MAR · BRAN · S · R · I · ARC · Hüftb. wie vorher. Rv. + E · ELE · PR · IV · CL · MON · POM · CASS · & C · DVX · 1 · 6 · Z · 8 Unter dem Kurhut Wappen mit Schnitzwerk, daneben L — M v. Arn. 82. Sch. 5777. B. 752. Treffl. erh.

562 Doppelthaler 1631. · GEORG · WILH · D : G · MAR · BRAN · S · R · I · A · C · E · ELET · Geh. Hüftb. r. mit Scepter. Rev. · P · IV · CL · — · M · P & DV · Grosses siebenfach beh. Wappen, darüber · 1 · 6 · LM · 3 · 1 · v. Arn. 103. Sch. 5784. B. 792b. S. g. e.

563 Thaler 1631. Wie vorher. v. Arn. 100. Sch. 5784. B. 776a, aber M · P & DV · S. g. e.

564 Desgl. 1631. Av. Wie vorher. Rv. · P · I · V · CL · — · M · P · & · DV · — · 1 · 6 · — · 3 · 1 · Grosses mit dem Kurhut bedecktes Wappen, daneben L — M v. Arn. 105. Sch. 5786. B. 777a. Sch.

565 ½ Thaler 1631. Hüftb. r. im Kurhabit. Rv. Mit dem Kurhut bedecktes Wappen mit Schnitzwerk, daneben L — M Sch. 5787. B. 753a. Treffl. erh.

566 Thaler 1632. Geh. Hüftb. r. Rv. Grosses geschweiftes Wappen, darüber Kurhut und L — M v. Arn. 107. Sch. 5790. B. 778. Sch.

567 Desgl. 1633. Wie vorher. v. Arn. 117. Sch. 5798. B. 779b. S. g. e.

568 Desgl. 1633. Hüftb. r. im Kurornat. Rv. Wie vorher. v. Arn. 111. Sch. 5792. B. 767a. S. g. e.

569 Desgl. 1633. Wie vorher, aber LM nach der Jahrzahl in der Rv.-Umschrift. v. Arn. 112. Sch. 5793. B. 765b. S. g. e.

570 Desgl. 1635. Wie vorher. v. Arn. 126. Sch. 5794 Anm. B. 764. S. g. e.

571 Desgl. 1636. Wie vorher. Die Jahrzahl aus 1635 geändert. v. Arn. 128. Sch. 5793 Anm. B. 766. Sch.

572 ½ Thaler 1636. Wie vorher, aber L — M neben dem Wappen. Cat. Ad. Meyer 3040. B. 754 Abb. Sch.

573 Thaler 1637. Wie vorher, Jahrzahl 1637 in der Umschrift, der Kurhut auffallend klein. v. Arn. 140. B. 769. Sch.

574 Desgl. 1637. Wie vorher. Jahrzahl · 1 · 6 · 3 · 7 · v. Arn. 136. Sch. 5809. B. 770c. S. g. e.

575 ½ Thaler 1637. Wie vorher, aber 16 — 37 neben dem Kurhut. B. 756. S. g. e.

576 Thaler 1638. Wie vorher, aber · 1 · 6 · 3 · 8 · am Schlusse der Rv.-Umschrift. v. Arn. 147. Sch. 5814. B. 772b. S. g. e.

577 Desgl. 1639. Wie vorher. v. Arn. 164. B. 773c. Vortreffl. erh.

578 Desgl. 1639. Geh. Hüftb. r. Rv. Wie vorher. v. Arn. 160. Sch. 5830. B. 783a. S. g. e.

579 Desgl. 1639. Wie vorher. B. 783b. S. g. e.

580 Desgl. 1640. Wie vorher, aber 1 — 6 — 4 — 0 neben dem Kurhut. v. Arn. 169. Sch. 5833. B. 786a. Treffl. erh.

581 Desgl. 1640. Wie vorher, aber 16 — 40 unter dem Schilde. v. Arn. 172. Sch. 5834. B. 787b. Vorzügl. erh.

582 Kipper-Sechsgröscher o/J. Adler im Kreise. Rv. Reichsapfel mit 6 G im Kreise. B. 668. S. g. e.

Courantmünzen.

583 Kipper-Sechsgröscher o/J. Wie vorher. B. 664. 2 Var. S. g. e. 2
584 Desgl. o/J. Wie vorher. B. 665a. Gut erh.
585 Desgl. o/J. Wie vorher. B. 666a (mit und ohne Perlen im Reichsapfel) u. 666c. S. g. e. 3
586 Desgl. o/J. Wie vorher. B. 668d. S. g. e.
587 Desgl. o/J. Wie vorher. B. 669b (mit und ohne B am Schlusse der Av.-Umschrift). S. g. e. 2
588 Kipper-Dreigröscher o/J. Wie vorher. B. 659 u. 660b. S. g. e. 2
589 Desgl. o/J. Wie vorher. B. 662e, h, l. S. g. e. 4
590 Kipper-Groschen o/J. Scepterschild. Rv. Reichsapfel mit 24. B. 652d. S. g. e. 5
591 Groschen 1623. Sechs Wappen. Rv. Reichsapfel im Schild. Mzz. L—M B. 731b, e. S. g. e. 2
592 Desgl. 1623. Wie vorher. B. 731d. S. g. o. 4
593 Desgl. 1624. Fünffeld. Wappen. Rv. Wie vorher. B. 735a, b. Sch. 4
594 Desgl. 1625. Wie vorher. Mzz. I — P (Panckerts). B. 736c. S. g. e.
595 Desgl. 1627. Wie vorher. B. 739a, b und 740. Meist sch. 6
596 Desgl. 1628. Wie vorher, 8 aus 6 geändert. Mzz. L — M B. 742. S. g. e. 2
597 Desgl. 1628. Wie vorher. B. 743 u. 744. S. g. e. 2
598 Desgl. 1632. Wie vorher Mzz. LM B. 745. S. g. e.
599 Dreier 1623. Adlerschild. Rv. Reichsapfel im Schild. B. 728a, b, d. S. g. e. 4
600 Desgl. 1624. Wie vorher. B. 729a. S. g. e. 5

4. Cottbus.

601 Eins. Kupfer-Pfennig o/J. Krebs, neben dem Schwanze S — C B. 715a, f. S. g. e. 2

5. Crossen.

602 Kipper-Zwölfer o/J. Geh. Brustb. r. Rv. Adler mit Scepterschild, unter dem Kurhut. Mzz. ein Jagdhorn zwischen Hirschstangen (R. Jaeger). B. 686a. S. g. e.
603 Desgl. o/J. Zu B. 686a. Gut erh.
604 Desgl. o/J. Wie vorher. B. 686b. G. e.
605 Kipper-Dreigröscher 1623. Wie vorher. B. 679c, e. Gut erh. 2

6. Drossen.

606 Eins. Kipper-Pfennig o/J. Adler, unten D B. 718a, b. S. g. e. 2

7. Frankfurt a. d. Oder.

607 Eins. Kipper-Pfennig o/J. Zwei neben einander gestellte Schilde mit Helm und Hahn, unten F B. 689e. S. g. e. 3
608 Desgl. 1622. Wie vorher. B. 690a. S. g. e. 6
609 Desgl. 1622. Wie vorher. B. 690k. S. g. e. 3

8. Fürstenwalde.

610 Eins. Kipper-Pfennig 1621. Schild worin ein Baum. B. 701a. S. g. e.
611 Desgl. 1621. Wie vorher. B. 705b. S. g. e.
612 Desgl. 1621. Zwei Schilde mit Adler und Baum. B. 708b. S. g. e.

Courantmünzen. 27

9. Guben.

613 Eins. Kipper-Pfennig 1621. Gekr. G Bahrf., Brand. Städtemünzen der Kipperzeit Nr. 142. S. g. e.
614 Desgl. 1621. Wie vorher. Ibid. 144. S. g. e.
615 Desgl. 1622. Wie vorher. Ibid. 150. S. g. e.

10. Küstrin.

616 Eins. Kipper-Pfennig 1621. Getheilter Schild mit halbem Adler und Fisch. B. 721 c. S. g. e.
617 Desgl. 1622. Wie vorher. B. 722 a. S. g. e.

11. Prenzlau.

618 Kipper-Pfennig 1622. Adler u. Werthangabe. B. 721 c. Gut erh.

12. Königsberg.

619 Ducat 1635. GEORG·WILH·D·G·MAR·BRA·S·R·I·ARCHIC·E·ELE: Brustb. r. im Kurornat. Rv. MONE·NOVA·AVREA·DVCIS·PRVSSIÆ· (Herz mit Kreuz). Mit dem Kurhut bedecktes achtfeld. Wappen, daneben 16—35, unten D—K (Daniel Koch). v. Arn. 43. H. 3284. S. g. e.
620 Desgl. 1638. Wie vorher, aber fünffeld. Wappen. H. 3294. S. g. e.
621 Desgl. 1638. Wie vorher. H. 3295. Sch.
622 Desgl. 1639. Wie vorher, aber achtfeld. Wappen. v. Arn. 58. S. g. e.
623 Desgl. 1640. Wie vorher, aber fünffeld. Wappen. S. g. e.
624 Doppelthaler 1628. Hüftb. r. im Kurornat. Rv. Siebenfach beh. Wappen. v. Arn. 78. Sch. 5768. H. 642. S. g. e.
625 Spruchthaler 1627. Geh. Hüftb. r. Rv. Wie vorher. v. Arn. 81. Sch. 5771. H. 3262. S. g. e.
626 Desgl. 1629. Wie vorher. v. Arn. 88. H. 3270. S. g. e.
627 Br. Doppelthaler 1630. Wie Nr. 624. v. Arn. 93. Sch. 5783. S. g. e.
628 Desgl. 1630. Wie vorher. v. Arn. 94. Sch. 5782. H. 671. Treffl. erh.
629 Desgl. 1631. Wie vorher. v. Arn. 96. H. 672. Schön.
630 Spruchthaler 1630. Wie Nr. 625. v. Arn. 90. Sch. 5772, Anm. H. 3273. S. g. e.
631 Desgl. 1631. Wie vorher. v. Arn. 98. Sch. 5772, Anm. H. 3275. S. g. e.
632 Desgl. 1632. Wie vorher. v. Arn. 108. H. 3276. Vorzügl. erh.
633 Desgl. 1633. Wie vorher. v. Arn. 110. H. 3277. S. g. e.
634 Desgl. 1634. Wie vorher. v. Arn. 118. H. 3280. S. g. e.
635 ½ Spruchthaler 1634. Av. Wie vorher. Rv. Unbehelmtes Wappen. v. Arn. 121. Sch. 5801. H. 3282. Gut erh.
636 Thaler 1635. Av. Wie vorher. Rv. Mit dem Kurhute bedecktes Wappen. v. Arn. 124. Sch. 5802. S. g. e.
637 ½ Thaler 1635. Wie vorher. Sch. 5806. H. 3287. Vorzügl. erh.
638 Spruchthaler 1636. Wie vorher. v. Arn. 129. Sch. 5807. H. 3289. S. g. e.
639 Thaler 1636. Wie vorher. v. Arn. 131. Sch. 5805. S. g. e.
640 Thaler 1636. Wie vorher. v. Arn. 133. Sch. 5805, Anm. Treffl. erh.
641 Desgl. 1638. Wie vorher. v. Arn. 144. S. g. e.
642 ½ Thaler 1638. Wie vorher. Sch. 5820 △ (nach Ampach 10,610). W. geh. S. g. e.

28 Courantmünzen.

643 Spruchthaler 1639. Wie vorher. v. Arn. 155. Sch. 5827. H. 3301. Gut erh.
644 Doppelthaler 1640. Hüftb. r. im Kurhabit. Rv. Siebenfach beh. Wappen.
    v. Arn. u. Sch. nicht. H. 3305. S. g. e.
645 Ort 1621. Geh. Hüftb. r., davor 1621. Rv. Fünffeld. Wappen mit Kurhut.
    H. 3203 ff. Gut erh.
646 Desgl. 1621. Mit 16 — 21 neben dem Hüftb. Am Anfang und Ende der
    Av.-Umschrift eine kleine Rosette. 2 Var. H. nicht. S. g. e.   2
647 Desgl. 1621. Wie vorher. Zu H. 3206. S. g. e.
648 Desgl. 1621. Mit 1621 unter dem Hüftb. Zu H. 3212. 2 Var. S. g. e.   2
649 Desgl. 1621. Wie vorher. Mit Contremarke Bärenschildchen. Gut erh.
650 Desgl. 1622. Av. Wie vorher. H. 3218. S. g. e.
651 Desgl. 1622, mit 1 — 6 / 2 — 2 neben dem Wappen. H. nicht. S. g. e.
652 Desgl. 1622. Geh. Brustb. r. mit Kurhut. Rv. Wie vorher. H. 3216.
    2 Var. S. g. e.   2
653 Desgl. 1622. Brustb. r. im Kurornat. H. 3220 ff. 2 Var. S. g. e.   2
654 Desgl. 1623. Wie vorher. H. 3226 ff. 2 Var. S. g. e.   2
655 Desgl. 1623. Wie vorher. 3 aus 2 geändert. Sch.
656 Desgl. 1624. Wie vorher. H. 3233 ff. 2 Var. Sch.   2
657 Desgl. 1624. Noch 2 Var. Sch.   2
658 Desgl. 1624. Noch 3 Var. S. g. e.   3
659 Desgl. 1625. Wie vorher. H. 3249. S. g. e.
660 Desgl. 1626. Wie vorher. H. 3257. 2 Var. S. g. e.   2
661 Dreipölker 1622 u. 1623 (4). S. g. e.   5
662 Desgl. 1624. H. 3244 ff. S. g. e.   2
663 Desgl. 1625 (4) u. 1626 (3) H. 3252 ff. S. g. e.   7
664 Schilling 1625 (2), 1626, 1627 (2), 1629 u. 1633. S. g. e.   7

Friedrich Wilhelm, 1640—1688.

1. Mark Brandenburg.

665 Doppelducat 1641. FRIDERI · WILHEL — D : G · MAR · BRAND · SA ·
    — Zwischen Blumenranken der steh. geharnischte Kurfürst r. mit Scepter
    und Schwert, zwischen seinen Füssen 1641 Rv. RO · IM · AR · CA · etc.
    Das zwölffeldige Wappen zwischen Ranken, unten L · M (Liborius Müller).
    v. Arn. 64. H. 722. War geh., sonst s. g. e.
666 Ducat 1643. ⁎ FRIDE ⁑ WILHEL ⁑ D ⁎ G ⁎ MAR ⁑ BRAN ⁎ SA ⁑ RO ⁑ IMP ⁑
    — Der geharn. Kurfürst r. stehend, mit geschultertem Scepter und umge-
    gürtetem Schwert, vor ihm auf einem Tische der Helm. Rv. ⁎ ARC ⁎
    CA ⁑ ELEC ⁑ PRV ⁑ IV ⁑ CL ⁑ MON ⁎ POM ⁎ SI ⁑ DVX Zwölffeldiges
    Wappen, oben und an den Seiten mit henkelartigen Verzierungen, dar-
    über 16 ⁎ 43, daneben A — B (Andreas Berlin). v. Arn. u. H. nicht.
    Einzig bekanntes Exemplar, Vorzügl. erh. *Abgebildet Tafel 1.*
667 Ducat 1646. FRID · WILH · D · G · etc. Brustb. r. mit Kurhut. Rv. MON ·
    NOVA · AVREA · DVCIS · PRVSSIÆ 16 — 46 Neunfeldiges geschweiftes
    Wappen unter dem Kurhut, daneben C — T (Christ. Thauer). v. Arn. 70.
    H. nicht. Sch.

    ⁎ Anscheinend für Preussen in Berlin geprägt.

668 ½ Portugalöser (5 Ducaten) 1647. FRIDE * WILHEL * D * G * MAR * BRAN * SAC * ROM * IMP * Brustb. r. im Kurornat mit geschultertem Scepter, die Linke am Schwertgriff. Rv. * ARC * CA * ELEC * PRVS * IV * CL * MON * POM * CRO * COR * SILE * DVX Zwölffeldiges Wappen, darüber · 16 · 47 · neben den Seitenverzierungen C — T v. Arn. 71. II. 750. S. g. e.

669 Desgl. 1650. · FRID · WILH · D · G · M · BR · S · R · I · ARC · C · PR · E · Brustb. wie vorher. Rv. MAGD · PRVS · I · C · M · S · POM · DVX · Das 26feldige Wappen mit dem Kurhute bedeckt, über diesem 16 — 50, zu den Seiten C — T v. Arn. 77. II. 755. W. geh., sonst schön. *Abgebildet Tafel I.*

670 Doppelducat 1650. Der steh. Kurfürst wie auf No. 666. Rv. Wie vorher. Geh., schön.

671 5-Ducatenstück 1653. ⊕ FRID · WILH · D · G · M · BR · S · R · I · ARCHIC · ET ELECTOR · Geharn. Hüftb. l., mit der Rechten das Scepter erhebend. Rv. MAGD · PR · I · C · M · S · P · C · V · S · C · C · D · B · N · H · ET M · PR · 16—53 Wappen etc. wie bisher. v. Arn. 85. H. 771. S. g. e. *Abgebildet Tafel I.*

672 ½ Ducat 1655. Brustb. im Ornat v. vorn. Rv. Das 14feldige Wappen wie bisher. v. Arn. 88. H. 783. Schön.

673 Ducat 1662. Geharn. Brustb. r., die Linke am Schwertgriff. Rv. Im Kreise von 13 Wappen der Kurschild mit dem Kurhut bedeckt, daneben 16 — 62 und A — B (Adrian Becker). v. Arn. 105. H. 806. S. g. e.

674 Desgl. 1667. FRID : WILH : D · G · M · M · BR : ET EL : ⚬ Geharn. Brustb. r., oben den Schriftkreis trennend. Rv. Wie vorher, aber neben dem Kurschild I — L / 16 — 67 (Joh. Liebmann). Zu v. Arn. 119. S. g. e.

675 Desgl. 1670. Kopf r., darunter 1670. Rv. Der von dem Bande des Hosenbandordens umgebene Kurscepter zwischen Ranken, darüber der Kurhut, umher Lorbeer- und Palmzweige, unten I—L v. Arn. 131. H. 878. Schön.

676 Desgl. 1674. Brustb. r. mit antikem Ueberwurf, darunter · I · L · Rv. Wie vorher, aber ohne die Münzmeister-Initialen und die Ranken im Kurschild, und mit der Jahrzahl 16—74 neben den Zweigen. v. Arn. 147. Schön.

677 Desgl. 1685. Geh. Brustb. r., unter dem Armabschn. · L · C · S · (Lor. Christ. Schneider). Rv. Wie vorher, aber die Jahrzahl 16 — 85 steht oben neben dem Kurhut. v. Arn. 185. H. 961. Stgl.

678 Desgl. 1685. FRID : WILH · D · G M BR · SRI EL Brustb. und Chiffre wie vorher. Rv. Wie vorher. Av. v. Arn. 185. Rv. v. Arn. 192. S. schön.

679 Desgl. 1685. Brustb. r. im geblümten Harnisch, von weit feinerer Zeichnung wie bisher. Am Armabschn. LCS Rv. Wie vorher. Av. v. Arn. 193. Rv. Ibid. 192. Schön.

680 Thaler o/J. Brustb. r. im Kurhabit, mit geschultertem Scepter, den Schwertgriff in der Linken, darüber ein Bogen aus Zweigen. Rv. Das grosse, oben und an den Seiten verzierte Wappen. Am Schlusse der Umschrift ✻ v. Arn. 179. Sch. 5840. War geh. S. g. e.

681 Thaler 1641. Das Brustb. wie vorher, aber kleiner und rings von dem Kranze und der Umschrift umgeben. Rv. Das Wappen ebenfalls in

30   Courantmünzen.

Kranzeinfassung, in der untersten Wappenreihe L — M v. Arn. 189. Sch. 5846. S. schön.

682 Thaler 1641. Av. Wie vorher, das Brustb., von dem Kranze rings umgeben, trennt unten die Umschrift. Rv. Wie vorher, aber in der Zeichnung des Wappens etwas abweichend; der Kurscepter hat keine ovale Einfassung, die Münzmeister-Buchstaben sind grösser etc. v. Arn. 198. Sch. 5851. Gut erh.

683 Desgl. 1641. Das Brustb. wie bisher unter einem Bogen von Zweigen. Rv. Das Wappen, die Buchstaben L M stehen unter der letzten Wappenreihe. v. Arn. 201. Sch. 5844. H. 727. Vortreffl. erh.

684 ½ Thaler 1641. Das Brustb. wie bisher, aber im Strickkreis. Rv. Rhombenförmiges Wappen, an den oberen Kanten · 1 · 6 · — · 4 · 1 ·, neben den unteren · L · — · M · v. Arn. 200. Sch. 5854. H. 730. S. g. e.

685 Thaler 1642. Wie No. 683. Die 4 in der Jahrzahl steht verkehrt ·16ϟZ· v. Arn. 204. Sch. 5855, Anm. H. 731. S. g. e.

686 Desgl. 1642. Wie vorher, aber die Jahrzahl richtig gestellt, und CLI · statt CLE · v. Arn. 206. Sch. 5855, Anm., 3. Stempel. S. g. e.

687 Desgl. 1643. Brustb. r. im Kurornat, wie bisher, den Strickkreis oben theilend. Rv. Das grosse Wappen, darüber 16 — 43, zu den Seiten neben den Verzierungen A — B (A. Berlin). v. Arn. 210. Sch. 5860, Anm. 3. Stempel. H. 735. Im Av.-Felde eingeschlagen RL — GB, sonst s. g. e.

688 Desgl. 1643. Wie vorher, aber von anderem Stempel, die Umschrift im Rv. wird statt durch eine Rosette durch ein Blatt getrennt, die Initialen · A — B · stehen höher, im letzten Wappenfelde eine Arabeske. v. Arn. 212. Sch. 5860. S. g. e.

689 ½ Thaler 1643. Typus wie bisher. v. Arn. nicht. Sch. 5862. H. 738. S. g. e.

690 ⅛ Thaler 1643. FRID · WILH · D · G · MAR · BRAN · SAC · ROM · IMP · Brustb. wie bisher innerhalb des Linienkreises. Rv. ARC · CA · EL · PRV · IV · CL · MON · POM · CRO · COR · SI · DVX · Wappen (Brandenburg — Stettin — Burggrafenthum Nürnberg — Zollern, mit aufgelegtem Kurschild), darüber 16 — 43 durch ein Kleeblatt getrennt, neben den einfachen Seitenverzierungen A — B Trefflich erh. *Abgebildet Tafel I.*

691 Thaler 1644. Wie Nr. 688, aber die Rv.-Umschrift durch eine Rosette getrennt und A—B ohne Punkte. v. Arn. 260a. Sch. 5860, Anm. H. 740. Sch.

692 ½ Thaler 1644. Wie vorher. , v. Arn. 215. Sch. 5864. H. 742. Gut erh.

693 Thaler 1645. Brustb. wie bisher. Rv. Das Wappen, daneben C — T (Thauer). v. Arn. 219. Sch. 5866. H. 745. Stempelriss, sonst schön.

694 Desgl. 1645. Brustb. wie bisher. Rv. Das siebenfach behelmte Wappen mit Laubwerk an den Seiten, worunter C — T, über den Helmzierrathen vertheilt 1 — 6 — 4 — 5 v. Arn. 220. Sch. 5865. Zu H. 746. Vortreffl. erh.

695 Desgl. 1646. Wie vorher, aber 1 — 6 — 4 — 6 zwischen den Helmen. v. Arn. 223a. Sch. 5865, Anm. S. g. e.

696 Desgl. 1646. Av. Vom Stempel des vorigen. Rv. Wie vorher, aber mit einem Punkte vor der Umschrift. Die letzte 6 in der Jahrzahl ist aus 5 geändert. Vortreffl. erh.

Courantmünzen.

697 ½ Thaler 1647. Brustb. wie bisher. Rv. Zwölffeldiger unbehelmter
 39,— Wappenschild, darüber · 16 · 47 ·, neben den Seitenverzierungen C — T
 v. Arn. 224. Sch. 5869, Anm. H. 751. Treffl. erh.
45,— 698 Thaler 1648. Wie Nr. 695. v. Arn. 226. Sch. 5865, Anm. H. 753. Sch.
49,— 699 ⅛ Thaler 1648. Wie der von 1643 (Nr. 690), aber im Rv. die Münzmeister-Buchstaben C — T und abweichende Interpunction. S. g. e.
59,— 700 Thaler 1649. Wie Nr. 695. v. Arn. 227. Sch. 5865, Anm. H. 754. Sch.
41,— 701 Thaler 1650. Wie vorher. v. Arn. 228. Sch. 5870, Δ. H. 756. S. g. e.
49,— 702 Desgl. 1650. FRID · WILH · D · G · M · BR · S · R · I · ARC : C · PR · E ·
 Brustb. wie bisher. Rv. MAGD · PR · I · C · M · S · P · & DVX Siebenfach beh. Wappen mit Schildhaltern, daneben C — T zwischen den Helmflüggen 1 — 6 — 5 — 0 v. Arn. 233. Sch. 5872. H. 758. Treffl. erh.
703 Breiter Thaler o/J. FRID · WILH · D · G · M · B · S · R · I · ARC · PR ·
61,— E · M · P · I · C · M · S · P · Brustb. wie bisher. Rv. ✠ C · U · IN · S · C ·
 C · D · B · N · P · H · M · CO · M · & R · D · I · R ✠ Das Wappen mit
 Schildhaltern wie vorher, ohne Münz-Buchstaben. v. Arn. 182. Sch. 5871.
 H. 718. Sch.
704 Thaler 1653. FRID · WILH · D : G · M · BR · S · — R · I · ARCHIC ·
62,— ET ELECT · Der steh. geharn. Kurfürst mit geschultertem Scepter und
 umgegürtetem Schwert, neben ihm auf einem Tische der Helm. Rv.
 MAGD · PR · I · C · M · S · P · C · V · S · C · C · D · B · N · ✠ Das siebenfach beh. Wappen nebst Schildhaltern, neben diesen 16 — 53 / C — T
 v. Arn. 242. Sch. 5878. H. 773. Treffl. erh.
705 ½ Thaler 1655. Av. Wie vorher, aber ARC · C · ET EL : Rv. Umschrift
105,— wie vorher, aber B · N · H · ET M · PR · Wappenschild, darüber der Kurhut, neben welchem 16 — 55, neben den Seitenverzierungen des Schildes
 C — T v. Arn. 243. Sch. 5880. H. 784. Vortr. erh. *Abgebildet Tafel I.*
706 Thaler 1662. ⚜ FRID : WILH : D · G · M · BR : S · R · I · ARCHICAM :
 ET ELECT · Geh. Brustb. r., die Linke am Schwertgriff. Rv. MAGD :
79,— — P · I · C · M · S · P · CVS · C · — C · D · B · N · Das siebenfach
 beh. Wappen mit Schildhaltern, daneben 16 — 61 / A — B v. Arn. 254.
 Sch. 5889. H. 807. Gut erh. *Abgebildet Tafel II.*
707 Thaler 1664. FRID : WILH : D · G · M · B · — S · R · I · ARC · E · EL :
 Der Kurfürst im Ornat zu Pferde, r. Rv. SUPR : DOM : PR : M · I · C ·
45,— M · S · P · C · V · S · C · C · D · B · N · ✠ Das zehnfeldige Wappen
 unter dem grossen Kurhut, daneben A — B / 16 — 64 v. Arn. 261. Sch. 5892.
 H. 823. S. g. e.
708 Bleiabschlag des Thalers 1677. Geh. Hüftb. r. mit geschultertem Scepter,
16,— den Helm in der Linken. Unter dem Ellenbogen 1677. Rv. DEVS
 FORTITVDO MEA Gekr. brandenb. Adler mit den Wappenschildern
 auf den Flügeln, unten C — S (Christ. Strikker). v. Arn. 299. Sch. 5932.
 H. 940. Sch.
709 Thaler 1685. FRID : WILH : D · G · M · B · S · R · IMP : ARCHIC & EL
87,— Römisch geharn. Brustb. r. Rv. Der gekr. Adler mit 9 Wappenschildern,
 unten 1 · 6 · — L · C · S · (Schneider) — 8 · 5 · v. Arn. 315. Sch. 5950.
 H. 971. S. sch.

Courantmünzen.

710 ½ Gulden o/J., mit Werthangabe ½ auf beiden Seiten. Mzz. I — L Wie H. 719 aber D · G — M · im Av., in der Rv.-Umschrift keine Punkte, und am Schluss ✠ S. g. e.
711 Desgl. 1668. Unter dem Brustb. Halbmond und 1668. H. 849, aber · I ·L · statt I : L : G. e.
712 Desgl. 1669. H. 863. G. e.
713 Desgl. 1672. Zu H. 892. S. g. e.
714 ¼ Gulden 1673. FRID · WILH · — D · G · M · BR · ET · EL · Brustb. im Gewand r., darunter 1673 Rv. MONETA · NOVA : — ARGENTEA ✠ Unter dem Kurhute das geschweifte vierfeld. Wappen mit Mittelschild, unten I — L neben ¼ H. nicht. S. g. e.
715 Desgl. 1673. Im Allgemeinen wie vorher, aber die Av.-Umschrift nicht unterbrochen, und I L am Schlusse der Rv.-Umschrift. H. nicht. S. g. e.
716 ½ Gulden 1674. H. 907. S. g. e.
717 ¼ Gulden 1674. Wie Nr. 714, aber I — L oben neben dem Wappen. H. 911. Gut erh.
718 Desgl. 1674, mit · I L · unter dem Brustb. und der Jahrzahl am Ende der Rv.-Umschrift. Zu H. 913. S. g. e.
719 Noch zwei Exemplare, von abweichender Zeichnung. S. g. e. 2
720 Gulden 1675. FRID · WILH · D · G · M · BR · S : R · I · ARCHIC · & EL · Brustb. r. im römischen Ueberwurf, darunter ❦ 1675 ❦ Rv. MONETA · NOVA · — · ARGENTEA · + Wappenschild unter dem Kurhut, daneben C — S, unten ¼ H. nicht. S. g. e.
721 Desgl. 1675. Brustb. r., darunter — C S — Rv. Rundes, eingebogenes Wappen unter dem Kurhut, ¼ im Oval. Zu H. 916. S. sch.
722 ½ Gulden 1675. Jahrzahl unter dem Brustb. Rv. I — L neben dem Wappenschild. H. 918. Gut erh.
723 Desgl. 1675. Wie vorher, aber C — S 2 Var., davon eine mit Strassburger Contremarke. G. e. 2
724 Desgl. 1675. · I L · unter dem Brustb. Die Jahrzahl am Ende der Rv.-Umschrift, rundes Wappen. H. nicht. S. g. e. 2
725 Desgl. 1675. Münzzeichen · C S ·, sonst wie vorher. Zu H. 919. 2 Var. S. g. e. 2
726 ¼ Gulden 1675. IL unter dem Brustb. Zu H. 920. Gut erh.
727 Gulden 1686. Brustb. r. im deutschen Harnisch. Rv. Wappen zwischen Palmzweigen, unten LC — S H. nicht. Ein Stück abgeschnitten. G. e.
728 Desgl. 1688. Brustb. r. im römischen Harnisch. Rv. CHVRF·BRAND·— LAND·MVNZ·1688 LC—S neben dem Wappenschild, ¼ im Strick-Oval. H. 999. S. g. e.
729 Desgl. 1688. Wie vorher, aber ¼ im Linien-Oval. H. 1000. S. g. e.
730 Desgl. 1688. Brustb. im deutschen Harnisch, von einem Strickkreis umgeben. Rv. Wie vorher. Zu H. 1001. S. g. e.
731 Desgl. 1688. Noch 5 Var. Sch. u. s. g. e. 5
732 ½ Gulden 1688. Brustb. im röm. Harnisch. H. 1009. Schön.
733 Desgl. 1688. Brustb. im deutschen Harnisch. Zu H. 1011. G. e.

Courantmünzen. 33

9.— 734 Geringhaltiger ½ Gulden 1662. Umschrift, u. Namenschiffre WFC unter dem Kurhut. Rv. Umschrift, im Felde ✵ III ✵ / EINEN REICHS / THALER / Ao 1662 darunter eine Arabeske, worin A — B (Adr. Becker). H. 809. S. g. e.
735 Desgl. 1662. Wie vorher. H. 810. S. g. e.
736 Desgl. 1662. Wie vorher. H. 811. G. e.
737 Geringhalt. ¼ Gulden 1662. Wie vorher. H. 812. Gut erh.
14.50 738 Desgl. 1662. Wie vorher, aber ✵ A ✵ B ✵ ohne Arabeske. G. e.
739 Desgl. 1663. Wie vorher. H. 817. S. g. e.
740 1/12 Thaler 1679, mit C — S H. 948 ff. 6 Var. S. g. e. 6
741 Desgl. 1687, mit LC — S Zu H. 991. G. e.
3.25 742 1/24 Thaler 1662, mit A — B H. 813. S. g. e.
743 Desgl. 1673, mit I — L Zu H. 915 (v. 1674). G. e. 2
744 Desgl. 1667 u. 1679 (6). H. 841 u. 951 ff. Meist s. g. e. 7
3.— 745 2 Groschen Landmünze 1651 (2), 1652 (6) u. 1653 (3). Zu H. 759 u. 766. Meist s. g. e. 11
746 1 Groschen Landmünze 1651. Zu H. 760. S. g. e. 3
747 Desgl. 1652 (6) u. 1653 (3). H. 768 ff. Meist s. g. e. 9
748 6 Pfennige (½ Groschen) Landmünze 1651 (3) u. 1653. H. 763 ff. 4
749 Desgl. 1657 (3) u. 1658 (3). H. 794 ff. S. g. e. 6
750 Desgl. 1659. H. 812. S. g. e. 4
1.75 751 Desgl. 1686 mit LC — S H. nicht. G. e. 3
752 4 Pfennige Landmünze 1687 mit LC — S H. nicht. G. e. 3
1.25 753 3 Pfennige Landmünze 1653 (3), 1654 (5), 1657. Vgl. H. 790. S. g. e. 9
754 Desgl. 1658 (3), 1659 (3) u. 1660. H. 795 ff. S. g. e. 7
755 Desgl. 1679 (5), mit C — S und 1687 (2) mit LC — S H. 853 ff. S. g. e. 7
2.25 756 2 Pfennige Landmünze 1651 u. 1653 mit der Jahrzahl auf einer Seite (5); dergl. 1653, Jahrzahl auf beiden Seiten (6). H. 777 ff. S. g. e. 12
757 Desgl. 1656, 1657 (2) u. 1658 (4). H. 798. S. g. e. 7
1.25 758 Einseit. Pfennig o/J. Kurscepter unter dem Kurhut zwischen Zweigen. H. nicht. S. g. e. 2
2.50 759 Pfennig 1679, mit C·S Zu H. 936 (von 1676). S. g. e.
1.25 760 Kupferklippe vom Stempel des 1/12 Thalers 1687, mit I — S H. 994. S. g. e.

2. *Halberstadt*.

0.25 761 1/24 Thaler 1679 mit LC — S (Schneider). H. 4709. S. g. e.

3. *Krossen*.

M.— 762 ½ Gulden 1667. FRID : WILH : V · G · G · — MZ : BR & EL & CRC · D · Geharn. Brustb. r. im Kreis, darunter (⁞) Rv. MONETA · NOVA — ARGENTEA · 16 — 17. Unter dem Kurhut das Wappen, unten in der Umschrift (IPE) H. nicht. S. g. e.
  * Merkwürdig ist die Mischung von Deutsch und Latein im Titel.
7.— 763 Desgl. 1667. Wie vorher, nur * 16 * — 67 S. g. e.
764 Desgl. 1667. FRID ⁝ WILH ⁝ D ⁝ G * — * M ⁝ BR * etc. Geh. Brustb. r. darunter (⁞) Rv. Ziemlich wie vorher, aber AO · 16 — 67 und 2 Rosetten zwischen Wappen und Kurhut. H. nicht. G. e.

3

765 ½ Gulden 1667. FRID · WILH · D · G · — · M · Z · BR · etc. Wie vorher. Rv. MONETA · NOVA — ARGENTEA · 16 — 67 · Wappen etc., darunter (G · F) (G. Fromholt). H. 3007. S. g. e.
766 Desgl. 1667. Wie vorher, aber FRID: WILH: etc., und ohne Punkt zwischen GF S. g. e.
767 Desgl. 1667. Im Allgemeinen wie vorher, aber G — F neben dem Wappen. Zu H. 3008. S. g. e.
768 Desgl. 1667. Av. Wie Nr. 762. Rv. Wie Nr. 766. Vortreffl. erh.
769 Desgl. 1668. Brustb. wie bisher, mit latein. Titel, darunter ⅛ Rv. Das Wappen, daneben G — F 2 Var. mit ovaler und geschweifter Cartouche um die Werthangabe. H. 3014. S. g. e. 2
770 Desgl. 1668. FRID: WILH: D · G — M : BR : EL : CR : C : D Brustb. im röm. Gewand, ohne Einfassung, darunter ⅛ in kleiner Cartouche. Rv. Das Wappen, ebenfalls ohne Einfassung, daneben G — F Zu H. 3016. Gut erh.
771 Desgl. 1668. Aehnlich wie vorher, aber in Zeichnung und Interpunction abweichend. H. 3018 ff. 2 Var. S. g. e. 2
772 Desgl. 1668. Die Umschrift beginnt oben (bei den vorhergehenden Exempl. stets unten l.), sonst wie vorher. Vgl. H. 3023 (v. 1669). Sch.
773 Desgl. 1671. Die Umschrift beginnt unten. Rv. Neben dem Wappen G — F / 1 — 6 / 7 — 1 2 Var. mit Linien u. Perlen-Oval um ¼ Zu H. 3041. S. g. e. 2
774 Desgl. 1671. Die Umschrift beginnt oben, ⅛ im Perlen-Oval. H. 3042 ff. 4 Var. S. g. e. 4
775 Desgl. 1671. Wie vorher, aber ⅛ im Linien-Oval. 3 Var. Gut erh. 3
776 Desgl. 1672. Wie vorher. ⅛ im Perlen-Oval. H. 3048. 2 Var. S. g. e. 2
777 Desgl. 1672. Wie vorher. H. 3049. S. g. e.
778 Desgl. 1674. Brustb. wie bisher, darunter G F Rv. Rundes, etwas eingebogenes Wappen, an den Seiten 1 — 6 / 7 — 4, unten ⅛ H. 3053. Treffl. erh.
779 15 Kreuzer 1665. Oben beginnend: FRID : WILH : D · G · M — BR · et EL · etc C · R · et C · D Brustb. im deutschen Harnisch r., im Linienkreis, darunter (XV) Rv. ✠ MONETA NOVA ARGENTEA · Aō 1665 Im Linienkreise der Adler von Krossen. H. nicht. G. e.
780 Desgl. 1687. Unten beginnend: FRID · WILH · etc. Römisch geh. Brustb. r., unter der Schulter XV, ohne Linieneinfassung. Rv. Aehnlich wie vorher, aber ohne Linienkreis. Neben den Schwanzfedern des Adlers L C — S, unten Lorbeer- und Palmzweig. Zu H. 3062. Vortreffl. erh.
781 Desgl. 1687, mit Stempelfehler 1867. Aehnlich wie vorher. Zu H. 3059. G. e.
782 Groschen 1667 und 1674. H. 3012 u. 3058. G. e. 2

4. Magdeburg.

783 Thaler 1681. FRID · WILH · D · G · M · B · S · R · I · A — C · & EL Geh. Brustb. r. Rv. DEUS FORTI — TUDO MEA ✠ Grosses verziertes und mit dem Kurhute bedecktes Wappen, an den Seiten I — E (Joh. Elers), unten herum 16 — 84 v. Arn. 314. Sch. 5949. H. 4432. S. schön.

Courantmünzen. 35

784 Gulden 1683. FRID · WILH · D · G · M · B · S · R · I · A — C & E Geh. Brustb. r. Rv. DUX · MAGDE — BURGENSIS 16 — 83 Im Strickkreis geschweifter, mit dem Kurhute bedeckter Schild, daneben I — E, unten ⅓ im Oval. Zu H. 4427. S. sch.

785 6 Pfennige Landmünze 1688, mit I C — S H. 4447. S. g. e. 3

5. Mark.

786 Ducat 1648. FRID · WIL · D · G · M · B · S · R · I · A · C · E · EL · B · I · C · M · S · P · ✵ Brustb. r., im Kurornat. Rv. C · V · C · I · S · E · I · D · B · N · P · R · COM · M · E · RAV · D · I · R · Fünffeldiges Wappen unter dem Kurhut, an den Seiten ♃ ♄ v. Arn. 73. H. 5074. S. schön.

787 Desgl. 1664. FRID WIL · DG · M · B · S · R · I · AC · E · EL · I · C · M · P · C · M · E · R · Geh. Brustb. l. fast v. vorn. Rv. Aehnl. wie vorher, die Jahrzahl am Ende der Umschrift, das Wappen sechsfeldig. v. Arn. 110. H. 5090. Vortreffl. erh. *Abgebildet Tafel II.*

788 Mariengroschen 1661 u. 1662. Wappen. Rv. Madonna. H. 5089. Gut erh. 2
789 Desgl. 1664. H. 5095. Gut erh. 2
790 Desgl. 1665. H. 5097. Gut erh. 2
791 Doppel-Mariengroschen 1667. Wappen. Rv. Werthangabe. H. 5100 ff. S. g. e. 3
792 Desgl. 1667. Noch zwei Exemplare. S. g. e.
793 6 Pfennige 1663. · VI · / PFEN / NING / 1663 Rv. MONET MARCANA Quadrirtes clevisch-märkisches Wappen unter dem Kurhut. H. nicht. S. g. e.

6. Minden.

794 Ducat 1652. FRID : WILHELM · D : G · M · B · S · R · I · A · E · E · Brustb. im Ornat r., im verzierten Kreis. Rv. M · B · I · C · M · S · P · C · E · V · J. — S · C · E · C · D · B · N · P · H · E · M · Unter dem Kurhute geschweiftes Wappen, daneben H — B (Heinr. Bonhorst), unten 16 · 52 v. Arn. 83. Gut erh.

795 ½ Gulden 1671. FRID : WILH : D · G · M · BR : & · ELEC : Brustb. r. mit Ueberwurf, an der Schulter ¦ im Dreieck. Rv. MONETA · NO : ARGENTEA · 16 — 71 Wappen und Münzzeichen wie vorher. H. 5107. S. g. e.

796 Desgl. 1671. Wie vorher, nur im Rv. NO : ✱ etc. S. g. e.
797 Desgl. 1671. Wie vorher, aber mit etwas abweichender Interpunction und Münzzeichen I — W (Joh. Wilmsen). H. 5110. Gut erh.
798 Desgl. 1672, mit I — W H. 5118. S. g. e.
799 Desgl. 1674. Av. Wie vorher. Rv. MONETA · NOVA · ARGENTEA 1674 Kleineres Wappen, und A — VH (Aug. v. Hakeberg). H. 5125. Gut erh.
800 Noch zwei Varianten. S. g. e. 2
801 Desgl. 1679. Im Allgemeinen wie vorher, aber ¦ ohne Einfassung. H. nicht. S. g. e.
802 Desgl. 1683, mit B — H, (Bast. Hille) ¦ im Dreieck. H. nicht. S. g. e.
803 ⅛ Thaler 1671. Wappen, daneben I — W Rv. Werthangabe. H. 5117. S. g. e.

3*

7. Pommern.

804 Dickthaler 1678. FRID · WILH · D · G · M · BR · S · R · I · ARC · & EL · &c Römisch geh. Brustb. r. mit Ueberwurf, darunter 1678 Rv. DEUS FORTITUDO MEA Das siebenfach beh. grosse Wappen mit Schildhaltern, daneben C — S (Chr. Sucro in Stettin) Randschrift: ∗ · DOMINE · FAC · ME · SCIRE · VIAM · QVA · AMBVLEM · v. Arn. 302. Sch. 5935. H. 943. S. g. e.

805 Desgl. 1679. Genau wie vorher. v. Arn. 306. Sch. 5938, Anm. S. g. e.

806 Desgl. 1679. Kleineres römisch geh. Brustb. r. zwischen Lorbeerzweigen, darunter in einer Cartouche FRID · WILH · D · G · / M · BR · S · R · I · ARC · / ET ELECT · Rv. u. Randschrift wie vorher. v. Arn. 305a. Sch. 5937. H. 947. Treffl. erh.

807 Desgl. 1679. FRID : WILH · D · G · M · BR · S · R · I · — ARCHIC · E ELECT : Der belorb. Kurfürst r. zu Pferde, im Abschnitt A·1679·C·S·, über der Leiste l. G L (Gottfr. Leygebe, Stempelschneider). Rv. Wie vorher, aber ohne C — S · Randschr. wie vorher. v. Arn. 307. Sch. 5939. H. 3432 (falsch beschrieben). Treffl. erh.

8. Preussen.

808 Ducat 1641. FRID · WILH · D · G · MAR · BRA · S · R · I · ARC · E · EL · Brustb. im Ornat r. Rv. MON · NOVA · AVREA · DVCIS · PRVSSIÆ · Unter dem Kurhut das geschweifte Wappen, daneben 16 — 41, unten D — K (Dan. Koch in Königsberg). v. Arn. 65. S. g. e.

809 Desgl. 1641. Av. Wie vorher. Rv. MONE · NOVA · AUREA · DUCIS PRUSSIÆ · Sonst wie vorher. v. Arn. nicht. Treffl. erh.

810 Desgl. 1657. FRID · WILH · D : G · MAR · BR · — S · R · I · ARCHIC · ET · EL · D · PR : Brustb. r. im Ornat, mit geschultertem Scepter, den Schwertgriff in der Linken, unten in der Umschrift ein Schildchen mit drei Sternen. Rv. MONE · NOVA · AUREA · DUCAT · PRUSSIÆ · Das Wappen wie bisher, daneben 16 — 57 / N — B (Noah Bretschneider). v. Arn. 97. Treffl. erh.

811 Desgl. 1660. FRID · WILH · D · G · M · B · S · R · I · A · C · & E · D · PR · Geh. Brustb. r. Rv. MON : NOVA AUREA · DUC : PRUSS · Neben dem Wappen 1 — 6 / 6 — 0 Ohne Münzmeisterzeichen. v. Arn. 102. H. 3344. Gut erh.

812 Desgl. 1662. FRID · WILH · D · G · M · B · S · R · I · A · C · &E · D · PRUS ✠ Geh. Brustb. r. Rv. MON : NOVA · AUREA · DUC · PRUSS : Neben dem Wappen 16 — 62, unten H · — M · (Hans Müller). v. Arn. 106. H. 3346. Gut erh.

813 Desgl. 1663. Wie vorher. v. Arn. 109. H. 3353. Sch.

814 Desgl. 1664. FRID · WILH · DG · MARCH : BR · S · R · I · ARCHIC · & PR · EL · Geh. Brustb. r. mit Kurhut und geschultertem Schwert. Rv. ⊛ SUPREMUS PRUSSIÆ PRINC · DOMIN · & HERES 1664 Geschweiftes vierfeldiges Wappen mit Mittelschild. Ohne Münzzeichen. v. Arn. 113. H. 3354. S. g. e.

815 Ducat 1666. Av. Wie vorher, aber ELEC · Rv. *SVPREMUS · PRUSS · PRINC · DOMINUS & HERES 1666 Sonst wie vorher. v. Arn. 118. H 3361. Sch.

816 Desgl. 1669. FRID · WILH · D · G · M · B · S · R · I · ARC · & ELECT · Belorb. Kopf r., darunter C · G (Casp. Geelhaar). Rv. SUPREMUS DUX IN PRUSSIA 16 — 69 Neben dem zehnfeld. Wappen D — S (Dav. Schirmer). v. Arn. 125. H. 3364. S. sch.

817 Doppelducat 1670. Av. Wie vorher aber ET EL ·, bel. Brustb. mit Ueberwurf, worunter T T (Thomas Tymph). Rv. SVPREMVS · DVX IN PRVSSIA · 16 — 70 Gekr. Wappen. v. Arn. 135. Sch.

818 ½ Ducat 1670. F · W · D · — G · E · B · Belorb. Brustb. r. mit Ueberwurf. Rv. Preussischer Adler unter dem Kurhut, über den Fängen 16 — 70, neben den Schwanzfedern T · — T · v. Arn. nicht. v. Saurma 300. H. 3372. S. sch.

819 Desgl. 1671. Wie vorher, aber über den Fängen des Adlers 16 — 71 / T — T v. Arn. 137. H. 3380. S. sch.

820 Doppelducat 1673. FRID · WILH · D · G · M · B · S · R · I · ARC & EL · Belorb., römisch geh. Brustb. r., darunter C · V (Chr. Nahrenhorst). Rv. *SUPREMUS DUX IN PRUSSIA · 16 — 73 Rundes Wappen unter kleinem Kurhut. v. Arn. 145. H. 3395. Vorzügl. erh.

821 Desgl. 1675. FRID · WILH · D · G · M · B · S · R · I · ARC · & PR · EL · Belorb. Brustb. r. mit Ueberwurf, darunter H · S · (Heinr. Sievert). Rv. SUPREMUS DUX IN PRUSSIA ⊙ 16 — 75 Wappen etc. v. Arn. 152, H. 3414. Sch.

822 Ducat 1683. Av. Wie vorher, aber ARC · & E · Rv. Ebenfalls wie vorher, aber das Wappen an den Seiten mit zwei Adlern verziert und PRUSS : 16 — 83 v. Arn. 181. H. 3452. Sch.

823 Desgl. 1684. Wie vorher, aber im Rv. PRUS · 16 — 84 v. Arn. 189. — Vortrefflich erh.

824 ½ Ducat 1685. Wie Nr. 818, aber Münzzeichen H — S v. Arn. 195. H. 3464. Sch.

825 Thaler 1642. ✠ FRID : WILH : D : G : MAR : BRA : SA : ROM : IMP : ARCH : E : EL : D : PRV Geb. Brustb. r., in der R. den Commandostab in der L. den Helm. Rv. ✠ IVL : CLI : MONT : STET : POM : & ✠ Siebenfach beh. Wappen mit Zweigen an den Seiten, dazwischen D — K v. Arn. 208. Sch. 5857. H. 3317. S. g. e.

826 Desgl. 1652. ✠ FRID : WILH : D : G : MARCHI : BRAN : SAC : ROM : IMP : ARCHIC · & · ELECT · Geh. Hüftbild v. vorn, mit der R. das Scepter schulternd, in der L. den Helm. Rv. MAGDB : PRUS : IUL . CLIV · & · MONT · DUX & c · Siebenfach beh. Wappen mit Schildhaltern, unten herum · C · 1 · 6 · — 52 · M (Christ. Melchior). Arn. 239. Sch. 5877. H. 3321. S. g. e.

827 Breiter Doppelthaler 1653. ✠ FRIDERICUS : WILHELMUS : D : G : etc. Hüftb. r. im Kurornat mit geschultertem Scepter, in der L. das Schwert. Rv. ✠ MAGD : PRUS : IUL : CLIV · etc. Adler mit Scepterschild im doppelten Wappenkreise, unten C · — M · v. Arn. 234. Sch. 5873. H. 3320. Sch.

38 Courantmünzen.

828 Thaler 1672. FRID · WILH · D · G · M · BR · S · R · I · ARC · & PR · EL · Belorb. Brustb. r. mit Ueberwurf, darunter T · T · Rv. SUPREMUS DUX IN PRUSSIA · 1672 Siebenfach beh. Wappen mit Schildhaltern. v. Arn. 275. Sch. 5903. S. sch.
829 Desgl. 1677. Wie vorher, aber Münzzeichen H · S · v. Arn. 296. Sch. 5929. H. 3427. S. g. e.
830 ½ Gulden 1669. Belorb. Brustb. r., darunter T · T · Rv. Wappen. H. 3368. S. g. e.
831 Desgl. 1670. Wie vorher. H. 3377. Gut erh.
832 Gulden 1671. Wie vorher. H. 3381. Gut erh.
833 ½ Gulden 1671. Wie vorher. H. 3383/84. Gut erh. 2
834 Desgl. 1672. Wie vorher, aber Münzzeichen C · V · H. 3392. Gel., s. g. e.
835 Desgl. 1674. Wie vorher. H. 3404. 2 Var. Sch. 2
836 Desgl. 1675. Wie vorher, aber Münzzeichen H · S · H. 3416. S. g. e.
837 Tymph 1651. FRID · WILH · V · G · G · MARG · Z · BRANDENB Brustb. r. im Kurornat mit Scepter u. Schwert. Rv. D · H · R · R · ERTZC · U · C · Z · M · I · PR · Z · G · C · U · B · H · 16—51 · Neben dem Wappen 18 — g · / C · M · H. etc. nicht. Treffl. erh.
838 Desgl. 1651. Wie vorher nur BRANDE — NB · durch das Scepter getrennt. S. g. e.
839 Desgl. 1652. Wie vorher. H. etc. nicht. S. g. e.
840 Desgl. 1655. Wie vorher, aber U · B · H · * 16 · — 55 ·, und C — M ohne Punkte. H. etc. nicht. S. g. e.
841 Desgl. 1656. Im Allgemeinen wie vorher, aber neben dem Wappen 1 — 8 / C — M S. g. e.
842 Desgl. 1656, mit BRANDENBU · im Av. und · 1 — 8 · / D · — K · im Rv. S. g. e.
843 Desgl. 1657. Münzz. · N · — B · H. 3382. 2 Var. S. g. e. 2
844 Desgl. 1660. Geh. Brustb. r. Rv. Adler. Mzz. HM H. 3345. Sch.
845 Desgl. 1665. Geh. Brustb. r. mit Kurhut u. Schwert. Rv. Wappen. Ohne Mzz. H. 3358. S. g. e.
846 Desgl. 1666. Wie vorher. H. 3362. 2 Var. S. g. e. 2
847 Desgl. 1667. Wie vorher. H. nicht. S. g. e.
848 Desgl. 1675. Av. Wie vorher. Rv. Adler. Mzz. H—S H. 3423. Gut erh.
849 Desgl. 1679. Wie vorher. H. 3433. S. g. e.
850 Desgl. 1682. Wie vorher. H. 3435. S. g. e.
851 Desgl. 1683. Wie vorher. H. 3453. S. g. e.
852 Desgl. 1684. Wie vorher. 2 Var. H. 3457 ff. S. g. e. 2
853 Desgl. 1685. Wie vorher, aber Mzz. B — A (Bastian Altmann). H. 3466. S. g. e.
854 Noch 3 Varianten. S. g. e. 3
855 Desgl. 1687. Wie vorher. S. g. e.
856 Desgl. 1685. Belorb. Brustb. r., darunter · L C S · (Schneider in Berlin). Rv. Rundes Wappen. H. nicht. S. g. e.
857 Sechsgröscher 1674, 1681, 1682 u. 1684 (2). H. 3412, 3441, 3447 u. 3463. Gut erh. 5

Courantmünzen. 39

858 Dreipölker 1685, nach Rigaischem Typus. Wappen, darunter 5. Rv. Reichsapfel, worin 24 H. nicht. S. g. e.
859 Schillinge 1653, 1664 u. 1667. H. 3322 u. 3355, u. H. nicht. S. g. e. 3

9. Rheinstein.

860 Gulden 1674. FRID : WILH : D : G · M · BR : ELEC : Römisch geh. Brustb. r. Rv. MONETA · NO : ARG · REINST : 16 — 47 (sic!) Wappen unter dem Kurhut, daneben I — A (Joh. Arendsburg), unten ¦ im Oval. H. 4721. Treffl. erh.
861 Desgl. 1674, mit richtiger Jahrzahl. H. 4722. S. g. e.
862 Desgl. 1675. Wie vorher, aber deutscher Harnisch. Zu H. 4727. S. g. e.
863 Desgl. 1675, von abweichender Zeichnung. H. 4728. S. g. e.
864 ½ Gulden 1675. Wie bisher. H. 4729. Vortreffl. erh.
865 Gulden 1676. Wie bisher. H. 4730. 2 Var. S. g. e. 2

Friedrich III., 1688—1701.

1. Mark Brandenburg.

866 Ducat 1690. FRIDER · III · D · G · M · B · S · R · I · AC & E · Römisch geharn. Brustb. r. Rv. Kurschild zwischen Palmzweigen, daneben LC — S (Schneider), darüber 16 — (Kurhut) — 90 v. Arn. 215. H. 1057. S. g. e.
867 Desgl. 1698. FRID · III · D · G · M · BRAND · S · R · I · A · C · E · EL · Kopf r., darunter R · F · (Raym. Faltz). Rv. Kurschild, umher viermal die gekr. Chiffre F III, oben 16 — 98 ·, unten L · C · — S · v. Arn. 232. H. 1133. S. g. e.
868 Doppelducat 1699. FRID · III · D · G · — M · BR · S · R · I · A · C · & EL · Kopf r., darunter R · F · Rv. Wie vorher. v. Arn. 234. H. 1138. Sch.
869 Thaler 1692. FRID · III · D · G · M · — BR · S · R · I · AC & EL · Deutsch geh. Brustb. r., am Armabschn. I B S (Schultz). Rv. SUUM — CUIQUE Unter dem Kurhut das grosse mit Palmzweigen besteckte Wappen zwischen 16 — 9Z, ganz unten L C S v. Arn. 323. Sch. 5965, Anm. H. 1094. S. sch.
870 Desgl. 1692. FRIDER · III · D · — G · M · B · S · R · I · AC · & E · Brustb. wie vorher, doch ist hier die rechte Schulter ganz nach vorn gerückt, so dass man die Brust nicht sieht. Rv. Wie vorher. v. Arn. 325. Sch. 5966. S. g. e.
871 Desgl. 1695. Av. Wie vorher. Rv. Wie vorher, aber 16 — 95 steht neben dem Kurhut und LC—S neben dem Wappen. v. Arn. 333. Sch. 5975. S. schön.
872 Desgl. 1695. FRIDER * III * D * G * M * B * S * R * I * A * C * & EL * 16 — 95 * Unter dem Kurhut das Wappen mit dem Scepter im verzierten Schild, daneben LC — S * Rv. Ohne Umschrift. Der Kurschild, umher viermal die gekr. Namenschiffre. v. Arn. 334. Sch. 5977, Anm. H. 1117. S. sch.
873 Desgl. 1695. Genau wie der vorige, nur ist auch der Kurschild im Rv. mit Rauken verziert. v. Arn. 335. Sch. 5977, Anm. H. 1118. S. g. e.
874 Desgl. 1695. Wie Nr. 872, aber im Rv. Umschrift: NACH DEM — FUES DES — BURGUND:THALERS·, und glatter Kurschild. v. Arn. 342. Sch. 5979, Anm. H. 1119. S. g. e.

40 Courantmünzen.

15,50 875 Thaler 1695. Wie vorher, aber der Kurschild auf beiden Seiten glatt. v. Arn. 340. S. g. e.
15,— 876 Desgl. 1695. Wie vorher, aber ohne Interpunktion nach BURGUND und THALERS v. Arn. 341. S. g. e.
33,— { 877 Desgl. 1696. Wie der vorige. L C steht genau vor &, S * genau vor D v. Arn. 344. H. 1127. S. sch.
878 Desgl. 1696. Wie vorher, aber L C trifft nur noch knapp auf das & und S * zwischen I D v. Arn. 345. S. g. e.
5,50 { 879 Gulden 1689. Römisch geh. Brustb. r., die Umschrift oben theilend. Rev. Wappen daneben LC — S, unter ⁌ im Strickoval. H. 1046. S. g. e.
880 Desgl. 1689. Das Brustb. theilt die Umschrift nicht, im Rv. ⁌ zwischen Palmzweigen. H. 1042. S. g. e.
881 Desgl. 1690. FRIDER · III · D · G · — M · etc. Deutsch geh. Brustb. r. Rv. Wie vorher, ⁌ zwischen Palmzweigen. H. 1060. 2 Var. S. g. e. 2
3,— { 882 Desgl. 1690. FRIDER · III · D · G · M · B — S · R · I · etc. Römisch geh. Brustb. r. Rv. Wie vorher, ⁌ zwischen gewundenen Klammern. H. 1066. Sch.
883 Desgl. 1690. Wie vorher, aber ⁌ in einfachen Klammern. S. g. e.
2,50 884 Desgl. 1691. FRIDER · III · D · G · — M · etc. Deutsch geh. Brustb. Rv. Wie vorher, ⁌ zwischen Palmzweigen. H. 1076. S. sch.
3,— { 885 Desgl. 1691. Wie vorher, aber ⁌ zwischen geraden Klammern. Zu H. 1077. S. g. e.
886 Desgl. 1691. FRIDER · III · D · G · M · B — S · R · I · etc. Römisch geh. Brustb. r. Rv. Wie vorher, unten (⁌) Zu H. 1079. S. g. e.
1,50 887 Desgl. 1691. Wie vorher, aber ⁌ zwischen Palmzweigen. H. 1080. S. g. e.
8,— { 888 ½ Gulden 1691. FRID · III · D · G · — M · etc. Deutsch geh. Brustb. r. Rv. Wie vorher. 2 Var., ⁌ zwischen glatten und gewundenen Klammern. Z. H. 1083. S. g. e. 2
889 Desgl. 1691. FRIDER · III — D · G · etc. Kopf r. Rv. Wie bisher. H. nicht. S. g. e.
2,— 890 Gulden 1692. Römisch geh. Brustb. r. Im Rv. (⁌) Zu H. 1095. S. g. e.
3,— { 891 Desgl. 1695. Wie vorher. H. 1121. S. g. e.
892 Desgl. 1698. Deutsch geh. Brustb. r. Rv. Wie vorher. H. nicht. S. g. e.
2,50 893 Doppelgroschen 1689. Wappen, daneben die Jahrzahl. Rv. Werthangabe, darunter L · C · S · H. 1048 ff. 3 Var. S. g. e. 3
2,— 894 Desgl. 1689, mit LCS im Av., u. der Jahrzahl im Rv. H. nicht. 3Var. S.g.e. 3
1,— 895 Desgl. 1690. Mit 16—90 neben dem Wappen. H. nicht. 2 Var. S. g. e. 2
1,25 896 Desgl. 1690. Mit ♔ ♔ H. 1073. 4 Var. S. g. e. 1
—,50 897 Desgl. 1690. Wie vorher, mit EIИEИ statt EINEN Gut erh.
—,50 898 Groschen 1689. Wie Nr. 893. H. 1050 ff. 2 Var. S. g. e. 2

2. Kleve.

23,— 899 Thaler 1695. FRIDER · III · D · G · M · B · S · R · I · A · C · & EL: 16—95 Das Wappen unter dem Kurhut, daneben W — H Rv. NACH · DEM — FUES · DES — BURGUND — TAHLERS (sic!) Die vierfache gekr. Namenschiffre um den mit Ranken ausgefüllten Kurschild. v. Arn., Sch. H. etc. nicht. S. g. e.

Courantmünzen. 41

2,— 900 Gulden 1692. Geh. Brustb. r. Rv. Wappen etc., daneben W — H H. 4952. S. g. e.
2,25 901 Desgl. 1693. Wie vorher. H. 4956. S. g. e.
5,50 902 ½ Gulden 1693. Wie vorher. H. 4962. S. g. e.
2,50 903 Gulden 1694. Wie vorher. H. 4964. S. g. e.
2,25 904 Desgl. 1694. Wie vorher. H. 4965. S. g. e.

3. Magdeburg.

905 Thaler 1691. FRIDER : III · D · G — M · B · S · R · I · A — C & ELECT · Brustb. r. Rv. • SUUM — CUIQUE • Das mit dem Kurhut bedeckte
145,— geschweifte Wappen, daneben IC — S × (Söhle), unten 16 · — · 91 v. Arn.822. Sch. 5960. H. 4454. W. geh. S. g. e.

906 Desgl. 1695. FRIDER × III × D × G × M × B × S × R × I × A × C × & × EL ×
21,— 16 — 95 × Wappen mit Kurhut, daneben IC — S × Rv. Ohne Umschrift. Die vierfache gekr. Namenschiffre, in der Mitte der Kurschild. v. Arn.337. Sch. 5976. H. 4469. S. g. e.

907 Desgl. 1695. Av. Wie vorher. Rv. NACH DEM — FUES DES — BUR-
2/6,— GUND: — TAHLERS · (sic!) Sonst wie vorher. v. Arn. nicht. Sch. 1980. H. 4470. Sch.

908 Gulden 1689. Römisch geh. Brustb. r. Rv. Wappen etc., daneben 1 · E
4,— (Ehlers). H. 4448. 2 Var. S. g. e. 2
909 Desgl 1690. Wie vorher. H. 4450. S. g. e.
1,50 910 Desgl. 1691. Mit Mzz. IC — S *, sonst wie vorher. H. 4450. S. g. e.
911 Desgl. 1692. Wie vorher. H. 4462. Sch.
1,50 912 Desgl. 1693. Wie vorher. H. 4465/66. 3 Var. S. g. e. 3
913 Desgl. 1694. Brustb. im deutschen Harnisch. Rv. Wie vorher. H.4168. S. sch.
914 Desgl. 1695. Wie vorher. H. 4471/72. 2 Var. S. g. e. 2
,50 915 Desgl. 1698. Römisch geh. Brustb. Im Rv. Mzz. HF — H ❀ (Halter). H. 4474. S. g. e.
4,75 916 Desgl. 1699. Deutsch geh. Brustb., darunter · H F H · Rv. Gekr. Wappen. H. 4479. Sch.
1,50 917 Desgl. 1700. Wie vorher, aber HF — H · wieder im Rv., neben dem Wappen. H. 4484. S. sch.
918 Doppelgroschen 1693. H. 4464. G. erh.

4. Minden.

919 Gulden 1689. Römisch geh. Brustb. r. Rv. Wappen etc., daneben B—H (Bastian Hille). H. 5146. 2 Var. S. g. e. 2
,50 920 Desgl. 1691. · B · H · unter dem Brustb. H. 5161. S. g. e.
921 Desgl. 1692. Wie vorher. H. 5169. S. g. e.
3,50 922 ½ Gulden 1692. Wie vorher, B — H neben dem Wappen. H. 5171. S. g. e.
923 Gulden 1693. Deutsch geh. Brustb. mit Mantel, am Arm · B · H ·
3,— Rv. Wappen etc. H. nicht. Sch.
924 Desgl. 1693. Wie vorher, aber das Brustb. ohne Mantel, und mit dem umgehängten Elephantenorden. H. 5177. S. g. e.
,75 925 Desgl. 1693. Römisch geh. Brustb., darunter · B · H · Rv. Wie vorher. H. 5172. S. g. e.

Courantmünzen.

2. - { 926 Gulden 1694. Wie Nr. 923. Zu H. 5190, aber D · — G · M · etc. S. g. e.
      { 927 Doppelgroschen 1693. Zu H. 5180. S. g. e.

5. Pommern.

5,— 928 Stargardter Gulden 1690. Römisch geh. Brustb. r.   Rv. Wappen etc., daneben S · D (Siegm. Dannies). Aehnl. H. 4017. Sch.

6. Preussen.

20,— 929 ½ Ducat 1700. F · III · D · — G · E · B · Belorb. Brustb. l. Rv. Gekr. brandenb. Adler, über den Fängen C — G (Geelhaar), unten 1700 v. Arn. 237. H. 3533. S. g. e.

3. / { 930 Tymph 1699. Mzz. S — D (Dannies). H. 3528. G. e.
      { 931 Sechsgröscher 1699, mit S · D unter dem Brustb. H. 3529. G. e.
      { 932 Dreigröscher 1695, 1696 u. 1697, u. Schilling 1694. H. 3503, 3507, 3514 u. 3501. S. g. e.   4

Friedrich I., 1701—1713.
1. Mark Brandenburg.

22,— 933 Ducat 1701. FRIDER · PRIMVS · D · G · REX · BORVSSIAE · Belorb. Kopf r. Rv. Gekr. Adler, auf der Brust die gekr. Chiffre FR, Scepter und Reichsapfel in den Klauen. Oben 17—01, unten C — S (Christ. Strikker). v. Arn. 242. S. sch.

17,— 934 Desgl. 1704. FRID ▲ D ▲ G ▲ REX — BORUSS ▲ EL ▲ BR ▲ Belorb. Kopf r., darunter C · F · L · (Lüders). Rv. Der Adler, über den Fängen 1—7—0—4, unten C — S v. Arn. 249. H. 1188. Vortreffl. erh.

16,50 935 Ordensducat 1708. ✱ FRIDERICVS ▲ D ▲ G ▲ REX ▲ BORVSSIAE ▲ ELECT ▲ BR ▲ Belorb. u. geh. Brustb. r., am Arm L Rv. SVVM — CVIQVE ▼ Gekr. Namenschiffre FR von der Kette des schwarzen Adlerordens umgeben, unten 1708 — C ▼ S ▼ v. Arn. 262. H. 1216. Schön.

16,— 936 Desgl. 1709. Wie vorher, nur im Rv. CVIQVE ✱ v. Arn. 266. H. 1224. Vortreffl. erh.

14,50 937 Desgl. 1711. FRID·D·G·REX — BORVSS·EL·BR· Brustb. wie vorher. Rv. Wie vorher, aber ohne ✱ nach CVIQVE v. Arn. 272. H. 1237. S. g. e.

       938 Thaler 1702. FRIDERICUS · D · G · REX · BORVSS · EL · BR · Belorb.
68,— Brustb. r. im deutschen Harnisch mit Umhang, unter dem Armabschn. G · L · C · (Gabriel Le Clerc). Rv. Der gekr. Adler mit der gekr. Namenschiffre auf der Brust, Scepter u. Reichsapfel in den Krallen, über diesen 1—7—0—2, unten C — S Randschrift SUUM ✱ CUIQUE ✱ v. Arn. 353. Sch. 1766. H. 1169. Sch. e.

71,— 939 Desgl. 1702. Umschrift wie vorher, aber ✱ statt der Punkte. Belorb. röm. geh. Brustb. r. Rv. Der Adler wie vorher, aber mit viel grösserer Krone. Mit Randschrift: ✱ SVVM ✱ CVIQVE v. Arn. 356. Sch. 1768. H. 1172. S. g. e.

91,— 940 Desgl. 1703. FRIDERICUS · D · G · — · REX · BORUSS : EL : BR : Belorb. Brustb. r. im deutschen Harnisch mit Umhang. Rv. Der Adler etc. wie bei Nr. 938, aber C — S · Mit Randschrift. v. Arn. 361. Sch. 1774 △ · H. 1178. Vortreffl. erh.

Courantmünzen. 43

941 Thaler 1703. FRID • D • G • REX • — BORUSS • EL • BR • Belorb. Kopf r., darunter C • F • L • Rv. Wie vorher, aber C — S Mit Randschrift. v. Arn. 364. Sch. 1777. H. 1179. Vortreffl. erh.

942 Desgl. 1704. Umschrift wie vorher. Belorb. Brustb. r. im Harnisch mit Ueberwurf und Ordensband, unten C • F • L • Rv. Grosse gekr. Namenschiffre, daneben 17 — 04, unten C • S Mit Randschrift. v. Arn. 365. Sch. 1778. H. 1190. Schön.

943 Ordensthaler 1705. Av. Wie vorher. Rv. SVVM CVIQVE Die gekr. Namenschiffre, umgeben von der Kette des schwarzen Adlerordens, neben dem Ordensstern 17 — 05 und C — S v. Arn. 368. Sch. 1780. H. 1194. S. g. e.

944 Desgl. 1707. Wie vorher, aber im Rv. Punkt nach CVIQVE, und unten 1707 — C • S • v. Arn. 372. Sch. 1783. H. 1206. Vortreffl. erh.

945 Desgl. 1712. Wie vorher, mit Zickzackrand. v. Arn. 377. Sch. 1785, Anm. H. 1242. S. schön.

946 Desgl. 1712. Wie vorher, aber Kerbrand. H. 1243. S. schön.

947 ½ Gulden 1701. Römisch geh. Brustb. r., mit Lorbeerkranz. Rv. Wappen etc., daneben C — S H. 1165. 2 Var. G. e. 2

948 Desgl. 1702. Wie vorher. H. nicht. Treffl. erh.

949 Desgl. 1703. Wie vorher. H. 1181. S. g. e.

950 Gulden 1705. Wie vorher. H. 1195. S. schön.

951 ½ Gulden 1705. Wie vorher. H. 1196. 2 Var. S. g. e. 2

952 Gulden 1706. Wie vorher. Zu H. 1201. S. g. e.

953 ½ Gulden 1706. Wie vorher. H. nicht. 2 Var. Gut erh. 2

954 Gulden 1707. Wie vorher. H. 1207. S. g. e.

955 Desgl. 1708. Drapirter bel. Kopf r., sonst wie vorher. H. nicht. S. g. e.

956 ½ Gulden 1711. Belorb. Kopf r. Rv. wie vorher. H. nicht. S. g. e.

957 Doppelgroschen 1701. Mzz. C — S H. 1166. 3 Var. S. g. e. 3

958 Desgl. 1702. Wie vorher. H. 1175. S. g. e. 5

959 Desgl. 1703. Wie vorher. H. 1182. S. g. e. 4

960 Desgl. 1704. Wie vorher. H. 1192. S. g. e. 2

961 Desgl. 1705. Wie vorher. H. 1197. S. g. e. 4

962 Desgl. 1706. Wie vorher. H. nicht. S. g. e.

963 Desgl. 1711. Wie vorher. H. nicht. S. g. e.

964 Desgl. 1712. Wie vorher. H. nicht. S. g. e. 5

965 Desgl. 1713. Wie vorher. H. 1253. S. g. e.

966 6 Pfennige 1704, 1705 (3) u. 1706 (3). S. g. e. 7

967 3 Pfennige 1705. H. 1198. S. g. e. 4

2. Magdeburg.

968 Doppelducat 1712. FRIDERIC • D • G • — REX • PRVSS • EL • BR • Belorb. Kopf r. Rv. SVVM — CVIQVE • Der gekr. Adler mit Lorbeerkranz und Donnerkeil in den Krallen, über diesen H F — H (Halter). unten 1712 v. Arn. 274. H. nicht. Vortrefl. erh.

969 Rothenburger Ausbeute-Thaler 1701. Belorb. u. geharn. Brustb. r. mit Ueberwurf. Rv. Der über drei Schmelzhütten schwebende gekr. preussische Adler, über ihm SVVM CVIQVE •, im Abschn. ⊛ C • S ⊛ (Chr. Strikker). Mit Randschrift. v. Arn. 351. Sch. 1764. H. 4496. S. schön.

970 Rothenburger Ausbeute-Thaler 1701. Wie vorher, aber vier Schmelzhütten im Rv. v. Arn. 352. Sch. 1765. H. 4497. S. g. e.
971 Thaler 1703. Av. Aehnlich wie vorher. Rv. Der gekr. Adler mit der gekr. Namenschiffre auf der Brust, Scepter und Reichsapfel in den Krallen, über welchen 1 — 7 — 0 — 3, unten H F — H ✿ v. Arn. 362. Sch. 1775. H. 4505. S. schön.
972 Gulden 1707. FRIDERICUS — REX PRUSSIÆ · Brustb. wie vorher. Rv. SUUM — CUI QUE Das gekr. Wappen, daneben HF — H ✿, unten ⅜ in einem Ovale, neben welchem 17 — 07 Zu H. 4530. Sch.
973 Desgl. 1708. Wie vorher. H. 4533. S. g. e.
974 Desgl. 1712. Wie vorher. H. 4549. Sch.
975 Desgl. 1713. Wie vorher. H. nicht. Schön.
976 Doppelgroschen 1703 u. 1704. H. 4508 u. 4516. G. e.   2
977 4 Pfennige 1704 u. 1706. S. g. e.   2

3. Minden.

978 Gulden 1705. FRI ▴ D ▴ G ▴ REX ▴ — BORUSS ▴ EL ▴ BR ▴ Belorb., römisch geh. Brustb. r. Rv. SVVM — CVIQVE Das gekr. Wappen, zu den Seiten 17 — 05/B — H (Hille), unten ✱ ⅜ ✱ H. etc. nicht. S. g. e.
979 ½ Gulden 1705. FRID · D · G · REX · — etc. Belorb. Kopf r. Rv. Wie vorher. H. nicht. S. g. e.

4. Neuenburg.

980 Thaler 1713. Belorb., römisch geh. Brustb. r., darunter I · P · (Jean Patry). Rv. SVVM — CVIQVE · Gekr. quadrirtes Wappen von Neufchatel u. Valengin, mit preuss. Mittelschilde, unten 17 — 13 v. Arn. 378a. H. 5410. S.g.e.
981 ½ Thaler 1713. Mit D · G · R · BOR ·, sonst wie vorher. v. Arn. 378b. H. 5112. Vortreffl. erh.
982 ¼ Thaler 1713. Aehnlich wie vorher. H. 5413. Sch.
983 20 Kreuzer 1713. Aehnlich wie vorher. H. 5414. S. g. e.

5. Preussen.

984 Ducat 1703. FRIDERICUS REX Belorb. Brustb. r. im Gewande, darunter CG (Geelhaar) Rv. MONETA AUREA REGNI PRUSS 1703. Der preuss. Adler im gekr., verzierten und mit Palmzweigen besteckten Schilde. v. Arn. 246. H. 3566. S. schön.
985 Desgl. 1705. Wie vorher, aber PRUSS · 1705 v. Arn. 250. H. 3573. S. schön.
986 Desgl. 1707. Wie vorher, aber PRUSS 1707 v. Arn. 261. H. 3578. S. schön.
987 Tymph 1702. Av. Wie vorher, aber geharn. Brustb. Rv. SUUM — CUIQUE Der gekr. Adler, neben den Krallen 1 — 8, unten 1702. H. nicht. S. g. e.
988 Sechsgröscher 1702 u. 1704 (2). Zu H. 3569. Gut erh.   3
989 Desgl. 1709. H. 3581. S. g. e.
990 Dreigröscher 1704 u. 1710. H. 3571 u. 3586. Gut erh.   2

Friedrich Wilhelm I., 1713—1740.

1. Mark Brandenburg.

991 Ducat 1713. Bel. u. geh. Brustb. r. mit Perrücke, unten L (Lüders). Rv. NEC SOLI CEDIT · Adler zur Sonne auffliegend, unten ✱ I · F · S ✱ 1713 ✱ (J. F. Sauerbrei). v. Arn. 294. Zu H. 1280. Sch.

Courantmünzen. 45

992 Ducat 1716. Av. Wie vorher. Rv. Gekr. Ordensstern, daneben 17 — 16 und unten IF—S* Zu v. Arn. 326, aber D·—G·REX statt D·G·—REX H. nicht. S. g. e.
993 Desgl. 1719. Geh. Brustb. r. mit Zopf, am Arm L Rv. Gekr. ovales Wappen, oben 17—19, unten I · G · — N* (Neubauer). v. Arn. 343. Sch.
994 Desgl. 1720. Wie vorher, nur ohne das L am Arm. v. Arn. 346. H. 1314. S. g. e.
995 Desgl. 1721. Wie vorher. v. Arn. 347. S. g. e.
996 Desgl. 1722. Wie vorher. v. Arn. 353. S. g. e.
997 Desgl. 1723. Wie vorher. v. Arn. 355. S. g. e.
998 Desgl. 1724. Wie vorher. v. Arn. 360. S. g. e.
999 Desgl. 1725. Wie vorher. v. Arn. 364. H. 1332. S. g. e.
1000 ½ Ducat 1726. Aehnlich wie vorher, aber Mzz. E·G —·N· (Neubauer). v. Arn. 369. H. 1337. Sch.
1001 Ducat 1727. Wie vorher. v. Arn. 371. H. 1339. S. sch.
1002 Desgl. 1729. Wie vorher. v. Arn. 378. S. sch.
1003 Desgl. 1730. Wie vorher. v. Arn. 381, Anm. S. g. e.
1004 Desgl. 1730. Von abweichender Zeichnung. S. g. e.
1005 Desgl. 1731. Wie vorher. v. Arn. 383. S. g. e.
1006 Desgl. 1732. Wie vorher. v. Arn. 385. S. sch.
1007 Desgl. 1732. Wie vorher. v. Arn. 386. S. sch.
1008 Desgl. 1733. Av. Wie bisher. Rv. Gekr. fliegender Adler, unten herum *EGN* ※ ※ *1733* v. Arn. 393. S. g. e.
1009 Ordensducat 1734. Av. Wie bisher. Rv. Gekr. Ordensstern, unten herum *EGN* — *1734* v. Arn. 399. H. 1380. S. g. e.
1010 Desgl. 1735. Wie vorher. v. Arn. 400. Sch.
1011 Desgl. 1736. Wie vorher. v. Arn. 402. H. 1392. Sch.
1012 Desgl. 1737. Wie vorher, mit *EGN—1737* v. Arn. 403. H. 1408. S.g.e.
1013 Desgl. 1737. Wie vorher, mit * EGN * — *1737* v. Arn. 410. H. 1399. S. g. e.
1014 Desgl. 1738. Wie vorher. v. Arn. 412. H. 1409. S. g. e.
1015 Desgl. 1739. Wie vorher. v. Arn. 415. H. 1412. Sch.
1016 Desgl. 1740. Wie vorher. v. Arn. 418. H. 1417. Sch.
1017 Thaler 1717. FRID · WILH · D · G · REX · BORVSS · EL · BR · Geh. Brustb. r. mit Perrücke. Rv. Gekr. Wappen, daneben 17 — 17 / I · F — S* v. Arn. 389. Sch. 1791. H. 1292. S. g. e.
1018 Doppelthaler 1719. FRID · WILH · D · G · REX · BORVSSIAE · EL · BRANDENB · Geh. Brustb. r. mit Zopf, unten L Rv. Gekr. ovales und mit Palmzweigen bestecktes Wappen, oben neben der Krone 17—19, unten I · G · N · v. Arn. 395b. Sch. 1796, Anm. S. schön.
1019 Desgl. 1719. Wie vorher, aber im Av. EL · BRAND · H. 1300. Schön.
1020 Thaler 1719. Umschrift wie Nr. 1018. Geh. Brustb. r. mit gebundenem Haar, unten L Rv. Das gekr. geschweifte Wappen, unten I · G · N · v. Arn. 394a. Sch. 1796. H. 1305. S. schön.
1021 Thaler 1721. Ganz wie der Doppelthaler Nr. 1018, 1727 aus 1721 geändert. v. Arn. 402a. H. 1340. S. schön.

46　　　　　　　　　　　　　Courantmünzen.

29,— 1022 Feinsilber-Gulden 1713. FRID ▼ WILH ▼ D ▼ G ▼ REX ▼ BORVSS ▼ EL ▼ BRAND ▼ Belorb. Kopf r. Rv. Gekr. Wappenschild, daneben 17—13 / C—S, unten FEIN ⅔ SILB: v. Arn. 380. Sch. 1788. H. 1282. S. g. e.

11.50 1023 Gulden 1713. FRID ▼ WILH ▼ D ▼ G ▼ REX ▼ BORVSS ▼ EL ▼ BRAND ▼ Belorb. u. geh. Brustb. r. Rv. Wie vorher, aber Mzz. I F — S, und unten nur ⅔ H. 1283. S. g. e.

11.— 1024 Desgl. 1713. FRID : WILH : D · G · — REX · BORUSS : EL · BR · Brustb. wie vorher. Rv. Das gekr. Wappen, daneben 17 — 13, unten I F (⅔) S · H. nicht. S. g. e.

27.— 1025 Desgl. 1714. FRID · WILH · D · G · — REX · BORVSS · EL · BR · Brustb. wie vorher, darunter ℛ Rv. Gekr. Wappen, daneben 17 — 14. unten I F ⅔ S ⊛ H. 1286. S. g. e.

11,— 1026 Desgl. 1715. Aehnlich wie Nr. 1024, aber ohne Punkt nach der Münzmeisterchiffre. H. nicht. S. g. e.

14,— 1027 Desgl. 1716. Av. Wie vorher, Brustb. ohne Lorbeerkranz. Im Rv. unten I · F · ⅔ S ∴ H. 1290. S. g. e.

18.— 1028 ½ Gulden 1716. Av. Wie bisher. Im Rv. 17 — 16 / I · F · — S ∴ , unten ⅔ H. nicht. S. g. e.

12,— 1029 Gulden 1718. Geh. Brustb. r. mit Zopf. Rv. Ovales gekr. Wappen, oben + 17 — 18 +, unten + I · — ⅔ — · F · S + H. 1298. S. g. e.

11.50 1030 Desgl. 1719. Wie vorher, aber im Rv. unten I · — ⅔ — G · N H. 1306. S. g. e.

11.50 1031 Desgl. 1719. Mit I · G — ⅔ — · N · H. 1307. S. g. e.

11.— 1032 Desgl. 1720. Wie vorher. H. 1315. S. g. e.

15.50 1033 Desgl. 1721. Wie vorher. H. 1318. S. g. e.

7.— 1034 Desgl. 1722. Wie vorher. H. 1321. Gut erh.

10.— 1035 ½ Gulden 1722. Wie vorher. H. 1322. S. g. e.

11.50 1036 Gulden 1723. Wie vorher. H. 1324. S. g. e.

11.— 1037 Desgl. 1724. Wie vorher. H. nicht. Gut erh.

5.50 1038 ½ Gulden 1727. Wie vorher, aber E · G · — N ✱ H. 1341. Gut erh.

2.75 1039 1/12 Thaler 1713. Bel. u. geh. Brustb. r. Rv. Gekr. Namenschiffre. Mzz. C · S · H. nicht. Gut erh.

0.50 {1040 Desgl. 1716, mit IFS H. 1291. G. e.
{1041 Desgl. 1724, mit IGN H. 1330. G. e.

—.75 1042 Desgl. 1729 und 1737, mit EGN H. 1354 u. 1404. S. g. e.　2

0.50 {1043 1/48 Thaler 1731, 1732, 1733 (2). H. 1359, 1372, 1378 u. 1379. S. g. e.　4
{1044 3 Pfennige 1735. H. 1387 ff. S. g. e.　4

—.25 1045 Pfennig 1736. H. 1395. S. g. e.　2

2. Geldern.

95.— 1046 Thaler 1718. FRID · WILH · D · G · REX · BOR · EL · BR · DVX · GELDRIAE · Geh. Brustb. r. mit Zopf, am Arm L (Lüders). Rv. Gekr. vierfeldiges Wappen mit gekr. Mittelschild, neben der Krone 17—18, neben dem Wappen H · F · — H · (Halter). v. Arn. 392. Sch. 1793. S. g. e.

100.— 1047 Desgl. 1718. Wie vorher, der gekr. Mittelschild grösser. v. Arn. 393a. Sch. 1793, Anm. H. 4934. Sch.

Courantmünzen. 47

1048 ½ Thaler 1719. Wie vorher. v. Arn. 393b. Sch. 1793, Anm. H. 4935. S. g. e.
1049 ¼ Thaler 1719. Vier gekr. Wappen in's Kreuz gestellt, in der Mitte ¼, oben 17—19, unten H·F·—H· Rv. Im Kranz MON:/DVCAT:/GELD: H. 4936. Sch.
1050 ⅛ Thaler 1719. Drei Wappen unter der Krone. Rv. Aehnlich wie vorher. H. 4937. Gut erh.
1051 ¹/₁₆ Thaler 1719. Gekr. Wappen. Rv. Wie vorher. H. 4938. S. g. e.

3. Magdeburg.

1052 Doppelducat 1713. FRID:WILH:D·G·REX·BORUSSIÆ· Belorb. Kopf r. Rv. NEC—SOLI CEDIT· Zur Sonne auffliegender Adler. unten ·HFH·1713· v. Arn. 285. H. nicht. S. sch.
1053 Ducat 1713. Wie vorher, ohne Punkt am Schluss der Umschriften. v. Arn. 287. H. 4551. S. sch.
1054 ½ Ducat 1713. Wie vorher. v. Arn. 290. S. g. e.
1055 Ein zweites Exemplar. S. g. e.
1056 ¼ Ducat 1714. Wie vorher. v. Arn. 291. S. g. e.
1057 Desgl. 1714. Wie vorher, aber die Sonne theilt hier die Rv.-Umschrift nicht. v. Arn. u. H. nicht. Gel. S. g. e.
1058 Ducat 1714. Bel. u. geh. Brustb. r. Rv. Gekr. Wappen, unten HFH·1714 v. Arn. 311. H. 4569. S. g. e.
1059 Desgl. 1714. Av. Wie vorher. Rv. Gekr. Ordensstern, worin der Adler ohne Umschrift, unten HFH—1714 Zu v. Arn. 305. S. g. e.
1060 ½ Ducat 1714. Bel. Kopf r. Rv. Gekr. Wappen. H. 4571. S. g. e.
1061 ¼ Ducat 1714. Av. Wie vorher. Rv. Ordensstern. v. Arn. 309. H. 4572. S. g. e.
1062 Desgl. 1714. Wie vorher. Der Kopf unterbricht die Av.-Umschrift. v. Arn. 310. H. 4573. Sch.
1063 Desgl. 1715. Av. Wie der vorige. Rv. Gekr. Wappen. v. Arn. nicht. H. 4578. S. g. e.
1064 Desgl. 1716. Av. Wie der vorige. Rv. Ordensstern. v. Arn. 324, Anm. H. 4585. S. g. e.
1065 Thaler 1713. FRID:WILH:—D·G·REX·BORUSSIÆ Bel. u. geh. Brustb. r. Rv. Wie bei dem Doppelducat Nr. 1052. v. Arn. 379. Sch. 1786. H. 4558. Vortreffl. erh.
1066 Gulden 1713. Av. Wie vorher. Rv. Gekr. Wappen, daneben 17—13, unten ⅓ im Oval, daneben HF—H· Zu Sch. 1787. H. 4560. Vortreffl. erh.
1067 Desgl. 1714. Wie vorher. H. 4576. Sch.
1068 Desgl. 1717. Aehnlich wie vorher, im Rv. unten H·F·⅓ H· ★ H. 4592. Sch.
1069 Desgl. 1718. Geh. Brustb. r. mit Zopf. Rv. Ovales gekr. Wappen etc. H. 4597. S. g. e.
1070 Doppelgroschen 1713, mit Brustb. H. 4563. Gut erh.
1071 Desgl. 1717, mit gekr. Namenschiffre. H. 4591. G. e.

4. Neuenburg.

1072 Probethaler 1714. FRID · WILH · D · G · REX · BOR · & EL · S · PR · AR · NEOC · & VAL · Geh. Brustb. r. mit langem lockigem Haar und Ordensstern auf dem Mantel, unten £ Rv. Das gekr. quadrirte Wappen Neufchatel-Valengin, mit gekr. preuss. Mittelschilde, daneben 17—14 Rand glatt. Durchm. 43 Mm. v. Arn. 382. Vorzügl. schön.

1073 Thaler 1714. Genau wie vorher, aber der Rand gekerbt. Durchm. 42 Mm. v. Arn. 381. H. 5418. Vorzügl. schön.

5. Preussen.

1074 Ducat 1713. FRID · WILH · REX · Belorb. Kopf r., darunter C · G (Geelhaar). Rv. NEC SOLI CEDIT Der zur Sonne fliegende Adler, unten 1713 v. Arn. 284. H. 3592. Sch.

1075 Desgl. 1717. FRID : WILH : D : G : — REX · BORUSSIÆ · Geh. u. belorb. Brustb. r. Rv. Gekr. geschweiftes Wappen, daneben 17—17, unten C · G · v. Arn. 333. S. g. e.

1076 Desgl. 1719. Geharn. Brustb. r. mit Zopf. Rv. Gekr. ovales Wappen, oben · 17 — 19 ·, unten C · G. v. Arn. 342. H. 3615. S. g. e.

1077 Desgl. 1721. Wie vorher. v. Arn. 349. Sch.

1078 Desgl. 1722. Wie vorher. v. Arn. 354. H. 3626. Sch.

1079 Desgl. 1723. Wie vorher. v. Arn. 357. Sch.

1080 Desgl. 1724. Wie vorher. v. Arn. 358. S. g. e.

1081 Desgl. 1725. Wie vorher. v. Arn. 366. H. 3634. S. g. e.

1082 Desgl. 1727. Wie vorher. v. Arn. 372. S. g. e.

Friedrich II., 1740—1786.

1. Mark Brandenburg.

1083 Ducat 1741. FRIDERICVS BORVSSORVM REX Geh. Brustb. r. Rv. Gekr. und mit Zweigen besteckter geschweifter preuss. Adlerschild, neben der Krone 17—41, unten E—G—N v. Arn. 423 u. 424. H. 1451 u. 1452. Sch. 2

1084 Desgl. 1742. Wie vorher, aber das Brustb. theilt die Umschrift. v. Arn. 428. H. 1465. Sch.

1085 Desgl. 1743. Wie vorher. (Mit E · G · И ·) v. Arn. 430. H. 1476. Sch.

1086 Desgl. 1744. Wie vorher. v. Arn. 432. H. 1485. S. g. e.

1087 Desgl. 1745. Av. Wie vorher. Rv. Schwebender Adler über Armaturen. v. Arn. 437. Stgl.

1088 Desgl. 1746. Wie vorher. v. Arn. 442. H. 1503. S. g. e.

1089 Desgl. 1747. Wie vorher. v. Arn. 443. H. 1506. S. g. e.

1090 Desgl. 1748. Wie vorher. v. Arn. 449. H. 1510. Stgl.

1091 Desgl. 1749. Wie vorher, aber Mzz. C · H · I · (Jaster). v. Arn. 454. H. 1519. Sch.

1092 Friedrichsd'or 1750. FRIDERICUS BORUSSORUM REX · Kopf r. Rv. Gekr. geschweifter Adlerschild, im Fusse A, oben 17—50 H. 1529. S. g. e.

1093 ½ Friedrichsd'or !1752. Av. Wie vorher. Rv. Der Adler auf Armaturen etc. H. 1563. S. g. e.

1094 Doppel-Friedrichsd'or 1753. Wie vorher. H. nicht. S. g. e.

Courantmünzen.

1095 Species-Thaler 1741. FRIDERICVS BORVSSORVM REX Geh. Brustb. r. mit grossem Ordensstern. Rv. Wie bei Nr. 1083. v. Arn. 410. Sch. 1809. H. 1453. S. g. e.
1096 Desgl. 1741. Wie vorher, aber kleiner Ordensstern. v. Arn. 411a. Sch. 1809, Anm. H. 1451. Sch.
1097 Bleiabschlag dieses Thalers.
1098 Gulden 1741. Wie vorher. v. Arn. 411b. Sch. 1810 Δ · H. 1455. Gut erh.
1099 ½ Gulden 1741. Wie vorher. H. 1457. Ad. Meyer 3467. Sch.
1100 Probe-Species-Thaler 1755. D · G · FRIDERICUS BORUSSORUM REX · Geh. u. gekr. Brustb. r., am Armabschn. E (Tob. Ernst). Rv. SAC · ROM · IMP · ARCHIC · ET · ELECT · 1755 · Gekr. reich verzierter Adlerschild. Gekerbter Rand. v. Arn. 414. Sch. 1816. Cat. Ad. Meyer 3476. H. 1602. Sch.
* Nur in 15 Exemplaren geprägt.
1101 Bancothaler 1765. Mit Brustb. r. Rv. EIN BANCO THALER Adler auf Armaturen. im Abschn. 17 A 65 v. Arn. 420. Sch. 1870. H. 1690. Ad. Meyer 3478. S. schön.
1102 Thaler 1766 für den Levante-Handel. Geh. u. belorb. Brustb. r. Rv. Der gekr. Adler mit dem gekr. und mit der Ordenskette behängten Wappen. v. Arn. 421. Sch. 1821. H. 1703. Ad. Meyer 3483. Sch.
1103 Desgl. 1767. Wie vorher, aber mit Randschrift · SUUM · ↄ · ⊕ · ↄ CUIQUE · ↄ · ⊕ · ↄ v. Arn. 423. Sch. 1821, Anm. H. 1712. Ad. Meyer 3484. S. g. e.
1104 Probethaler 1767 für den Levante-Handel. Bel. Büste r., sonst wie vorher. Mit Randschrift. v. Arn. 425. Sch. 1823. H. 1713. Ad. Meyer 3485. S. g. e.
1105 Albertusthaler 1767. Brustb. r. mit Hermelinmantel. Rv. NACH DEM FVS DER ALBERTVS THALER · 1767 · Gekr. Wappen mit aufgelegtem Burgunderkreuz. v. Arn. 424. H. 1711. Sch. 1822, Anm. Ad. Meyer 3486. S. schön.
1106 Reichsthaler 1750, mit A · Am Arm des Brustb. £ ℬ (Barbiez). H. 1533. 2 Var. Sch.   2
1107 Desgl. 1750. Am Arm L B · Ad. Meyer 3471. Sch.
1108 Desgl. 1764. Wie H. 1767, aber 17 A 64 S. g. e.
1109 Desgl. 1764, mit grösserem Adler. Sch.
1110 Desgl. 1765. H. 1692. S. g. e.
1111 Desgl. 1766. H. 1704. S. g. e.
1112 Desgl. 1768. H. 1717. S. g. e.
1113 Desgl. 1769. H. 1722. Sch.
1114 Desgl. 1770. H. 1728. 2 Var. S. g. e.   2
1115 Desgl. 1771. H. 1732. S. g. e.
1116 Desgl. 1774. H. 1749. S. g. e.
1117 Desgl. 1775. H. 1756. S. g. e.
1118 Desgl. 1776. H. 1760. Sch.
1119 Desgl. 1777. H. 1768. Sch.
1120 Desgl. 1778. H. 1774. S. sch.
1121 Desgl. 1779. H. 1792. Sch.

4

Courantmünzen.

3,75 1122 Reichsthaler 1780. H. 1796. Sch.
4,50 1123 Desgl. 1781. H. nicht. Sch.
3,75 1124 Desgl. 1782. H. 1804. Sch.
4,— 1125 Desgl. 1783. H. 1813. S. g. e.
18,50 {1126 Desgl. 1784. H. 1819. 2 Var. Sch. 2
{1127 Desgl. 1785. H. 1827. 3 Var. Sch. 3
6,6,— 1128 Desgl. 1786, mit 17 A 86 H. 1845. 3 Var. S. g. e. 3
1129 Probe-Doppelgroschen o/J. FRIDERICVS BORVSSORVM REX Kopf r.
16,— Rv. * 24 * / EINEN / REICHS / THALER / * A * H. nicht. Sch.
Abgebildet Tafel II.
2,75 1130 Doppelgroschen u. Groschen (3) 1740, mit EGN. H. 1450 u. 1460 ff. Sch. 4
1,75 1131 Doppelgroschen, Dreier (2) u. Pfennig (2) 1742. H. 1466, 1470 u. 1472. S. g. e. 5
1,— 1132 Halbgroschen u. Pfennig (3) 1743. H. 1477, 78, 79. S. g. e. 4
{1133 Halbgroschen 1744. H. 1486, 87. Sch. 2
1,25 {1134 Doppelgroschen und Halbgroschen 1745. H. 1500 u. 1502. Sch. 2
{1135 Desgl. 1746. H. 1504 u. 1505. Sch. 2
1,— {1136 Halbgroschen 1747 u. 1748. H. 1507 u. 1512. S. g. e. 2
{1137 Desgl. 1749, mit Mzz. EGN, CHI (2) u. ALS H. 1521 ff. Sch. 4
{1138 ¹/₂ Thaler 1750. H. 1534 ff. 3 Var. Sch. 3
5,50 {1139 ¹/₄ Thaler 1750. H. 1539. Sch.
1,50 1140 Noch 3 Varianten. H. 1541 ff. S. g. e. 3
1,25 1141 Doppelgroschen u. Halbgroschen (2) 1750. H. 1545 u. 1548. Sch. 3
1,— 1142 ¹/₆ Thaler, Halbgroschen und Kupferpfennig 1751. H. 1553, 57 u. 58. Sch. 3
1143 ¹/₆ Thaler, Doppelgroschen (2), Groschen (3), Halbgroschen (2), Kupfer-
4,— 3 Pfennig (2) u. Pfennig (3). H. 1566, 68, 69, 71, 72, 75 u. 77. Meist schön. 13
1144 ¹/₃ Thaler (3), Doppelgroschen, Groschen (2), Halbgroschen (2) u. Kupfer-
4,50 pfennig (2), 1753. H. 1580, 82, 86, 87, 89, 90. Meist schön. 10
3,75 1145 ¹/₃ Thaler 1754. H. 1593 ff. 3 Var. Sch. 3
5,50 1146 Desgl. 1754. Noch 6 Var. Sch. 6
1,25 1147 Doppelgroschen 1754. H. nicht. S. g. e.
—,75 1148 Groschen 1754 (2); Groschen (2), Kupferdreier (2) u. Pfennig 1755. H. 1599,
1604, 7, 8. S. g. e. 7
1,50 1149 ¹/₃ Thaler, Groschen u. Halbgroschen (3) 1756; Groschen 1757. H. 1613,
14, 15 u. 32. S. g. e. 6
1,50 {1150 ¹/₃ Thaler 1759. H. 1645 u. 46. Gut erh. 2
{1151 Kupferdreier 1760 (3), 1761 (2) u. 1762 (2). S. g. e. 7
1,— 1152 ¹/₃ Thaler, ¹/₆ Thaler (2) und Groschen 1763. H. 1661, H. nicht, u. H. 1665.
S. g. e. 4
{1153 ¹/₂ Thaler 1764. H. 1668 u. 70 (2). Meist sch. 3
9,50 {1154 ¹/₃, ¹/₆ (2), ¹/₁₂ (2), ¹/₂₄ (2) u. ¹/₄₈ Thaler; 4 (4) u. 3 Pfennige 1764. H. 1672,
74, 77, 80, 84, 86, 87, 88. Sch. u. s. g. e. 12
{1155 ¹/₂ (2) u. ¹/₄ Thaler 1765. H. 1693 u. H. nicht. Sch. 3
1,25 1156 ¹/₆ (2), ¹/₁₂ (3) ¹/₄₈ (3) Thaler; 3 Pfennige (3) 1765. H. 1694—1701. Meist
s. g. e. 11
2,— 1157 ¹/₂ Thaler 1766. H. 1705. S. g. e.
1,— 1158 ¹/₁₂ (2), ¹/₄₈ (2) Thaler; 4 Pfennige (2) 1766. H. 1707, 8, 9. Sch. 6

Courantmünzen. 51

¹/₂, ¹/₁₂, ¹/₄₈ (2) Thaler; 3 Pfennige (2) 1767. H. nicht 1715, 1716. S. g. e.   6
¹/₆ (3), ¹/₄₈ (2) Thaler; Pfennig (2) 1768. H. nicht, 1718, 19, 20. S. g. e.   7
¹/₂₄ (2), ¹/₄₈ (3) Thaler; Dreier u. Pfennig (2) 1769. H. nicht, 1723, 24, 25.
S. g. e.   8
¹/₃ (3), ¹/₁₂, ¹/₄₈ (3) Thaler; Dreier (3) u. Pfennig (3) 1770. H. nicht,
1729, 1731. S. g. e.   13
Kupfer-Probe-Dreier 1770. Gekr. Chiffre FR zwischen 17—70 Rv. + 3 + /
GUTE / PFENNING / S : M : / + H. 1780. Ad. Meyer 3509. S. g. e.
¹/₃, ¹/₁₂, ¹/₄₈ (2) Thaler; Pfennig 1771. H. nicht, 1733, 34, 46. Meist schön.   5
¹/₃ (4), ¹/₄₈ (2) Thaler; Pfennig 1772. H. 1738, 39, 40, 41. Sch. u. s. g. e.   7
¹/₃ (4), ¹/₄₈ (3) Thaler; Pfennig 1773. H. 1744, 46, 47, 48. Sch. u. s. g. e.   8
¹/₃ (3), ¹/₄₈ (2) Thaler; 4, 3 u. 1 Pfennig 1774. H. 1750—55. S. g. e.   8
¹/₄₈ Thaler u. Pfennig (2) 1775; ¹/₄₈ Thaler (2), 3 (2) u. 1 Pfennig 1776.
H. 1757, 58, 61—64.   8
¹/₄₈ Thaler (3), 3 (2) u. 1 Pfennig 1777; ¹/₄₈ Thaler, 3 u. 1 Pfennig 1778.
H. 1769, 71, 72, 73, 76, 78, 79. S. g. e.   9
¹/₄₈ Thaler (2), Pfennig (2) 1779; ¹/₄₈ Thaler, 3 (2) u. 1 Pfennig 1780.
H. 1793, 94, 95, 97, 98, 99. S. g. e.   8
¹/₂₄ Thaler, 3 u. 1 (2) Pfennig 1781; ¹/₂₄ Thaler (4), 3 u. 1 (2) Pfennig 1782.
H. 1800, 1, 2, 6—10. S. g. e.   11
¹/₂₄ Thaler (5), 3 (2) u. 1 Pfennig 1783; 3 u. 1 Pfennig 1784. H. 1814, 16,
17, 18, 21, 22. Sch. u. s. g. e.   11
¹/₂₄ Thaler (2), Pfennig (2) 1785, ¹/₂₄ Thaler (2), 3 (2) u. 1 (2) Pfennig 1786.
H. 1828, 29, 54, 56, 57. S. g. e.   10

2. *Kleve.*

Reichsthaler 1764, mit C Zu H. 5029. S. g. e.
Desgl. 1765 zu 60 Stüver. H. 5034. Sch.
Ein zweites Exemplar mit kleineren Rosetten neben der Jahrzahl. S. g. e.
¹/₁₂ Thaler 1740. Gekr. Namenschiffre, darunter Jahrzahl. Rv. Werth-
angabe, unten G * K (Küster). H. nicht. S. g. e.
¹/₄₈ Thaler 1740. Wie vorher. H. nicht. S. g. e.
¹/₁₂ u. ¹/₄₈ Thaler 1741. Wie vorher. H. nicht u. 4976. S. g. e.   2
¹/₄₈ Thaler 1742. Wie vorher, aber Mzz. A·G·P· (Pott). H. nicht. S. g. e.
Desgl. mit G K von 1744, 46, 47, 48 (2). H. 4978, 79, 80, 81. S. g. e.   5
Kupferdeut 1749 u. 1750 (2). H. 4982 u. 84. S. g. e.   3
¹/₂, ¹/₁₂ (3), ¹/₂₄ (2) Thaler u. Doppelstüber 1751. H. 4988, 90—93. S. g. e.   7
¹/₆ u. ¹/₁₂ Thaler u. Doppelstüber 1752. H. 4996—98. Sch. u. s. g. e.   3
¹/₁₂ (3) u. ¹/₂₄ (3) Thaler, Doppelstüber, Viertelstüber u. Deut (2) 1753.
H. 5004—9. S. g. e.   10
¹/₁₂ u. ¹/₂₄ (4) Thaler, Doppelstüber u. Viertelstüber (3) 1754. H. 5011,
12, 15, 16, 17. S. g. e.   9
¹/₁₂ Thaler, Batzen, Doppelstüber u. Viertelstüber 1755. H. 5018, 19, 21 etc.
S. g. e.   4
¹/₆ Thaler, Sechsgröscher (3), Doppelstüber (2) 1756. H. 5022, 23, 24. S. g. e.   6
Sechsgröscher 1757, für Preussen geschlagen. H. 5026, 27. S. g. e.   3

4*

Courantmünzen.

1190 ¹/₆ (2) u. ¹/₁₂ (2) Thaler, u. Stüber 1764. H. 5030, 31, 32. S. g. e. 5
1191 ¹/₆ 1765 (2); desgl. 1765 zu 10 Stüber; ¹/₁₂ Thaler zu 5 Stüver 1765 u. 1766. H. 5035, 36, 37. S. g. e. 5

3. Magdeburg.

1192 Reichsthaler 1764, mit F H. 4621. S. g. e.
1193 Desgl. 1765. H. 4636. S. g. e.
1194 4, 2 (3) u. 1 Mariengr.; ¹/₁₂ u. ¹/₂₄ Thaler 1752. H. 4600—4601. S. g. e. 7
1195 ¹/₂₄ (2) u. ¹/₄₈ (2) Thaler 1753; ¹/₂₄ Thaler (2), Kupfer-Dreier u. Pfennig 1754. H. 4607, 9, 11, 12 etc. S. g. e. 8
1196 ¹/₄₈ Thaler 1755; ¹/₂₄ (2) u. ¹/₄₈ Thaler 1756. H. nicht, 4615 u. 16. S. g. e. 4
1197 ¹/₃ Thaler 1759. H. 4619. S. g. e.
1198 ¹/₆ u. ¹/₂₄ (2) Thaler 1763. H. nicht u. 4620. S. g. e. 3
1199 ¹/₂ u. ¹/₄ (4) Thaler 1764. H. 4622, 24, 25, 26. Sch. u. s. g. e. 5
1200 ¹/₆, ¹/₁₂ u. ¹/₂₄ (3) Thaler; 2 (2) u. 1 Mariengr.; 3 Pfennige (3) 1764. H. 4628—32, 34, 35. S. g. e. 11
1201 ¹/₂, ¹/₆, ¹/₂₄ (2), u. ¹/₄₈ Thaler 1765. H. 4637, 39 etc. S. g. e. 5
1202 ¹/₆ u. ¹/₂₄ Thaler 1766; ¹/₁₂ Thaler 1767. H. 4641, 42 etc. S. g. e. 3

4. Ostfriesland.

1203 Goldabschlag des Mariengroschens 1756. Gekr. Adlerschild. Rv. ✳I✳/ MARIEN / GROS. /1756/· D · H. 5303. 3,3 Gr. Sch.
1204 Thaler o/J. (1751) der asiatischen Compagnie zu Emden. Geh. Brustb. r. Rv. Wilder Mann u. Chinese mit dem Wappen der Compagnie etc. v. Arn. 413a. Sch. 1814. H. 5269 d. Sch.
1205 Reichsthaler 1765 mit D· H. nicht. Gut erh.
1206 Groschen 1746 mit I·C·G· (Gittermann). H. 5270. S. g. e. 2
1207 ¹/₄ Stüber 1746 mit I·C·G· H. nicht. S. g. e.
1208 Mariengroschen 1747, mit B·I·D· (Dedekind). H. 5271. S. g. e.
1209 ¹/₄ Stüber 1747. H. 5273. S. g. e.
1210 Groschen 1748. H. 5275. S. g. e.
1211 ¹/₆ u. ¹/₁₂ (2) Thaler, Mariengr. (2) u. ¹/₄ Stüber 1752. H. 5276—81. S. g. e. 6
1212 Mariengr. (2) u. ¹/₄ Stüber (2) 1753. H. 5288, 84, 89. S. g. e. 4
1213 8 gute Groschen 1754. Die 8 zwischen zwei Eicheln. H. nicht. 2 Var. S. g. e. 2
1214 Desgl. 1754. Die 8 zwischen zwei Blättchen. H. 5291. 2 Var. S. g. e. 2
1215 Desgl. 1754. Die 8 zwischen zwei vierblättrigen Rosetten. Wie H. 5292. 2 Var. S. g. e. 2
1216 Mariengr. (5) u. ¹/₄ Stüber 1754. H. 5293—96. S. g. e. 6
1217 8 gute Groschen 1755. Wie Nr. 1215. H. nicht. S. g. e.
1218 Probe zum ¹/₉ Thaler 1755. FRIDERICUS BORUSSORUM REX· Kopf r. Rv. ✾ IX ✾ / EINEN / REICHS / THALER / 1755 / ✾ D ✾ H. etc. nicht. Sch. *Abgebildet Tafel II.*
1219 Mariengr. 1755. H. 5297, 98. S. g. e. 2
1220 8 gute Groschen u. 4 Mariengr. (2) 1756: 4 Mariengr. 1757 (2). H. nicht, 5299, 5300, 5304. S. g. e. 5
1221 12 Mariengr. 1758, mit Mzz. ✱ und ohne Mzz. H. 5307 u. H. nicht. S. g. e. 2

Courantmünzen. 53

1222 ⅓ Thaler 1758, mit Palmzweigen im Rv., und Mzz. ✱ (2); desgl. mit Cartouche im Rv. (2). H. nicht. S. g. e. 4
1223 6 Mariengr. 1758; ⅓ Thaler u. Mariengr. 1759. S. g. e. 3
1224 Mariengr. 1761 (3), u. Kupferdreier 1763 (2). H. 5310, 11. S. g. e. 5
1225 ⅙ u. 1/12 Thaler, 4 Pfennige u. ¼ Stüber 1764. H. 5312, 13, 15, 16. S. g. e. 6
1226 ¼ Stüber 1765; Mariengr. (2), 4 Pfennige u. ¼ Stüber (2) 1767; Mariengr. 1768. H. 5318, 20, 24 etc. S. g. e. 7
1227 Stüber 1771; 2, 1 (2) u. ½ (2) Stüber 1772; 2 Stüber 1773; Mariengr. 1774. Mit A (2) S. g. e. 9
1228 1 (2) u. ¼ (2) Stüber 1777; ½ u. ¼ Stüber 1781. S. g. e. 6

5. *Pommern.*

1229 8 gute Groschen 1753, mit verziertem ℭ (Stettin). H. nicht. Sch.
1230 Tymph, 1/12 (3), 1/24 (3), 1/48 (3) Thaler 1753. H. 3996—4006. Meist sch. 10
1231 8 gute Groschen u. 1/24 Thaler 1754; 1/48 Thaler 1763 (2). H. nicht, 4009, 4012. Sch. u. s. g. e. 4

6. *Preussen.*

1232 Goldabschlag vom Tymph 1763. FRIDERICUS BORUSSORUM REX Geh. Brustb. r. Rv. MONETA AR — GENTEA · 17 — 63 Gekr. Adler mit 18 auf der Brust, unten E zwischen Palmweigen. H. etc. nicht. S. g. e.
1233 Reichsthaler 1772, mit E H. nicht. Gut erh.
1234 Desgl. 1781. H. 3851 2 Var. S. g. e. 2
1235 Desgl. 1782. H. nicht. S. g. e.
1236 Desgl. 1784. H. nicht. Sch.
1237 Desgl. 1785 H. 3863. Gut erh.
1238 Desgl. 1786. H. 3867. Gut erh.
1239 Solidus 1741 (2), 42, 43. 50. Vgl. H. 3654. S. g. e. 5
1240 Tymph 1751 (2) u. 1752 (2). H. 3657, 58, 60 u. 62. S. g. e. 4
1241 6 (3), 3 (3), 2 (6) Gröscher u. Solidus (3) 1752. H. 3665 ff. Sch. u. s. g. e. 15
1242 Tymph (2), Dreigröscher (5) u. Solidus (2) 1753. H. 3679 ff. S. g. e. 9
1243 Tymph (3), 6 (2), 3 (2) Gröscher 1754; 6 (2) und 2 Gröscher (2) 1755. H. 3697 ff., 3710 ff. S. g. e. 11
1244 Tymph, 6 (4) u. 2 (2) Gröscher 1756. H. nicht, 3717 ff. Sch. u. s. g. e. 7
1245 Tymph u. Sechsgröscher (2) 1757. H. 3723/24. S. g. e. 3
1246 Tymph 1758 mit F und A (2). H. 3730, 25 u. 28. S. g. e. 3

Russische Occupations-Münzen, 1759—1762.

1247 Tymph 1759. ELISAB : I : D : G : IMP : TOT : RUSS Brustb. r. Rv. MONETA REGNI PRUSS Der gekr. Adler mit 18 auf der Brust, unten 17 — 59. H. 3735. S. g. e.
1248 6. 3, 2 u. 1 Gröscher und Solidus 1759. H. 3739, 42, 45, 47. Vorzügl. erh. 5
1249 Tymph 1760. Wie Nr. 1247. H. 3750. Vorzügl. erh.
1250 Zweigröscher u. Solidus 1760. H. nicht u. 3754. S. g. e. 2
1251 ⅓ u. ⅙ Thaler 1761. H. 3757 u. 59. Sch. 2
1252 6 (3) u. 3 Gröscher u. Solidus 1761. H. 3763, 64, 65, 68, 71. Meist sch. 5

1253 ½ u. ¼ Thaler 1761 u. Dreigröscher 1763 (3). H. 3777, 78, 73. S. g. e. 5
1254 Tymph (4), ⅙ (2), $^1/_{12}$ (8) Thaler, Zweigröscher, Grossus (2) u. Solidus 1764. H. 3779—82, 85—88. Meist sch. 18
1255 Tymph, $^1/_{12}$ Thaler (2) u. Dreigröscher 1765. H. 3789, 90, 92. S g. e. 4
1256 $^1/_{12}$ Thaler, Dreigröscher (2) u. Solidus 1766. H. 3793, 95, 96. S. g. e. 4
1257 ½ Thaler (4), Dreigröscher u. Solidus (2) 1767. H. 3797 ff. Sch. u. s. g. e. 7
1258 ⅓ und $^1/_{12}$ (2) Thaler, Zweigröscher und Solidus (2) 1768. H. 3802 ff. Sch. u. s. g e. 6
1259 ⅓ u. $^1/_{12}$ Thaler, Grossus (2) u. Solidus 1769. H. 3806 ff. S. g. e. 5
1260 $^1/_{12}$ Thaler u. Sechsgröscher (2) 1770; ⅙ Thaler, 6 (2) u. 3 Gröscher 1771. H. 3811—15. S. g. e. 7
1261 Sechs- u. Dreigröscher u. Grossus (2) 1772. Sch. u. s. g. e. 4
1262 ⅓ Thaler, 6, 3 u. 2 (3) Gröscher 1773. H. nicht, 3823, 24. Sch. u. s. g. e. 6
1263 ⅓ Thaler u. Dreigröscher (4) 1774; 6 u. 3 (4) Gröscher u. Solidus 1775. H. 3825 ff. 11
1264 ⅙ Thaler (2), Dreigröscher, Grossus und Solidus (2) 1776. H. 3834 ff. Meist sch. 6
1265 ⅙ Thaler u. Sechsgröscher (2) 1777; ⅙ Thaler, Sechsgröscher u. Grossus 1778. H. 3839 ff. Sch. u. s. g. e. 6
1266 ⅓ Thaler, Sechsgröscher u. Solidus 1779; Sechsgröscher, Dreigröscher u. Grossus 1780. S. g. e. 6
1267 $^1/_{24}$ Thaler, Sechsgröscher (2), Dreigröscher, Grossus (2) u. Solidus 1782. S. g. e. 7
1268 Dreigröscher, Grossus und Solidus 1783; Dreigröscher 1784 und 1785: Grossus (3) u. Solidus 1785; Dreigröscher (2), Grossus u. Solidus (2) 1786. S. g. e. 14

7. *Schlesien.*

1269 Ducat 1743. Geh. Brustb. r. Rv. Gekr. Adlerschild, darunter W v. Arn. 431. H. 4069. S. g. e.
1270 Desgl. 1744. Wie vorher. v. Arn. 433. H. 4073. S. g. e.
1271 Desgl. 1754. Kopf r. Rv. Adler auf Armaturen, worauf B v. Arn. 461. H. 4148. S. g. e.
1272 Goldabschlag des 18-Kreuzer-Stücks 1756. Gekr. und geh. Brustb. r. Rv. Gekr. quadrirtes Wappen zwischen Palmzweigen, unten 18, und B Wie H. 4167 (in Silber). 11,9 Gr. S. g. e.
1273 Goldabschlag des Gröschels 1756. Gekr. Namenschiffre und Jahrzahl. Rv. Adler, darunter 1 / GRÖSCHEL / ◆ B ◆ Wie H. 4171 in Silber S. g. e.
1274 Ducat 1757. Wie Nr. 1271. v. Arn. 463. H. 4173. S. g. e.
1275 Goldabschlag des Kreuzers 1757. Geh. Brustb. r. Rv. ○ I ○ KREUTZER ○ Adler 17 (B) 57 H. 4175. Sch.
1276 Reichsthaler 1750. H. 4107. S. g. e.
1277 Desgl. 1751. H. 4115. S. g. e.
1278 Desgl. 1767. Mit Kopf. H. nicht. Gut erh.
1279 Desgl. 1768. H. 4202. Treffl. erh.
1280 Desgl. 1770. H. 4211. Gut erh.
1281 Desgl. 1770. Wie der vorige, aber 17 * B * 70 S. g. e.

Courantmünzen.

1282 Reichsthaler 1771. H. 4215. S. g. e.
1283 Desgl. 1772. H. nicht. S. g. e.
1284 Desgl. 1780. H. 4248. 2 Var. S. g. e. u. G. e. 2
1285 Desgl. 1782. H. 4264. Gut erh.
1286 Desgl. 1784. H. nicht. S. g. e.
1287 Desgl. 1785. H. 4281. Sch.
1288 Desgl. 1786. H. 4287. S. g. e.
1289 15 (3) u. 3 (2) Kreuzer 1743. H. 4070, 71a. Sch. 5
1290 Poltura 1744; 6 Kreuzer, Kreuzer und Doppelgröschel (2) 1745. H. 4075, 80, 81, 82. S. sch. 5
1291 6 Kreuzer, 2 Gröschel und Denar (2) 1746; 6 Kreuzer, Kreuzer, Doppelgröschel (2) u. Denar (2). 1747. H. 4084, 85, 87, 93, 95, 97, 99. Meist sch. 10
1292 Doppelgröschel 1748 (2), und 1749; $^1/_6$ (3), $^1/_{12}$ (6), $^1/_{48}$ Thaler u. Doppelgröschel 1750. H. 4102, 5, 9, 10, 11, 12 etc. Meist sch. 14
1293 $^1/_4$ (2), $^1/_6$ (2), $^1/_{12}$, $^1/_{24}$ Thaler, und Doppelgröschel 1751. H. 4117, 18, 19, 21, 22, 24, 25. Sch. u. s. g. e. 7
1294 $^1/_2$ (2), $^1/_4$, $^1/_6$ (3), $^1/_{12}$, $^1/_{24}$ Thaler, Tymph, Dreikreuzer (2), Kreuzer (3), Dreigröscher (2) u. Gröschel (2). 1752. H. 4131 ff., etc. Sch. u. s. g. e. 18
1295 Tymph (2), $^1/_6$ Thaler, Dreikreuzer (2), Kreuzer (3), Doppelgröschel und Gröschel 1753. H. 4142 ff. S. g. e. 11
1296 Tymph, $^1/_6$ (2), $^1/_{12}$ (2) Thaler, Dreikreuzer, Kreuzer, Doppelgröschel u. Gröschel (2) 1754. H. 4150 ff., etc. S. g. e. 11
1297 Tymph, $^1/_{12}$ Thaler, Sechskreuzer u. Gröschel 1755. H. 4157, 63, 66 etc. S. g. e. 4
1298 Tymph und Sechskreuzer nach polnischem Typus. H. 4161 u. 67. G. e. 2
1299 Tymph, Sechskreuzer (2) u. Gröschel (3) 1756; Sechskreuzer (2) und Gröschel (2) 1757, Tympf 1758 u. $^1/_3$ Thaler 1759. H. 4168, 69, 71, 74, 76, 78 etc. S. g. e. 12
1300 $^1/_{12}$, $^1/_{24}$ (3) Thaler, Dreikreuzer (2) u. Kreuzer 1763; $^1/_6$, $^1/_{12}$ (2) Thaler, u. Dreikreuzer (4) 1764. H. nicht, 4182, 83, 85, 86, 87. S. g. e. 14
1301 $^1/_6$ (2), $^1/_{12}$ (2) Thaler u. Dreikreuzer 1765; $^1/_6$ (3). $^1/_{12}$ (2) Thaler u. Kreuzer (2) 1766. H. 4188, 89, 90, 92, 94, 96. S. g. e. 12
1302 $^1/_3$ Thaler 1767; $^1/_3$, $^1/_4$, $^1/_{12}$ (2) Thaler 1768. S. g. e. 5
1303 $^1/_3$ Thaler (2), Gröschel (4) 1769; $^1/_3$ Thaler (3), Gröschel (2) 1770. S. g. e. 11
1304 $^1/_3$ Thaler, Dreikreuzer (2), Kreuzer, Doppelgröschel u. Gröschel 1771. S. g. e. 6
1305 $^1/_3$ Thaler (3), Dreikreuzer, Kreuzer, Doppelgröschel u. Gröschel 1772; $^1/_3$ Thaler (3), Dreikreuzer, Doppelgröschel u. Gröschel 1773. S. g. e. 13
1306 $^1/_3$ Thaler, Doppelgröschel (2) u. Gröschel (2) 1774; $^1/_3$ Thaler, Doppelgröschel u. Gröschel (2, wovon einer ohne Mzz.) 1775. S. g. e. 9
1307 $^1/_3$ Thaler, Doppelgröschel (2), Gröschel u. Kreuzer 1776; $^1/_3$ Thaler (2), Doppelgröschel u. Gröschel 1777. S. g. e. 9
1308 $^1/_3$ Thaler (2), Dreikreuzer (2), Kreuzer u. Gröschel (4) 1778. S. g. e. 9
1309 $^1/_3$ Thaler, Dreikreuzer mit A (4), Doppelgröschel u. Gröschel 1779; Dreikreuzer mit A (3), dergleichen mit B (3), Doppelgröschel u. Gröschel (2) 1780. S. g. e. 16

56   Courantmünzen.

1310 ¹/₂₄ Thaler (2). Dreikreuzer mit A (4), desgl. mit B (3), u. Gröschel 1781; Dreikreuzer mit A (5), desgl. mit B (2) u. Gröschel 1782. S. g. e.   18
1311 ¹/₃ Thaler, Dreikreuzer mit A (2), desgl. mit B (2), Doppelgröschel (2) u. Gröschel 1783; ¹/₃ Thaler, Dreikreuzer mit A (3), desgl. mit B (2) 1781. S. g. e.   14
1312 Dreikreuzer mit A (2), desgl. mit B (4), Kreuzer, Doppelgröschel (2) u. Gröschel 1785; Dreikreuzer (2), Kreuzer (2), Doppelgröschel u. Gröschel 1786. S. g. e.   16
1313 2 einseitige Verprägungen. S. g. e.   2

1314 8 gute Groschen 1758, von Victor Friedrich von Anhalt nach Fridericianischem Muster geprägt. Ad. Meyer 2662. 3 Var. S. g. e.   3

Friedrich Wilhelm II., 1786—1797.

1. Mark Brandenburg.

1315 Ducat 1787. H. 1898. S. g. e.
1316 Falsche Friedrichsd'or 1796 in Messing und Kupfer. G. e.   4
1317 Reichsthaler 1786. Gut e.
1318 Desgl. 1787. S. sch.
1319 Desgl. 1789. Sch.   2
1320 Desgl. 1790. 2 Var. Stgl.   2
1321 Desgl. 1791. Sch.   2
1322 Desgl. 1792. S. sch.
1323 Desgl. 1793. Stgl.
1324 Desgl. 1794. Sch.
1325 Desgl. 1795. S. sch.
1326 Desgl. 1796. Stgl.
1327 Gulden 1796. Sch.   2
1328 Albertusthaler 1797 für den Ostseehandel. Gekr. Adlerschild, daneben 17—97. Rv. Steh. wilder Mann neben dem gekr. Wappen. Sch. 1832. H. 1979. Ad. Meyer 3649. Stgl.
1329 Reichsthaler 1797. Sch.
1330 Gulden 1797, mit Adlerschild zwischen Palmzweigen. 3 Var. S. g. e.   3
1331 Desgl. 1797, der Schild zwischen Lorbeerzweigen. 2 Var. Sch.   2
1332 ¹/₃ Thaler (2), Dreier (2), Pfennig (3) 1787; ¹/₃ Thaler, Dreier (3), Pfennig (2) u. Kupfer-Pfennig (2) 1788. Sch. u. s. g. e.   14
1333 ¹/₃ Thaler, Dreier (2), Pfennig (3) u. Kupfer-Pfennig (2) 1789; ¹/₃ Thaler, Dreier (2), Pfennig (2) u. Kupfer-Pfennig (2) 1790. Sch. u. s. g. e.   15
1334 ¹/₃ Thaler, Dreier (3), Pfennig (3) u. Kupfer-Pfennig (2) 1791; Dreier (3), Pfennig (2) u. Kupfer-Pfennig 1792. Sch. u. s. g. e.   15
1335 ¹/₃ Thaler, Dreier, Pfennig u. Kupfer-Pfennig 1793; Dreier, Pfennig u. Kupfer-Pfennig (3) 1794; Dreier (3), Pfennig (2) u. Kupfer-Pfennig (2) 1795. Sch. u. s. g. e.   16
1336 ¹/₆ Thaler (2), Pfennig (3) und Kupfer-Pfennig (2) 1796; ¹/₆ Thaler (2), Dreier (6), Pfennig (5) u. Kupfer-Pfennig (3) 1797. Sch. u. s. g. e.   23

Courantmünzen. 57

2. Ansbach-Bayreuth.

1337 Conv.-Thaler 1791. Vorzügl. schön.
1338 Desgl. 1795. Sch.
1339 Conv.-Gulden 1794, mit S (Schwabach). S. g. e.
1340 Dreikreuzer 1794; Kreuzer 1792. 1793 (2), 1794 (2); Pfennig 1792 (2) u. 1794. S. g. e.   9

3. Neuenburg.

1341 Vierfache Piecette 1793 (28 Kreuzer). H. 5432. S. g. e.

4. Ostfriesland.

1342 ¼ Stüber 1787, 1792 u. 1794 (2). S. g. e.   4

5. Preussen.

1343 ⅓ Thaler, Groschen (2) u. Schilling 1788; ⅓ Thaler 1789 (2) u. 1790; Groschen 1790. Sch. u. s. g. e.   8
1344 ⅓ Thaler, Groschen und Schilling 1791; ⅓ Thaler und Groschen 1792; Groschen und Schilling 1794; Groschen (2) u. Schilling 1795; S. g. e.   10
1345 ⅓ u. ⅙ Thaler, Groschen (3) u. Schiling 1797. Sch.   6

6. Schlesien.

1346 Goldabschlag des ½ Kreuzers 1788. Gekr. Namenschiffre $F W$ Rv. $\frac{1}{4}$ / KREUZER / SCHLES: / LAND / MÜNZE / 1788 / B   H. 1301. S. sch.
1347 Reichsthaler 1789. Sch.
1348 Desgl. 1790. Sch.
1349 Desgl. 1791. Rv. Adler etc. 2 Var. Sch.   2
1350 Desgl. 1791. Rv. Wappen etc. 2 Var. S. sch.   2
1351 Desgl. 1792. S. g. e.
1352 Desgl. 1793. 2 Var. Sch.   2
1353 Noch 2 Var. S. sch. u. s. g. e.   2
1354 Desgl. 1796. Sch.
1355 ⅓ Thaler, Kreuzer u. Gröschel 1787; ⅓ Thaler, Gröschel u. ½ Kreuzer 1788; Gröschel (2), Kreuzer u. ½ Kreuzer (2) 1789. Meist schön.   11
1356 Kreuzer (2) u. Gröschel (3) 1790; Gröschel 1792 (2); ⅓ Thaler u. Gröschel 1793; Kreuzer 1794 (2); Gröschel, Kreuzer u. ½ Kreuzer 1795. S. g. e.   14
1357 ⅓ Thaler, 1 Kreuzer mit Brustb. (2), desgl. mit Adler, Gröschel, Pfennig u. ½ Kreuzer 1796. S. g. e.   8
1358 Sechser; Dreier (2), Kreuzer mit Brustb. (5); desgl. mit Adler, Gröschel (5), Pfennig, u. ½ Kreuzer (2) 1797. Sch. u. s. g. e.   17

7. Südpreussen.

1359 Silberabschlag des Kupfer-Dreigröschers 1796. FRIDERICUS WILHELM · BORUSS · REX Kopf r. Rv. GROSSUS BORUSS · MERID · TRIPLEX 1796 Gekr. Adlerschild zwischen Lorbeerzweigen, unten B (Breslau). Kettenrand. 11,7 Gr. S. sch.
1360 Desgl. des Grossus 1796. Av. Wie vorher. Rv. I · GROSSUS BORUSS · MERIDIONAL · 1796 Sonst wie vorher. Rand glatt. 4 Gr. S. sch.
1361 Desgl. des Grossus 1797. Wie vorher. 4,4 Gr. S. sch.

Courantmünzen.

1362 Silberabschlag des ¹/₂ Grossus 1796. Namenschiffre F W R im gekr. Oval zwischen Lorbeerzweigen, unten B Rv. ⊕ ¦ ⊕ / GROSSUS / BORUSS · / MERID · / 1796 2,4 Gr. Sch.
1363 Desgl. des ¹/₂ Grossus 1797. Wie vorher. Sch.
1364 Desgl. des Solidus 1796. Av. Wie vorher, aber ohne Zweige. Rv. ⊕ I ⊕ / SOLID · / BOR · MER · / 1796 / B 1,5 Gr. Sch.
1365 Desgl. 1797. Wie vorher. Sch.
1366 Dreigröscher 1796 mit B: desgl. 1797 mit B (2) und A; Grossus 1796 mit B; desgl. 1797 mit B (2) und E; ¹/₂ Grossus 1796 mit B (2) und E; desgl. 1797 mit B (2) und E; Solidus 1796 mit B; desgl. 1797 mit B (2) und E. Meist sch. 19

Friedrich Wilhelm III. 1797—1840.
1. Mark Brandenburg.

1367 Kupfer-Probe o/J. zum Friedrichsd'or. ODRGDOG etc. Kopf r. Rv. 1 · GROSCH — EN Adler auf Armaturen, unten 16 Z 61 H. 2012. S. sch.
1368 Messing-Probe o/J. Brustb. l. Rv. FALSCHE / MÜNZE S. g. e.
1369 Friedrichs'dor 1797. Brustb. l. in Uniform mit Zopf. Rv. Adler, ungekrönt. H. 2054. S. sch.
1370 Desgl. 1798. Wie vorher. S. sch.
1371 Probe-Friedrichsd'or 1799, mit vertiefter Umschrift auf erhöhtem Rand. Brustb. l. Rv. Gekr. Adlerschild. H. 2064. S. sch.
1372 Friedrichsd'or 1807. Brustb. l. Rv. Adler auf Armaturen. Sch.
1373 Desgl. 1809. Wie vorher. S. sch.
1374 Probe-Friedrichsd'or 1810. FRIEDR · WILHELM III KŒNIG VON PREUSSEN Kopf r. Rv. Der gekr. Adler auf Armaturen, im Abschn. 18 A 10 H. 2134. S. sch.
1375 Silber-Probe zum Friedrichsd'or 1814. Av. Wie vorher. Rv. FÜNF — THALER Gekr. mit der Ordenskette behängtes Wappen, unten 18 — 14 Rand gerippt. H. 2194. S. sch.
1376 Kupfer-Probe zum Friedrichsd'or 1815. Av. Wie vorher. Rv. 5 THALER Adler auf Armaturen, im Abschn. 18 A 15 Mit umgelegtem Silberrand. H. 2216. Sch.
1377 ¹/₂ Friedrichsd'or 1817. Brustb. l. in Uniform, mit kurzem Haar. Rv. Der Adler etc. Sch.
1378 Friedrichsd'or 1818. Wie vorher. Sch.
1379 Desgl. 1825. Kopf r. Rv. Adler. Sch.
1380 ¹/₂ Friedrichs'dor 1825. Wie vorher. Sch.
1381 Doppel-Friedrichs'dor 1831. Wie vorher. S. sch.
1382 Reichsthaler 1797. Brustb. l. in Uniform mit Zopf. Rv. Gekr. Wappen mit Schildhaltern. Sch.
1383 Desgl. 1798. S. g. e.
1384 Desgl. 1799. Sch.
1385 Desgl. 1800. Sch.
1386 Desgl. 1801, ohne Münzbuchstaben. Sch.
1387 Desgl. 1801, mit A Sch.

Courantmünzen.

7,50 — 1388 Reichsthaler 1802. S. sch.
7,50 — 1389 Desgl. 1803. S. sch.
15,50 — 1390 Desgl. 1803, mit Stempelfehler PRUSSEN S. sch.
9,— {1391 Desgl. 1807. Sch.
9,— {1392 Desgl. 1809. Sch.
15,— {1393 Desgl. 1809. Kopf r. Rv. Werth im Kranz. S. sch.
15,— {1394 Desgl. 1810. Stgl.
3,— 1395 Desgl. 1812. Sch.
8,— 1396 Desgl. 1813. Stgl.
11,— {1397 Desgl. 1813. Sch.
11,— {1398 Desgl. 1814. S. sch.
11,— {1399 Desgl. 1815. S. sch.
5,50 1400 Desgl. 1815, mit Punkt nach Preussen. S. sch.
5,— 1401 Desgl. 1816. S. sch.
3K,— 1402 Kupfer-Probethaler 1815. Wie vorher. Rand gerippt. H. 2219. S. sch.
8,50 1403 Thaler 1816. Brustb. l. in Uniform. Rv. Adler etc. Mit K · V · PREUSS · (sog. Kammerherrnthaler.) Sch.
6,50 1404 Desgl. 1817. Ebenso. Gut erh.
3,50 1405 Desgl. 1817. Wie vorher, mit KOENIG etc. S. g. e.
3,50 1406 Desgl. 1818. Sch.
4,75 1407 Zinnabschlag vom Rv. des Probethalers 1818. Gekr. Adlerschild mit Schildhaltern, über der Krone 18—18, im Abschn. EIN THALER/—/ S. sch.
4,50 1408 Thaler 1819. S. sch.
9,— {1409 Desgl. 1820. S. sch.
9,— {1410 Desgl. 1821. S. sch.
29,— 1411 Desgl. 1822. Stgl.
4,25 1412 Doppelthaler 1840. Schw. 190. S. sch.
10,— 1413 Gulden 1810. S. sch.
{1414 Dreier (4), Pfennig (4) u. Kupfer-Pfennig 1799; ⅓ Thaler 1800; ⅓ Thaler. Viergroschen, Dreier (2), Pfennig u. Kupfer-Pfennig (2) 1801. S. g. e. 17
3,25 {1415 ⅙ Thaler, Dreier (3) u. Pfennig 1802; Dreier (2) u. Pfennig (2) 1803; Dreier (4), Pfennig (5) u. Kupfer-Pfennig 1804; Pfennig 1806 (2). S. g. e. 21
8,— 1416 ⅙ Thaler 1805; ⅓ u. ⅙ Thaler 1807; ⅙ Thaler (2), 2 (2) u. 1 (3) Pfennig 1810; Pfennig 1811. Sch. 11
6,— 1417 ⅙ Thaler 1812, mit Stempelfehler ACHTZIG statt ACHTZIG. Sch.
32,— 1418 Kupfer-Proben 10, 5, 2 u. 1 Pfennig 1812, mit der sitz. Borussia. H. 2153 ff. 4
1,25 1419 ⅙ Thaler 1813 (2); 2 u. 1 Pfennig 1814: 2 (2) u. 1 Pfennig 1816. Sch. u. s. g. e. 7
41,— {1420 Probe- ⅙ Thaler 1816. FRIEDR. WILHELM III KOENIG V. PREUSSEN Brustb. in Uniform l. Rv. Im Lorbeerkranz 6/EINEN/THALER/1816/A Rand glatt. Ad. Meyer 3791. Sch.
41,— {1421 Desgl. 1817. Wie vorher, aber breiter Eichenkranz im Rv. Mit Randschrift. Ad. Meyer 3792. S. g. e.
23,— 1422 Desgl. 1817. Av. Wie vorher. Rv. SECHS/EINEN/THALER/1817/A Randschrift GOTT ~~ MIT ~~ UNS ~~ H. etc. nicht. S. g. e.

Courantmünzen.

1423 ⅙ Thaler 1817. H. 2233. S. g. e.
1424 Probegroschen 1818. Gekr. Adlerschild. Rv. ⊕ 30 ⊕ / EINEN / THALER / 1818 / A H. 2211. Ad. Meyer 3800. S. sch.
1425 Kupfer-Probe-Zweipfennig 1819. 150 EINEN—THALER Gekr. Adlerschild. Rv. SCHEIDE MÜNZE / 2 / PFENNINGE / 1819 / — / A Rand glatt. Cat. Fonrobert 848. Ad. Meyer 3812. Sch.
1426 Kupfer-Probe-Pfennig 1819. Wie vorber, aber 300, etc. Sch.
1427 Silbergroschen (2), ½ Silbergroschen (2), Kupfer- 4, 3 (2), 2 (2) u. 1 (2) Pfennig 1821; Silbergroschen, ½ Silbergroschen, 4, 3, 2 u. 1 Pfennig 1822. Meist s. sch. 17
1428 ⅙ Thaler, Silbergr. u. 1/12 Silbergr. 1823; Silbergr. (2) u. ½ Silbergr. 1824; Silbergr., ½ Silbergr., 3, 2 u. 1 Pfennig 1825. Verprägter ½ Silbergr. S. g. e. 12
1429 ⅙ Thaler, ½ Silbergr., 4, 3 u. 1 Pfennig 1826; ⅙ Thaler, Silbergr., ½ Silbergr., 3, 2 u. 1 Pfennig 1827. Sch. u. s. g. e. 11
1430 ½ Silbergr., 3 u. 1 Pfennig 1828; Silbergr. u. ½ Silbergr. 1829; Silbergr., 3, 2 u. 1 Pfennig 1830; Silbergr. u. ½ Silbergr. 1831. S. g. e. 11
1431 Silbergr. u. ½ Silbergr. 1832; Silbergr., ½ Silbergr., 3 u. 2 Pfennige 1833; Silbergr. u. ½ Silbergr. (2) 1834; Silbergr., ½ Silbergr., 3, 2 u. 1 Pfennig 1835. Sch. u. s. g. e. 14
1432 Silbergr., ½ Silbergr. u. 3 Pfennige 1836; Silbergr., ½ Silbergr., 3 u. 1 Pfennig 1837; Silbergr., ½ Silbergr. u. Pfennig 1838. Sch. u. s. g. e. 10
1433 ⅙ Thaler, Silbergr., ½ Silbergr., 4, 3, 2 u. 1 Pfennig 1839; Silbergr., 2 u. 1 Pfennig 1840. Sch. 10

2. Ansbach-Bayreuth.

1434 Sechskreuzer 1798, 1799, 1801 (2) u. 1802; Dreikreuzer 1798, 1799, 1800, 1801, 1802 (3); Kreuzer 1798, 1799, 1800, 1802 (2), 1803, 1804 (2); Pfennig 1799, 1801, 1803. Meist s. g. e. 23

3. Neuenburg.

1435 Gulden 1799 zu 21 Batzen. Brustb. in Uniform l., am Armabschn. •W• (Wielandy). Rv. Gekr. Wappen mit Schildhaltern. H. 5443. Vorzügl. erh.

4. Ostfriesland.

1436 2 u. 1 (2) Stüber 1804, u. ¼ Stüber 1799, 1802, 1803. S. g. e. 6

5. Preussen.

1437 Danziger Kupfer-Schilling 1801 (2); 1 Schilling pr. Scheide-Münze 1805, 1806 (2), 1810 (3), 1 Groschen Preuss. 1810 u. 1811, sämmtlich mit A Sch. 10
1438 1 Groschen 1798 (3) mit E, u. Kupfer- 3 u. 1 Groschen 1816 für Posen, mit B S. g. e. 5

6. Rheinprovinz.

1439 Thaler 1818 mit D (Düsseldorf). S. g. e.
1440 Desgl. 1819. Sch.
1441 ⅙ Thaler 1840; Silbergr. 1825 u. 1826; ½ Silbergr. 1826; Kupfer-Vierpfennige 1824, 1828 u. 1838; Dreier 1823; Zweipfennige 1826, 1828 u. 1834; Pfennige 1822 u. 1826. Sch. u. s. g. e. 13

Courantmünzen. 61

7. Schlesien.

1442 Thaler 1799 mit B (Breslau). Sch.
1443 Desgl. 1801. S. g. e.
1444 Desgl. 1802. Sch.
1445 Desgl. 1808, mit G (Glatz). S. sch.
1446 Dreikreuzer 1800 (2), 1801, 1802 (3), 1803 (2), 1805 (3), 1806 (3), 1807 (2); Kreuzer 1801 (3) u. 1808 (2); Gröschel 1805 (3), 1806 (2) u. 1809 (2); Kupferkreuzer 1810 (2). 30

Friedrich Wilhelm IV., 1840—1861.
1. Mark Brandenburg.

1447 Friedrichsd'or 1816. Kopf r. Rv. Adler. S. sch.
1448 Doppel-Friedrichsd'or 1848. Ebenso. Stgl.
1449 Friedrichsd'or 1855. Ebenso. S. sch.
1450 Doppelthaler 1841. Schw. 191. Stgl.
1451 Thaler 1841. Schw. 192. S. sch.
1452 Doppelthaler 1842. Schw. 191. Stgl.
1453 Desgl. 1843. Schw. 194. Stgl.
1454 Desgl. 1845. Schw. 194. Sch.
1455 Desgl. 1846. Schw. 194. S. sch.
1456 Thaler 1847. Schw. 196. Stgl.
1457 Desgl. 1848. Schw. 196. Stgl.
1458 Desgl. 1849. Schw. 199. Stgl. v. pol. Platte.
1459 Doppelthaler 1855. Schw. 198. S. sch.
1460 Desgl. 1856. Schw. 198. S. sch.
1461 Thaler 1857. Schw. 202. Stgl.
1462 Doppelthaler 1859. Schw. 201. Vorzügl. schön.
1463 Thaler 1860. Schw. 202. Stgl. v. pol. Platte.
1464 2½ Silbergr. 1852, 53, 54, 55, 56, 57. Schw. 342 u. 374. Stgl. u. sch. 6
1465 Silbergr. 1852 (2), 53 (2), 54, 56, 57, 58, 59, 60. Schw. 343 u. 375. Stgl. u. s. g. e. 10
1466 ½ Silbergr. 1852, 53, 54, 55, 56, 58, 60. Schw. 345 u. 376. S. sch. u. s. g. e. 7
1467 4 Pfennige 1852, 55, 56, 57, 58, 60. Schw. 364. Stgl. u. s. g. e. 6
1468 3 Pfennige 1852—1859. Schw. 366. Sch. u. s. g. e. 8
1469 2 Pfennige 1852—1860. Schw. 368. Stgl. u. s. g. e. 9
1470 Pfennig 1852—1856, 1858, 1860. Schw. 370. Stgl. u. s. g. e. 7
1471 Sog. Ratzendreier o/J. Neuer Abschlag. Stgl.

2. Hohenzollern.

1472 Gulden, ½ Gulden, 6 und 3 Kreuzer, und Kupferkreuzer 1852. Schw. 212—216. Stgl. 5

Wilhelm I., 1861—1888.
1. Mark Brandenburg.

1473 ½ Goldkrone 1864, mit A Stgl.
1474 Doppelthaler 1861. Schw. 205. Stgl.

Courantmünzen.

21.—	1475 Doppelthaler 1862. Schw. 205. Stgl.	
4.25	1476 Thaler 1864. Schw. 209. Stgl.	
5.—	1477 Desgl. 1865. Schw. 209. Stgl.	
4.75	1478 Desgl. 1866. Schw. 209. Stgl.	
4.25	1479 Desgl. 1867. Schw. 209. Stgl.	
15.—	{1480 Desgl. 1868. Schw. 209. Stgl. 1481 Desgl. 1869. Schw. 209. Stgl. 1482 Desgl. 1870. Schw. 209. Stgl.	
6.—	1483 Desgl. 1871. Schw. 209. Stgl. v. pol. Platte.	
5.50	1484 ¼ Thaler 1861—1865, 67, 68. Schw. 378/79. Stgl.	7
4.25	1485 2½ Silbergr. 1862—73. Schw. 380. Stgl.	12
2.75	1486 Silbergr. 1861—73. Schw. 383. Stgl.	13
2.—	1487 ½ Silbergr. 1861—72. Schw. 386. Stgl.	12
2.—	1488 4 Pfennige 1861—1871. Schw. 389. Meist Stgl.	11
2.—	1489 3 Pfennige 1861—1873. Schw. 391. Meist Stgl.	13
1.75	1490 2 Pfennige 1861—1871. Schw. 394. Meist Stgl.	11
1.25	1491 Pfennige 1871—1873. Schw. 397. Meist Stgl.	13

2. Hannover.

7.50	1492 Thaler 1868 mit B Schw. 211. Stgl.	
5.—	{1493 2½ Silbergr. 1869—1873. Schw. 381. Stgl. 1494 Silbergr. 1866—1873. Schw. 384. Stgl. 1495 ½ Silbergr. 1866—1873. Schw. 387. Stgl. 1496 3 Pfennige 1867—1873. Schw. 392. Meist Stgl. 1497 2 Pfennige 1867—1871 u. 1873. Schw. 395. Meist Stgl. 1498 Pfennige 1867—1873. Schw. 398. Stgl.	5 8 8 7 6 7

3. Frankfurt am Main.

8.—	1499 Doppelthaler 1867 mit C Schw. 212. Stgl.	
3.25	1500 2½ Silbergr. 1867—1872. Schw. 382. Stgl.	6
1.75	1501 Silbergr. 1867—1873. Schw. 385. Stgl.	7
—.75	1502 ½ Silbergr. 1867 u. 1868. Schw. 388. Stgl.	2
—.50	1503 4 Pfennige 1868 u. 1871. Schw. 390. S. g. e. u. Stgl.	2
—.50	1504 3 Pfennige 1868, 69, 71, 72, 73. Schw. 393. Meist Stgl.	5
1.25	{1505 2 Pfennige 1867, 68, 71, 72. Schw. 396. Meist Stgl. 1506 Pfennige 1867, 68, 70, 71, 72. Schw. 399. Stgl.	4 5

II. Medaillen und Schaumünzen.

Kurfürst Joachim II., 1535—1571.

1507 Sechsgröscher auf die Belehnung Brandenburgs mit Preussen, 1569. B. 453. Guss. S. g. e.

Hedwig, Herzogin von Braunschweig.
Tochter Joachims II., geb. 1540, vermählt mit Herzog Julius von Braunschweig 1560, † 1602.

1508 Sterbethaler 1602, geschlagen von ihrem Sohne Heinrich Julius von Braunschweig. Wilder Mann mit Baum und Wappen. Rv. Aufschrift in 11 Zeilen. Sch. 6528. Reimm. 3407. Sch.

1509 Desgl. 1602. Wie vorher, aber im Av. BRV · E · L statt BRV · E · LV · Sch. 6529. S. g. e.

1510 ¼ Thaler 1602, auf dieselbe Veranlassung. Wappen. Rv. Aufschrift in 11 Zeilen. Reimm. 3408. W. geh. S. g. e.

Anna Maria, Herzogin von Pommern.
Tochter Johann Georgs, geb. 1567, verm. mit Barnim von Pommern 1581, † 1618.

1511 Sterbethaler 1618. Der Pommer'sche Greif l., auf den Flügeln Wappenschilde, in der rechten Klaue das Schwert, in der linken ein Schild, worin ein Totenkopf. Rv. Aufschrift in 10 Zeilen. Mad. 1424. C. Sch. 4380. S. g. e.

Christian, Markgraf von Brandenburg-Bayreuth, 1603—1655.
Sohn Johann Georgs von Brandenburg geb. 1581.

1512 Sterbe-Thaler 1655. Geh. Brustb. l. Rv. Um- und Aufschrift in 8 Zeilen. Mad. 1048. Sch. 6085. Reimm. 3249. S. g. e.

1513 ¼ Sterbe-Thaler 1655. Geh. Brustb. r. Rv. Wie vorher. Reimm. 3250. Treffl. erh.

Magdalene Sibylle, Kurfürstin von Sachsen.
Tochter des Vorigen, geb. 1612, verm. mit Johann Georg II. von Sachsen 1638, † 1687.

1514 Med. 1687 (v. Omeis), auf ihren Tod. MAGD · SIBYLL · D · G · EL ⁑ SAX · E · PROS · MARCH · BRAND · NAT · 1612 · DEN · 1687 · Brustb. r. Rv. IOH · GEORG · II · D · G · EL · SAX · NAT · 1613 · DEN · 1680 · Geh. Brustb. r., am Armabschn. ☉ · ⚥ Randschrift: SVRSVM · DEORSVM — SOLA · SPES · MEA Tentz. T. 62, 2. C. Sch. 4719. Mm. 82. 21 Gr. Sch.

1515 Sterbethaler 1687. In einem Kranze unter einer Krone ein Regenbogen mit der Umschrift: SOLA · / SPES · MEA · Rv. Aufschrift in 7 Zeilen. Tentz. T. 62, 3. Mad. 545. C. Sch. 4720. Reimm. 4787. Stgl.

1516 ½ Sterbethaler 1687. Rautenkranz worin MANET · darüber Spruchband mit SOLA · SPES · MEA · Rv. Wie vorher. Tentz. T. 62, 5. Mad. 2996. C. Sch. 4721. S. g. e.

1517 ¼ Sterbethaler 1687. Wie vorher. Tentz. T. 62, 6. Treffl. erh.

Joachim Ernst, Markgraf zu Brandenburg-Ansbach, 1603—1625.
Sohn Johann Georgs von Brandenburg, geb. 1583.

1518 Sterbethaler 1625. Geh. Brustb. fast v. vorn. Rv. Um- und Aufschrift. Mad. 1061. Sch. 6143. Reimm. 3267. Sch.

Johann Georg, Bischof von Strassburg, 1592—1604.
Sohn Joachim Friedrichs, geb. 1577, gest. als Herzog von Jägerndorf 1624.

1519 Eins. Noththalerklippe zu 80 Kreuzern 1592. Drei Wappenschilde im Kranz. Mad. 900. Sch. 4797. Maill. T. 102, 1. S. g. e.

1520 Eins. Noththalerklippe 1592. Wie vorher. Von etwas abweichender Zeichnung. Maill. Suppl. T. 70, 1. S. g. e.

Kurfürst Johann Sigismund, 1608—1619.

1521 ½ Schauthaler 1610 auf die Einnahme von Jülich durch brandenb. und pfälzische Truppen unter Moritz von Oranien (v. C. Maler). Grundriss der Festung. Rv. Die Wappen von Brandenburg und Pfalz im dreifachen deutschen Schriftkreis. Zu Mad. 3794. v. Loon II. 71, 3. Cat. Farina 1841. Vorzügl. sch.

1522 Desgl. 1610. Wie vorher, aber im Rv. dreifacher lateinischer Schriftkreis. Exter S. 196 Nr. 187, aber VINDICAPANT (sic!) statt VINDICANT S. schön. *Abgebildet Tafel IV.*

1523 Nothklippe 1610, von den Belagerten geschlagen. Auf einem Stück eines Tellerrandes ein runder Stempel mit V / I · R / 1610 und ein viereckiger mit ✕ Aehnl. Maill. T. 66, 10. Verg. S. g. e.

Anna Sophia, Herzogin von Braunschweig.
Tochter Johann Sigismunds, geb. 1598, verm. mit Friedrich Ulrich von Braunschweig 1614, † 1659.

1524 Sterbethaler 1659. Zwischen Palmzweigen das mit dem Kurhut bedeckte brandenb. Wappen, daneben A — B (Andr. Berlin, Mzm. in Berlin). Rv. Aufschrift in 11 Zeilen. Sch. 6633. H. 519. Reimm. 3454. S. g. e.

1525 ¼ Sterbethaler 1659. Wie vorher. H. 520. S. g. e. (Die Werthbez. ausgravirt.)

1526 ⅙ Sterbethaler 1659. Wie vorher. H. 521. S. g. e.

Kurfürst Georg Wilhelm, 1619—1640.

1527 Med. 1639 (v. Seb. Dadler) auf seinen und des Kurprinzen Friedrich Wilhelm Besuch in Preussen. Umschrift in zwei Reihen: NUMEN QVOD STUPEAT VEL PRISCA GEORGIUS ÆTAS etc. Neben einem Tische, auf dem Kurhut und Scepter liegen, stehen die beiden Fürsten in voller Rüstung, am Boden die Helme. Rv. TALIS EGO AUREOLAM etc. Sitz. Borussia, einen Oelzweig hoch haltend; im Hintergrunde das frische Haff mit den Städten Königsberg, Pillau etc. O. 1. A. 10,638. Mm. 73. 87 Gr. Vorzügl. schön.

Medaillen und Schaumünzen. 65

1528 Sterbethaler 1640. Brustb. v. vorn im doppelten Schriftkreis. Rv. Eltzeil. Aufschrift im Wappenkreis, daneben D — K (Koch in Königsberg). Mad. 594. v. Arn. 175. Sch. 5887. S. g. e.

1529 ¼ Sterbethaler 1640. Mit dem Kurhut bedecktes Wappen, neben dem Schildfusse D — K. Rv. Sechszeil. Aufschrift. Vossberg 1562. Cat. Jungfer 1109. S. g. e. *Abgebildet Tafel IV.*

Elisabeth Charlotte von der Pfalz.
Gemahlin Georg Wilhelms, geb. 1597, verm. 1616, † 1660.

1530 Sterbethaler 1660. Beiderseits Aufschrift. In der 10. Zeile im Av. steht das E in HEIDELB über der 8 in der 11. Zeile. v. Arn. 177. Sch. 5887. H. 705. S. g. e.

1531 Desgl. 1660. Wie vorher, aber hier steht das H über der 8 v. Arn. 178. Sch. 5887, Anm. Exter II. S. 363, 96. S. g. e.

1532 ¼ Sterbethaler 1660. Wie vorher. Exter II. S. 364, 97. Fourob. 396. S. g. e.

Hedwig Sophie, Landgräfin von Hessen.
Tochter Georg Wilhelms, geb. 1623, verm. 1649 mit Wilhelm VI. von Hessen-Cassel, † 1683.

1533 Sterbethaler 1683. Mit dem Kurhut bedecktes Wappen. Rv. Aufschrift in 16 Zeilen. Mad. 1260. C. Sch. 3887. H. 706. S. g. e.

1534 ⅛ Sterbethaler 1683. Av. Aehnlich wie vorher. Rv. Neunzeilige Aufschrift. Mad. 5781. Hoffm. 1391. S. g. e. *Abgebildet Tafel IV.*

Kurfürst Friedrich Wilhelm, 1640—1688.

1535 15 Ducatenstück o/J. ⁖ FRID ⁝ WILH ⁝ D ⁝ G ⁝ MAR ⁝ BRA ⁝ SA ⁝ ROM ⁝ IMP ⁝ AR ⁝ CA ⁝ E ⁝ EL ⁝ D ⁝ PRV⁝ Brustb. von vorn mit langen glatten Haaren, breitem, spitzenbesetztem Kragen und Feldbinde über dem sehr reich verzierten Harnisch. Rv. Im Kreise von 23 Wappen eine grosse Rose, worin das Kurscepter. v. Arn. etc. nicht. Mm. 51. 51,7 Gr. Schön. *Abgebildet Tafel III.*

1536 Breiter Doppelducat o/J. Der Kurfürst im Ornat zu Pferde r. Rv. Wie vorher. v. Arn. 62. Cat. Farina 67. S. schön.

1537 Br. Doppelthaler o/J. Brustb. r. im Kurornat. Rv. Wie vorher. v. Arn. 180a. Sch. 5839. H. 717. S. g. e.

1538 ¼ Thaler o/J. Wie der Doppelducat Nr. 1536. S. g. e.

1539 ⅛ Thaler o/J. ✱FRID ⁝ WILH ⁝ D ⁝ G ⁝ MAR ⁝ BR ⁝ SA ⁝ ROM ⁝ IMP ⁝ ARCHIC ⁝ ET ⁝ EL Brustb. v. vorn mit Spitzenkragen. Rv. Offener Helm und Spruchband, worauf ARMAT ET ORNAT, darunter ✱ D ✱ — ✱ K ✱ (Koch in Königsberg). Umher Wappenkreis. v. Arn. 181. Sch. 5841. Cat. Ad. Meyer 3200 (dessen Exemplar). Vortr. erh.

1540 Goldene Med. o/J. FRID · WILH · — D · G · M · B · S · R · I · A · ET E · Belorb. Kopf r. Rv. Fliegender Adler, über demselben NON FULMINIS LÆDI / TUR ICTU, unten TUTA SUB ALIS / QVIES · Nur Cat. Farina 66 (dessen Exemplar.) Mm. 18, 5,6 Gr. Mit Henkel zum Tragen. S. g. e. *Abgebildet Tafel IV.*

5

Medaillen und Schaumünzen.

46, —
1541 Med. o/J. (v. Höhn jr.). FRID · WILH · D G · MARCH · BR · etc. Geh. Brustb. r. mit langen, glatten Haaren. Rv. DOMINE FAC ME SCIRE etc. Der preuss. Adler über dem Erdball, oben göttl. Auge, von dem CONSULAM TIBI OCULO MEO ausgeht. O. 2. A. 10,639. Cat. Pniower 2. Mm. 51. 42 Gr. Vorzüglich schön.

100, —
1542 Desgl. o/J., auf seine Verm. mit Louise von Nassau-Oranien (1646). Frib : Wilh : und Lovyſa v : Gottes gnaden etc. Die Hüftbilder der Neuvermählten, Hand in Hand v. vorn. Oben das Auge der Vorsehung und zwei Arme mit Kurhut und Krone. Rv. Gott erhalte Baum und Landt etc. Auf einem Hügel, mit Marchia bezeichnet, steht ein Baum, der von einer aus Wolken ragenden Hand begossen wird etc. Am Erdboden T R (Erasmus Thomas Reuss, Berlin). O. 4. A. 10,686. Cat. Pniower 3. Mm. 58. 58 Gr. Vorzüglich erh.

190, —
1543 Desgl. 1648 (v. Chr. Maler). FRID · GUIL · D · G · MARCH · BRAND · S · R · I · ARCHICAM · ET ELECT · D · PRUSSIÆ. Geh. Brustb. mit Spitzenkragen von vorn, darunter 1648 C M Rv. LUDOVICA D · G · MARCH · ET EL · BRAND · D · PRUS · NATA PRINC · ARANG · COM · NASSOV · Brustb. v. vorn, im ausgeschnittenen Kleid, mit Lockenfrisur. O. 5. A. 10,695. Mm. 57. 60.5 Gr. Vortreffl. erh.

335, —
1544 Medaillenförm. doppelter Schauthaler o/J. (v. Erasmus Thomas Reuss). ✿ FRID ⁞ WILH ⁞ D o G o MARCHIO BRANDENBURGENSIS SAC ⁞ ROM ⁞ IMP ⁞ ARCHIC ⁞ ET ELECT ⁞o Der r. reitende Kurfürst mit Commandostab, eine Hand aus Wolken hält einen Lorbeerkranz über ihn, am Boden T · R fec Rv. MAGD · PR · — I · C · M · S · P · C · V · S · C · C · D · B · N — H · — ET · M · P · Das grosse siebenfach heh. Wappen mit Schildhaltern. O., Sch. etc. nicht. Mm. 60. 59,5 Gr. Vorzügl. erh. *Abgebildet Tafel III.*

* Die Aehnlichkeit des Reverses mit dem der Berliner Thaler von 1650 (Nr. 702 ff.), sowie die Hervorhebung des Titels von Magdeburg, gestatten wohl den Schluss, dass diese Medaille bald nach dem westphälischen Frieden mit Bezug auf den Anspruch auf Magdeburg geschlagen wurde.

81, —
1545 Med. 1652 (v. dems.). Glückliche Rückkehr von Prag. ✿ Unſer Churfürſt wieder tümmet, und ſich ſeines Landts annimmet Der reitende Kurfürst r. Im Felde FRID : WILH: D · G · — M · ET EL: — BRANDENB: Im Abschn. 1652 Rv. ✿ Unſers Fürſten wolfarth ſehen, Iſt ſelbſt unſer wolergehen :• Steh. Abundantia l. mit Mercur-Stab u. Füllhorn. Im Felde : FELICITAS — PUBLICA Ganz unten T R O. 6. Pn. 6. Mm. 57. 54 Gr. Vorzügl. erh.

2,10, —
1546 Breiter doppelter Schauthaler 1654. auf die Beisetzung Bogislaus XIV., des letzten Herzogs von Pommern, durch den Kurfürsten und Christine von Schweden. Geh. Brustb. des Herzogs r. Rv. Aufschrift in 15 Zeilen. O. 7. Mad. 1431. C. Sch. 4389 (einfach). Hild. 54. S. g. e.

73, —
1547 Br. Schauthaler 1654, auf dieselbe Veranlassung. Wie vorher. S. schön.

23, —
1548 ¹/₄ Schauthaler 1654, auf dieselbe Veranlassung. DEO DIRIGENTE Baumstumpf etc. Rv. Elfzeil. Aufschrift. Hild. 56a. S. g. e.

20, —
1549 Desgl. 1654. Wie vorher, aber von anderen Stempeln. Im Av. Punkt nach DIRIGENTE, im Rv. fehlt die Rosette vor der 7. Zeile der Aufschrift, etc. Hild. 56a. S. g. e.

1550 Doppelducat 1655, auf die am 35. Geburtstage des Kurfürsten erfolgte Geburt des Prinzen Karl Emil. Brustb. des Kurfürsten v. vorn im Hermelinmantel. Rv. 7 Zeilen Schrift (ohne Münzmeisterzeichen). v. Arn. 89. O. 9 b. Stgl.

1551 Dickgulden 1655, auf denselben Anlass. Av. Wie vorher. Rv. 6 Zeilen Schrift, darüber der Kurhut, unten eine Arabeske und · C T · (Thauer). O. 9 a. v. Arn. 244. Sch. 5879. S. g. e.

1552 Desgl. 1655. Wie vorher, aber im Rv. unten A — B v. Arn. 245. Sch. 5879, Anm. S. g. e.

1553 ¼ Thaler 1655. Wie vorher, mit C T H. 1018. Gut erh.

1554 ⅛ Thaler 1655. Auf dasselbe Ereigniss. Beiderseits Schrift. Mit ·C·T· H. 1019. S. g. e.

1555 Goldene Med. (5 Ducaten) o/J., auf den Sieg bei Warschau 1656 (v. J. Höhn). FRID · WILH · D · G · — MARCH · BRAND · ELEC · Geh. Brustb. r. mit grosser Perrücke. Rv. Oben OPUS HIC ERAT ARBITRO·, unten MOX MOX RESTING VI IUVAT · Ueber einer Landschaft die kämpfenden Adler von Polen und Schweden, darüber der gekr. brandenb. Adler mit Schwert u. Schild, im Abschnitt das Monogramm Höhns. O. 11. v. Arn. 92. Mm 36. 17,2 Gr. Sehr schön.

1556 Desgl. (4 Ducaten). *FFRID* WILH *D*G*M*BR*S*R*I*ARC* ET ELECTOR Brustb. wie vorher, aber kleiner und von der Umschrift rings umschlossen, unter dem Armabschn. das Monogramm. Rv. Vom Stempel des vorigen. O. 10. v. Arn. 93. Mm. 35. 14 Gr. Vorzügl. schön.

1557 Desgl. (3 Ducaten). Oben herum FRID* WILH* DG* — MAR* & EL* BRAND &c Geh. Brustb. r. mit langen, glatten Haaren. Rv. Wie vorher. v. Arn. 94. Mm. 36. 10,4 Gr. Vorzügl. schön.

1558 Schauthaler 1657 auf die Erlangung der Souveränität über Preussen. Der Kurfürst r. sprengend, unter dem Pferde der preussische Adler. Rv. Neunzeilige Aufschrift, unten A — B (Andr. Berlin). v. Arn. 246. Sch. 5883. S. g. e.

1559 Desgl. 1657. Wie vorher, aber im Rv. C — T (Chr. Thauer). v. Arn. 249. Sch. 5882. Gut erh.

1560 Desgl. 1657. Stadtansicht statt des Adlers unter dem Pferde. Rv. Wie der vorige. v. Arn. 250. Sch. 5884. S. g. e.

1561 ½ Schauthaler 1658, auf dieselbe Veranlassung. Wie vorher, aber im Rv. A · B v. Arn. 252. Sch. 5886. S. g. e.

1562 Med. 1657 (v. Caspar Geelhaar) a. dieselbe Begebenheit. Geh. Brustb. r., ohne Umschrift. Rv. Unter dem Kurhute in Kranzeinfassung: FRID · WILHELMUS / D · G · MARCH · BRAND · / S · R · I · ARCHICAMERAR / & PRINC · ELECTOR ppp / NAT ₉ COLONIÆ . AD . SPREAM / DIE $\overline{XVI}^{VI}$ FEB : A · MDCXX / INVESTITUS · MDCXLI / DOMINIUM · SUPREMUM / NACTUS · MDCLVII Unten ein kleines rundes Wappen. O. nicht. A. 10,738. Pn. 14 (dessen Exemplar). Mm. 48. 45,4 Gr. Von schönster Erhaltung.

1563 Med. 1657. Wie vorher, nur die Aufschrift etwas abweichend. FRID · WILHELMUS / D · G · MARCH · BRAND · / S · R · I · ARCHICAMERAR · /

    & PRINC · ELECTOR ppp / NAT₉ COLONIÆ AD SPREAM / DIE
VI FEB · A : MDCXX / INVESTITUS MDCXLI / DOMINIUM SUPREMUM /
XVI
NACTUS MDCLVII Mm. 45. 28,5 Gr. O., A. etc. nicht. Pn. 15 (dessen Exemplar). Vortreffl. erhalten.

1564 ¼ Schauthaler 1663 auf die preussische Erbhuldigung. Scepter und Schwert gekreuzt und durch einen Lorbeerkranz verbunden. Rv. Schrift. O. 18a. H. 3351. S. g. e.

1565 ⅛ Schauthaler 1633, auf dieselbe Begebenheit. Wie vorher. O. 18b. H. 3352. Treffl. erh.

1566 Schöner Medaillon 1666, von getriebener Arbeit (v. Müller), auf den den vereinigten Niederlanden geleisteten Beistand. ❀ HIER STAAT KEUR — BRANDENBURG, SLANTS TROUWSTE BONTGENOOT DIE DOOR SYN STAALE VUIST DE GOUDE VREE ' BESLOOT · Brustb. des Kurfürsten v. vorn, über welchem zwei geh. Krieger den Lorbeerkranz halten. Darunter Kartouche mit: KEUR — VORST / VAN / BRANDENBURG · / 16 — 66 Rv. ❀ LAAT NU DEN BITTREN BRIT, OP MUNSTERS VREE VRY SCHELDEN · etc. Drei stehende Frauen mit den Wappen von Münster, der Niederl. etc. O. 20. v. L. II. p. 542. Pn. 21. Mm. 85. 96 Gr. Vorzügl. schön, oben ein kleines Loch.

1567 Desgl. o/J., auf denselben Anlass. Das Brustb. und die beiden Krieger etc. wie vorher, aber ohne Umschrift. Rv. WILHELMVS III · D · G · PRINC · AVRAICÆ COM · NASS · Ec Wilhelm v. Oranien zu Pferde, r. Rv. v. Loon III. S. 51,2. Mm. 70. 61 Gr. Schön.

1568 Med. o/J. (1668) auf die zweite Vermählung des Kurfürsten mit Dorothea von Holstein (v. Höhn). FRID · WILH · D · G · MARCH · & ELECT · BRAND · SUP · DOM · DUX PRUSS · &c &c &c Geh. Brustb. v. vorn mit grosser Perrücke, am Armabschn. IH Rv. DOROTHEA D · G · MARCH · & ELECT · BRAND · NATA PRINC · SLES · & HOLS · &c Ihr Brustb. fast von vorn, in Lockenfrisur, und ausgeschnittenem, mit Juwelen geschmücktem Kleide. Rand glatt. O. 30. Pn. 27. Mm. 57. 90,5 Gr. Vortreffl. erh.

1569 Med. o/J. auf dieselbe Begebenheit. FRID · WILH — D · G · M · B · S · R · I · A · ET · E · Bel. Brustb. wie vorher. Rv. DOROTH · D · G · — M · ET · E · B · N · D · H · I · G · Ihr Brustb. wie vorher, aber r. Mm. 19. 3,2 Gr. Pn. 25, abgeb. daselbst. Vortr. erh.

1570 Verkleinerte Elfenbein-Copie nach dem grossen Vermählungsmedaillon von Höhn, O. 27. Pn. 24. Jede Seite apart. Mm. 61 (gegen Mm. 86 des Originals). Von vortreffl. Ausführung u. Erhaltung.

1571 ½ Ducat 1668. FRID ⁚ WILH ⁚ D ⁚ G ⁚ M · — BR ⁚ ET · ELECT · Beh. Kopf. r., darunter 1668. Rv. SUM—MOS—SUMMA DECENT Schwebender Adler, über welchen eine Hand aus Wolken den Kurhut hält. Unten · I · L · (Liebmann in Berlin). v. Arn. 122. Zu A. 10,782. Schön. *Abgebildet Tafel IV.*

1572 Medaille 1668. Darstellungen wie vorher, aber andere Stempel. A. 10,783. Mm. 17. 3,6 Gr. Vorzügl. schön.

1573 Dreifacher Ducat 1670 auf den 50. Geburtstag des Kurfürsten und den 15. des Kurprinzen Karl Emil. Geh. Brustb. des Kurfürsten, darüber zwischen Lorbeerzweigen L. Rv. Kleines Brustb. des Prinzen im Kranz, nebst Um- und Aufschrift. v. Arn. 136. O. 35. A. 10,790. Schön.

1574 Med. o/J. (1672), auf die Geburt des Prinzen Karl Philipp. FRID · WILH · D · G · M · & EL · BR · SUP · DOM · DUX PRUSS · Geh. Brustb. r. mit langen glatten Haaren. Rv. MEI NON — DEGENERANT · Adler im Nest mit vier Jungen. O. 37. A. 10,803. Mm. 44. 36 Gr. Sehr schön.

1575 Med. o/J. (1674, v. J. Höhn). Einfall der Schweden in die Mark. FRID · WILH · D G · MAR · & EL · etc. Geh. Brustb. r. mit langen glatten Haaren. Rv. DORMIENDO VIGILO. Ruhender Löwe r. O. 40. A. 10,810. v. L. III, 161. Pn. 33. Mm. 38. 22 Gr. S. sch.

1576 Med. o/J., auf denselben Anlass. FRID · WILH · D · G · — ELECT · BRAND · Geh. Brustb. r. mit Perrücke. Rv. DORMIENDO VIGILO Ruhender Löwe l. O. 41a. A. 10,811. Mm. 37. 25 Gr. S. g. e.

1577 Med. 1675. Sieg bei Fehrbellin. FRID · WILH · D · G · M · BR · S · R · I · — ARCHIC · & ELECTOR — 1675 Geh. u. belorb. Brustb. r. Rv. Auf einem Postamente, an welchem: VICTIS/FVGATIS Q/AD FEHRBEL / LINVM SOLO / EQVIDATV / SVECIS + sitzt eine weibl. Figur mit Lorbeer- u. Palmzweig, die L. auf den Kurschild gestützt. Umher die brandenbg. Fahnen, sowie die erbeuteten schwedischen Kanonen u. Fahnen. Ganz unten: 18 · IVN · O. nicht. A. 10,829. Arn. 290a. Pn. 35. abgeb. daselbst. Mm. 38. 37,5 Gr. Vorzügl. erh.

1578 Med. 1675 (v. Fr. Fechter in Basel), auf denselben Sieg. A DOMINO HOC, FACTUM, ET MIRABILE EST IN OCULIS NOSTRIS ✦ Die Schlacht, im Vordergrunde der Kurfürst und der vom Pferde stürzende Stallmeister Froben, unten F F Rv. Aufschrift in 17 Zeilen, letzte Zeile ✦ S · D · G ✦ H. 2981. Mm. 68. 75,5 Gr. Treffl. erh.

* Copie nach der Medaille von Höhn, Oelrichs 42.

1579 Med. 1675, auf denselben Sieg. Aehnlich wie vorher, aber über dem Schlachtfelde schwebt eine Fama mit dem Bilde des Kurfürsten, darüber in der Umschrift das Auge Gottes. Im Rv. oben und unten Palmzweige. O. 43. A. 10,839. Mm. 63. 65,5 Gr. S. g. e.

1580 Med. 1675, auf den gleichen Sieg. A DOMINO HOC FACTVM · Darstellung der Schlacht, im Vordergrunde der Kurfürst mit seinem Gefolge. vor ihm der zu Boden stürzende Froben. Im Abschn.: ET · MIRABILE · EST / IN · OCVLIS · / NOSTRIS Rv. Wie vorher, aber ohne die Palmzweige. O. 44. A. 10,837. Pn. 38. Mm. 55. 56 Gr. Vortreffl. erh.

1581 Doppelthalerförm. Med. auf diesen Sieg. Der Av. im Allgemeinen wie Nr. 1578, aber unten H R Rv. Aufschrift in 17 Zeilen. Randschr.: TANDEM BONA CAUSA TRIUMPHAT · O. 45. Fonrob. 1118. Mm. 47. 55,5 Gr. Vorzügl. erh.

1582 Fehrbelliner Siegesthaler 1675. FRID : WILH : D : G · MAR · BR S · R · I · ARC & EL : & Der r. sprengende Kurfürst, über ihm ein Spruchband worauf OB SVBDITOS SERVATOS Rv. Aufschrift in 13 Zeilen, endigend · · · · SVIS / EIICIT ⚹ / · S · D · G · v. Arn. 277b. Sch. 5905. Stgl.

70   Medaillen und Schaumünzen.

1583 Fehrbelliner Siegesthaler 1675. Av. Aehnlich wie vorher. Rv. Wie vorher,
aber · · · · SVIS / EIICIT ◄ / FS · D · G ◄ v. Arn. 278a. Sch. 5906.
Vorzügl. erh.
1584 Desgl. 1675. ⚹ FRID ⁝ WILH ⁝ D · G · MAR · BR · SR · I · ARC & EL ⁝ ⚹
Darstellung und Spruchband ähnlich wie vorher. Rv. Wie vorher, aber
endigend · · · · TERRIS / SUIS EIICIT · / ► S · D · G ◄ v. Arn. 280.
Sch. 5909. Vorzügl. schön.
1585 Desgl. 1675. Av. Wie Nr. 1582. Rv. Aufschrift in 14 Zeilen endigend
/ TERRIS SVIS / EIICIT / · S · D · G · v. Arn. nicht. Sch. 5911. S. g. e.
1586 Desgl. 1675. FRID ⁝ WILH ⁝ D · G · M · BR · SRIARC & EL (drei
Blättchen). Der l. sprengende Kurfürst, hinter ihm im Felde in zwei
Zeilen OB SVBDITOS / SERVATOS Rv. Aufschrift in 14 Zeilen, endigend
/ DIEBUS TERRIS SUIS / EIICIT ⁝ / ► S · D · G ◄ v. Arn. 285a.
Sch. 5914. S. g. e.
1587 Desgl. 1675. Av. Genau wie vorher. Rv. Aufschrift in 14 Zeilen.
endigend / DONES 7 · DIEBUS TER · / SUIS / EIICIT ◄ / ► S · D · G ◄
v. Arn. 284. Sch. 5915. S. g. e.
1588 Desgl. 1675. Av. Wie Nr. 1583, mit dem r. sprengenden Kurfürsten.
Rv. PAX VNA TRIVMPHIS — INNVMERIS POTIOR Steh. behelmter
Genius, mit der Linken Kranz und Palmzweig erhebend, die Rechte auf
den den Scepterschild bedeckenden Kurhut legend. Im Abschn. LINVM ·
18 · IVN · / * 1675 * v. Arn. 288. O. 49b Sch. 5917. Vorzügl. erh.
1589 Desgl. 1675. Av. Wie Nr. 1584. Rv. Wie vorher, aber von ganz abweichender Zeichnung, die Flügel des Genius berühren fast den Helm,
die Spitze des Palmzweiges trifft fast das I in INNVMERIS, während
sie bei dem vorigen den äusseren Rand berührt etc. Im Abschn. F.
BELLINUM · 18 IVN / · 1675 · v. Arn. 287. O. 49a. Sch. 5919. Schön.
1590 Desgl. 1675. FRID · WILH · D · G · MAR · BR · S · R · I · ARCHIC ·
& ELECT · Der r. über ganz flaches Land dahinsprengende Kurfürst, über ihm das etwas ausgebogene Spruchband. Rv. PAX VNA
TRIVMPHIS — INNVMERIS POTIOR * Der steh. Genius, ohne Helm,
hält mit der Linken den Kranz, mit der auf den Kurhut gestützten
Rechten den Palmzweig. Im Abschn. LINVM · 18 · IVNY · / 1675 ·
v. Arn. 286. Sch. 5920. Vorzügl. erh.
1591 Kleine Med. auf denselben Sieg. FRID · WILH · D · G · — M · BR · E
ELECT · Belorb. römisch geharn. Brustb. l. Rv. AD FEHRBEL —
LINVM 18 IVN · Sitz. Victoria., im Abschn. 1675. O. 50a. A. 10,830.
Mm. 26. 7,7 Gr. Vortr. erh.
1592 Med. 1676 (v. G. Leygebe), auf den Kurfürsten und seine Gemahlin.
FRID · WILH · D · G · M · BRAN · S · ROM · I · ARCHIC · & ELECT ·
Belorb. Brustb. r. mit Perrücke. Rv. DOROTH · D · G · MAR · &ELECT ·—
BR · NAT · DU · HOLS · IN · GLUCK * Brustb. r., darunter G L Mit
Randschrift, wovon nur lesbar 1676 * DECVS O., A., H. nicht. Sehr
schön. *Abgebildet Tafel III.*
* Auch J. Friedländer in seiner Studie über Leygebe (Sallets Zeitschrift Bd. X.
S. 202 ff.) erwähnt diese Medaille nicht.

Medaillen und Schaumünzen. 71

1593 Doppelducat 1677 auf die Einnahme von Stettin (v. J. Höhn). FRID: WILH:EL:STETIN:POM:DUX & c Belorb. Kopf r. darunter I · H · Rv. FORTIOR HIS SIGNIS · Adler und Greif mit dem Kurscepter über der Stadtansicht. Im Abschn.: A° 1677 · 27 · DEC v. Arn. 158. S. sch.

1594 Desgl. 1677. FRID·WILH·EL·—STETIN·POM·DUXc Belorb. Brustb. r. mit antikem Ueberwurf, darunter I · H · Rv. Wie vorher. v. Arn. 159. S. schön.

1595 Ein zweites Exemplar. Gut erh.

1596 Desgl. 1677. Av. Wie vorher, aber ohne c nach DUX, und unter dem Brustb. I · H Rv. Wie vorher. Av. v. Arn. 161, Rv. v. Arn. 158. Vorzügl. schön.

1597 Desgl. 1677 (v. C. Sucro). FRID·WILH·EL·BR·STETIN POM·DVX· Belorb. Kopf r., darunter CS · Rv. LVCE RESVRGO NOVA · Stadtansicht, oben r. die Sonne, im Abschn. A : 1677 · 27 DEC : v. Arn. nicht. S. g. e.

1598 Silberabschlag vom Stempel eines Doppelducaten auf diesen Anlass, 1677. Im Allgemeinen wie Nr. 1593, aber der Lorbeerkranz trifft auf ST in STETIN :, bei Nr. 1593 auf das E Zu v. Arn. 158. 4,6 Gr. S. g. e.

1599 Desgl. 1677. FRID · WILH · EL · STETIN · POM · DVX & · Belorb. Kopf r., darunter CS · Rv. FORTIOR HIS SIGNIS · Adler u. Greif mit dem Kurscepter über der Stadtansicht, im Abschn. A · 1677 · 27 · DEC v. Arn. nicht. 4,9 Gr. S. g. e.

1600 Ein zweites Exemplar. 4,6 Gr. S. g. e.

1601 Desgl. 1677. Wie vorher, aber im Rv. reicht eine Wolke hinter dem Ende der Umschrift bis an den Rand. 4,6 Gr. S. g. e.

1602 Desgl. 1677. FRID · WILH · EL · BR · STETIN POM · DVX · Belorb. Kopf, darunter C · S · Rv. Wie vorher. 5 Gr. W. geh., gut erh.

1603 Desgl. 1677. FRID : WILH : EL · BR · STETIN POM · DVX Belorb. Kopf, darunter · CS · Rv. LVCE RESVRGO NOVA · Stadtansicht, darüber, am Ende der Umschrift, die strahlende Sonne. Im Abschn. A · 1677 · 27 · DEC 5 Gr. S. g. e.

1604 Desgl. 1677. FRID · WILH · EL · BR · STETIN · POM · DVX · Römisch geharn., belorb. Brustb. r., am Abschn. CS Rv. Wie vorher, aber ohne Punkt nach NOVA, und mit einer Arabeske unter der Schrift im Abschnitt. 5,5 Gr. Schön.

1605 Desgl. 1677. In der Zeichnung des Av. ganz wenig abweichend. 5,1 Gr. S. g. e.

1606 Desgl. 1677. FRID : WIH · EL · —STETIN · POM · DVX Belorb. Brustb. r., in röm. Harnisch mit Ueberwurf, darunter CS · Rv. Wie vorher, aber die Sonne am Anfang der Umschrift, und im Abschnitt statt der Arabeske zwei Palmzweige. v. Arn. 164. 4,9 Gr. S. g. e.

1607 Ein zweites Exemplar. Gut erh.

1608 Desgl. 1677. FRID · WILH · EL · — STETIN · POM · DUX &c Belorb. Brustb. r. mit Ueberwurf, darunter I H Rv. LUCE RESURGO NOVA Darstellung wie vorher, aber von ganz verschiedener Zeichnung. 6,4 Gr. Geh. S. g. e.

1609 Schöner Medaillon 1679 (v. J. Höhn). Vertreibung der Schweden aus Preussen. QUEM DIES VIDIT VENIENS SUPERBUM · Adler auf seinem Nest von einem Löwen angegriffen. Im Abschn.: A⁰ MDCLXXIIX Rv. HUNC DIES VIDET FUGIENS IACENTEM · Adler verfolgt den fliehenden Löwen. Im Abschn.: PRUSSIA LIBERATA / A⁰· MDCLXXIX Randschr.: ❀ IUSTUS ES DOMINE etc. O. 80. A. 10,872. Pn. 50. v. L. III. p. 264. Mm. 69. 89 Gr. Von schönster Erhaltung.

1610 Satyrische Med. o/J. (v. Joh. Bensheim) auf den schwedischen Uebermuth. NIMIUM NE CREDE SERENO· Von der Sonne bestrahltes Schiff auf hoher Welle, darunter: WAS IETZ FÆRHT / WOLCKEN AN· Rv. EXSURGUNT NUBILA PHOEBO· Schiff im Unwetter. Unten: BALD WIEDER SI / NCKEN KAN. O. 61. A. 10,873. Pn. 51. Mm. 45. 24 Gr. S. g. e.

1611 Desgl. auf dieselbe Begebenheit. 1679. Fliegender Mercur mit seinem Stab u. einem Geldbeutel über einer Landschaft. Rv. WER SAGEN / KAN WO MAN / IETZ FINDT / DIE LIEFLANDSCHE / SOLDATEN / DEM GEBEN WIRD / MERCVRIVS / DEN BEVTEL / MIT / DVCATEN / 1679 Im Felde daneben vertheilt: IN PREVSSEN O. 62. A. 10,874. v. L. III. p. 265. Pn. 52. Mm. 39. 18 Gr. Vortrefflich erhalten.

1612 Med. o/J. auf die Vertreibung der Schweden aus Preussen. Brustb. des Kurfürsten r. Rv. QVOD NON CERA CAPIT · — FAMA LOQVETVR ANVS· Geflügelte Posaune, oben Mond u. Sterne, unten ÆTERNITATI O. 63. A. 10,876. Pn. 54. Mm. 50. 47,5 Gr. Schön.

1613 Med. o/J. Anlässlich des Friedens von St. Germain. FRID · WILH · — D G · M · B · S · R · I · CAM : E · EL : Brustb. r. Rv. NON EXTIN-GVENTVR HONORES · Feuerspeiender Vulkan, im starken Regen. O. 64. A. 10,878. Pn. 55. Mm. 42. 28 Gr. Von schönster Erhaltung.

1614 Br. Schauthaler 1681. Huldigung der Stadt Magdeburg. Medaillon mit dem Brustb. des Kurfürsten durch drei Ketten mit der Stadt verbunden. Rv. SCEPTRIFERUM IAM PARTHENOPE etc. Die knieende Stadtgöttin vor dem brandenbg. Adler etc. O. 67. A. 10,885. Mm. 48. 29 Gr. S. g. e.

1615 Med. 1684 auf den Empfang des Hosenbandordens. FRID : WILH : D : G : M : BR · S · R · I · ARC · & ELECT : Belorb. Brustb. r., darunter · 1684 · Rv. Unter dem Kurhute der von dem Ordensbande umgebene Kurschild. Umher Armaturen. Mit Randschrift. O. 71. A. 10,899. Pn. 63. Mm. 48. 49,3 Gr. Vortreffl. erh.

1616 Bronze-Med. 1686, auf die der Stadt Hamburg gegen Dänemark geleistete Hülfe. Ansicht Hamburgs von der Hafenseite. Rv. ✱ EX AQVILÆ MONITIS etc. Sternbilder des Schwans und des Adlers, unten Abbildung der Sternschanze. Randschr. ✱ AUSPICE · CÆS · etc. Gaed. 1630. Pn. 67. Mm. 50. Schön.

1617 Guinea-Ducat 1682. · FRID) · W · D · G · — M · BR · & ELEC · Geh. Brustb. r. Rv. DEO · — DVCE · 1682 · Schiff, unten C S (Christ. Strikker). v. Arn. 175. Ad. Meyer 3. S. g. e.

Medaillen und Schaumünzen.

1618 Guinea-Ducat 1682. FRID : WILH : D · — · — G · M · BR · SR · IA · EL · Geh. Brustb. r., unter dem Armabschn. · CS · Rv. DEO — DVCE · 1682. Schiff, unten leerer Abschnitt. v. Arn. 177. Ad. Meyer 4. Schön.

1619 Desgl. 1683. FRID : WILH : D · G · M · BR · S · R · I · EL · Geh. Brustb. r., unter dem Armabschn. · LC · S · (Schneider). Rv. Wie vorher. v. Arn. 183. Ad. Meyer 6. Vortreffl. erh.

1620 Desgl. 1683. FRID : WILH · etc. Brustb. etc. wie vorher, aber · LCS · Rv. Wie vorher. v. Arn. 184. Ad. Meyer 8. S. g. e.

1621 Desgl. 1685. FRID : WILH : D · G · M · B · S · R · I · A · E · Geh. Brustb. r., darunter L CS Rv. DEO — DUCE · 1685 v. Arn. 194. Ad. Meyer 9. Sch.

1622 Desgl. 1686. Aehnlich wie vorher, aber im Av. & E · und der Abschnitt im Rv. ist durch eine Arabeske ausgefüllt. v. Arn. 196. Ad. Meyer 10. Treffl. erh.

1623 Desgl. 1686. FRID : WILH : D · GMBSRIAC & E Geh. Brustb. r. mit Kommandostab, von der Umschrift durch einen Strickkreis getrennt. Rv. DEO — DVCE · 1686 Das Schiff, darunter im Abschn. L C S zwischen Palmzweigen. v. Arn. 197. Ad. Meyer 11. S. g. e.

1624 Desgl. 1687. FRID : WILH : D · G · M · B · S · R · I · AC · & E · Wie vorher. Rv. DEO — DUCE · 1687 Sonst wie vorher. v. Arn. 204. Ad. Meyer 12. S. g. e.

1625 Med. 1688. Tod des Kurfürsten. FRID GUILIEL : D · G · M · & · ELECT · BR · SUP · D · DUX · PRUSSIÆ · & Brustb. v. vorn mit grosser Perrücke und Hermelinmantel, darunter · E · F · Rv. · * VIRTUS IN PROLE SUPERSTES * · Unter dem strahl. Namen Jehova ein Tisch mit den Kurinsignien, umgeben von einer kleinen Gallerie und 7 Bäumen. Oelr., H., etc. nicht. Amp. 10,921. Mm. 50. 52 Gr. Treffl. erh. *Abgebildet Tafel III.*

1626 Desgl. 1688. · FRID · WILH · D · G M · ET · EL · BR · SUP · D · DUX · PRUSS · Geh. Brustb. r., mit Ueberwurf, am Armabschn. · E · Rv. Genau wie vorher. O., H. etc. nicht. Amp. 10,922. Mm. 50. 43 Gr. Vortreffl. erh. *Abgebildet Tafel III.*

1627 Desgl. 1688. · FRID · WILH · — MAGN $_9$ EL · BRAND · Geh. Brustb. r. Rv. ULTIMA FRIDER : WILH : MAGNI ELECT : BRANDENB : Waffentrophäe, dahinter der preuss. Adler auf einer Fahne. Oben auf einem Spruchbande : VIREBO PROSPICIENTE DEO · PS · 92 O. 81. A. 10,929. Mm. 40. 47,5 Gr. Vortreffl. erh.

1628 Desgl. 1688 (v. B. Schultze). Büste r. auf mit Armaturen geschmücktem Postament. Rv. Wie vorher. O. 82a. A. 10,931. Mm. 33. 14 Gr. Sehr schön.

1629 Desgl. (v. dems.). Geh. Brustb. r. Rv. Wie vorher. O. 82b. A. 10,932. Pn. 73. Mm. 25. 7,5 Gr. S. schön.

1630 Med. o./J. (v. Jan Boskam). FRID : WILH : M · B · — S · R · I · A · CAM : E · EL · Geh. Brustb. r. Rv. Zwischen Kriegsarmaturen : FLOREBIT · — PERENNABIT · O. 83. A. nicht. Pn. 74. Mm. 54. 57 Gr. Vortrefflich erhalten.

Luise Henriette, Prinzessin von Oranien.
Erste Gemahlin Friedrich Wilhelms, geb. 1627, verm. 1646. † 1667.

1631 Sterbethaler 1667 LUDOVICA · D : G : MAR : AC · ELEC : BRAN : NAT : PR : ARAUS ✦ Büste l. auf einem Sockel. Rv. Unter dem mit Zweigen besteckten Kurhute fünfzeilige Aufschrift, zu den Seiten G—L (Leygebe), unten ✦ I ✦ L ✦ (Liebmann). O. 21. v. Arn 269. Sch. 5898. Schön.

1632 Desgl. 1667. ✱ LUDOVICA · D : G : MARCH : AC : EL : BRAND : NATA PRINC : ARANS Brustb. v. vorn. Rv. Wie vorher, aber von einem anderen Stempel. O. 22. v. Arn. 268. Sch. 5896. S. g. e.

1633 ¹/₂ Sterbethaler 1667. Av. Aehnlich wie vorher. Rv. Neunzeilige Aufschrift. v. Arn. 267. Sch. 5897. S. g. e.

1634 Desgl. 1667. LUDOVIC : DG : MAR : A : ELEC : BRAN · N : P : ARAUS : Brustb. l., darunter G L (Leygebe). Rv. Verzierte Schrifttafel mit Aufschrift in 6 Zeilen, unten I : — L : (Liebmann). O. 23a. v. Arn. 270. Sch. 5899. Treffl. erh.

1635 ¹/₄ Sterbethaler 1667. Chiffre C͡L (Churfürstin Luise) unter dem Kurhut, und Genius mit Lorbeerzweig, unten I L Rv. Reichsapfel auf Lorbeerzweigen, darunter siebenzeil. Aufschrift, zu den Seiten G—L O. 24a. S. g. e.

1636 ¹/₈ Sterbethaler 1667. LUDOVICA D · G · M · AC EL : BR : NAT · PR · ARAN Mit dem Kurhut bedecktes vierfeld. Wappen, worauf drei Mittelschilder, daneben I — L Rv. Reichsapfel auf Lorbeerzweigen, darunter 7 Zeilen Schrift. O. 23b. Dm. 25 Mm. Sch.

1637 Desgl. 1667. Av. Wie vorher, aber PR : AR · ✦ Rv. Aufschrift in 8 Zeilen. O.. A., H. nicht. Dm. 28 Mm. Schön. *Abgebildet Tafel IV.*

1638 Desgl. 1667. ✦ LUDOVICA D · G · MARCH : AC EL : BR : NATA PR : ARAN Gekr. Chiffre C͡L im Strickkreis. Rv. 8 Zeilen Schrift, darunter ● I ● L ● O.. A., H. nicht. Dm. 27 Mm. Schön. *Abgebildet Tafel IV.*

Siehe auch Nr. 1542 u. 1543.

Dorothea, Prinzessin von Holstein-Glücksburg.
Zweite Gemahlin Friedrich Wilhelms, geb. 1636, verm. 1653 mit Christian Ludwig von Braunschweig, Wittwe 1665, wieder verm. 1668, † 1680.

Siehe Nr. 1568, 1569, 1570, 1592.

Karl Emil, Kurprinz von Brandenburg.
Zweiter Sohn Friedrich Wilhelms, geb. 1655, † 1674.

1639 Ovale Med. 1673 (von G. Leygebe), auf seinen Feldzug im Elsass. CAROL · ÆMIL · D · G · M · BRAN · ELECT · HERES · Antik beh. Brustb. r., unten 1673. Rv. DE COELO FORTITU — DO · EST ✱ Aufsteigender Adler mit Schwert und Palmzweig, über ihm eine Hand mit Lorbeerkranz. O. 39. A. 10,807. Pn. 32. Mm. 48/38. 31 Gr. S. g. e.

Siehe auch Nr. 1550—1554, 1573.

Ludwig, Markgraf von Brandenburg.
Fünfter Sohn Friedrich Wilhelms, geb. 1666. † 1687.

1640 Zinn-Med. o.J. (1687), auf seinen Tod (v. Omeis). LUDOVICUS · DG · — MARCHIO · BRAND : Brustb. r. Rv. FATO — DIGNUS MELIORI · Ein Orangenbaum, von dem der Sturm einen Zweig abreisst, im Abschn. O · ❦ · O. 76. A. 10,913. Pn. 68. Mm. 39. Schön.

Friedrich III., Kurfürst, 1688—1701. Als König Friedrich I. von 1701—1713.

a) Als Kurfürst.

1641 Med. 1678 (v. G. Leygebe). Bestallung zum Statthalter der Mark. FRIDERIC · D · G · MAR · BRAN · ELECT · HERES & Jugendliches Brustb. r., darunter · 1676 · Rv. Unter dem strahlenden Gottesauge der preuss. Adler mit Lorbeerkranz u. Schwert, hinter ihm Spruchband mit: SVVM — CVIQVE · Unten Landschaft mit Stadtansicht. Im Abschn. G · L · G. 2. Pn. 75. A. 10,812. Mm. 47. 38 Gr. Schön.

1642 Med. o/J. auf seinen Feldzug als Kurprinz im Jahre 1679. FRIDERIC ·, D · G · — PRINC:ELECT:BRAND · Brustb. wie vorher. Rv. PATRIOS SEQVITUR AUSUS Junger Adler mit Lorbeerkranz u. Schwert, von der Sonne beschienen, schwebt über der Gegend von Pillau. G. 3. A. 10,938. Pn. 76. Mm. 47. 44,5 Gr. Schön.

1643 Med. 1684 (v. Karlsteen). Zweite Vermählung. FRIDERI · D · G · PR · — ELECTOR · BRAND · Brustb. r. mit grosser Perrücke. Rv. SOPHIA · CHARL · — PRINC · BRVN · ET · LVN · Brustb. r. Randschrift: ✱ CONNVBIO IVNCTI MDCLXXXIV · 28 · SEPTEMBR : G. 6. A. 10946. Pn. 79. Mm. 47. 72,5 Gr. S. schön.

1644 Med. o/J. (v. Schultz u. Faltz), auf den Regierungsantritt? FRIDERIC₉III · D · — G · M · B · S · R · I · AC & E · ⚜ Geharn. Brustb. r., am Armabschn. SCHULTZ Rv. SOPHIA · CHARL · D · G · ELECT · BRANDENB · Brustb. r., unter dem Arm R · FALTZ · A. 11,045. Pn. 119. Mm. 54. 64 Gr. Treffl. erh.

1645 Desgl. o/J. (v. Schultz). FRIDER · III · D · — G · M · B · S · R · I · AC & E · Geh. Brustb. r., darunter (nicht am Arm) SCHULTZ Rv. SOPHIA CAROL · — ELECTR · BRAND · Brustb. r., darunter SCHULTZ A. 10,948. Mm. 45. 40 Gr. S. schön.

1646 Desgl. o/J. FRID · III D · G · EL · — BR · SUP · DUX PRUSS · Brustb. r. im glatten Harnisch. Rv. SOPH · CHARL · D · G · — ELECTR · BRAND · Brustb. r. G. Anhang 2. A. 11,043. Pn. 120. Mm. 42. 27 Gr. erh. Treffl.

1647 Med. 1688 (v. Joh. Höhn). Huldigung der Mark. ✚ FRIDERICVS III D · G · MARCH · BRANDENB · S · R · I · ARCHIC · ET PRINC · ELECTOR · & C & C & C Brustb. des Kurfürsten mit grosser Lockenperrücke, von Lorbeerzweigen umrankt. Rv. ⚜ MARCH · BRAND · HOMAGIUM PRÆST · 14 · Jun · 1688 Um den Scepterschild viermal die gekr. doppelte Namenschiffre. G. 7. A. nicht. H. 1034. Pn. 80, abgebildet daselbst. Mm. 53. 53,7 Gr. Vortr. erh.

1648 Doppelducat 1688, auf denselben Anlass. FRIDER · III · D · G · M · B · S · R · I · A · & EL · Brustb. r. Rv. Wie vorher. v. Arn. 210. H. 1035. Sch.

1649 Silberabschlag hiervon. A. 10,950. H. 1036. Sch.

1650 Med. o/J. (v. J. Selter). FRIDER · III · DG · M · BRAND — S · R · I · A · C · ET · ELECT · Geh. Brustb. r., unter dem Armabschn. SELTER Rv. NEC · REGIBUS · IMPAR ⚹ Das geschweifte vielfeld. Wappen unter dem

Kurhut, auf 3 Kanonenrohren und einer grossen Trophäe von Waffen
und Fahnen liegend. Mm. 42. 38,2 Gr. S. g. e. *Abgebildet Tafel III.*
* Diese höchst seltene Medaille des pfälzischen Stempelschneiders J. Selter, die ich
nirgends beschrieben finde, dürfte wohl anlässlich des niederrheinischen Feld-
zuges 1689, vielleicht in Düsseldorf, geschlagen sehn, worauf sowohl die jugend-
lichen Züge des Brustbildes, als auch der kriegerische Revers schliessen lassen.

1651 Ducat 1690 auf die Königsberger Huldigung. PATRIIS VIRTVTIBVS
ORBEM · Schwebender Adler etc. Rv. Kurhut auf Zweigen und 8
Zeilen Schrift. v. Arn. 214. S. g. e.

1652 ½ Ducat 1690, auf dieselbe Huldigung. Wie vorher. Die Wolken unter
dem Adler hängen zusammen, im Abschnitt Punkt nach PROV v. Arn.
nicht. S. g. e.

1653 Desgl. 1690. Wie vorher, aber die Wolken getheilt, und kein Punkt
nach PROV S. g. e.

1654 Jeton (Silberabschlag des ½ Ducaten). Wie vorher, die Wolken hängen
zusammen. 2 Var.   2

1655 Desgl. Die Wolken sind getheilt. S. g. e.   2

1656 Bronze-Med. 1690. Wie vorher. Pn. 94. Mm. 33. Guss.

1657 Einseit. Zinn-Med. o/J. FRIDER · III · DG · M · B · — S · R · I · A · C ·
ET · ELECT · Geh. Hüftb. r. zwischen Trophäen. Mm. 46. S. g. e.

1658 Kurfürstenmed. 1690 auf die Krönung der Kaiserin Eleonore Magdalene
und des römischen Königs Joseph I. in Augsburg (v. G. Hautsch). Brustb.
Josephs, umgeben von 7 Medaillons mit den Portraits der Kurfürsten,
darunter Friedrich III. Rv. Gekr. Doppeladler mit den Portraits des
Kaisers und seiner Gemahlin. Mit Randschrift. Montenuovo 1216.
Pn. 90. Mm. 45. 39 Gr. S. g. e.

1659 Desgl. 1690 (v. P. H. Müller). Die Brustb. des Kaiserpaares r., umher
die Portraits der Kurfürsten. Rv. FILIUS ACCRES — CENS etc. Austria
und Hungaria unter einem Baume sitzend, auf diesem das Brustb. Josephs.
Mit Randschrift. Mont. 1210. Mm. 48. 37 Gr. Schön.

1660 Desgl. 1690 (v. dems.). Av. Wie vorher. Rv. NEC PLURI — BUS
IMPAR · Die Büsten Josephs, des Dauphins und des Sultans auf Posta-
menten etc. Mit Randschrift. Mont. 1211. Mm. 48. 46 Gr. Treffl. erh.

1661 Auswurfsmünze 1690, bei demselben Anlass. ELECTOR — BRANDEN-
BVRG Der r. reitende Kurfürst. Rv. NON — FLECTITVR Von
Winden bestürmte Säule. H. 1032. Mm. 17. 2,7 Gr. Schön.

1662 Guinea-Ducat 1688. FRIDER · III · D · G · M · B · S · R · I · A · &
EL · Brustb. r. im Gewand. Rv. DEO — DUCE · 1688 Schiff. Im
Abschn. LCS (Schneider) über Palmzweigen. v. Arn. 212. Ad. Meyer 15.
Schön.

1663 Desgl. 1690. FRID · III · D · G · — M · B · S · R · I · AC · & E Deutsch
geh. Brustb. r. Rv. Wie vorher, aber im Abschn. ✲ L · C · S ✲
v. Arn. nicht. Ad. Meyer 17 (dessen Exemplar, Unicum). S. g. e.

1664 Desgl. 1692. FRID · III · D · — G · M · B · S · R · IAC & E · Römisch
geh. Brustb. r., darunter S · Rv. DEO — DUCE Das Schiff, daneben
16—9Z, im Abschn. L · C · S v. Arn. 219. Ad. Meyer 18. S. schön.

Medaillen und Schaumünzen. 77

1665 Guinea-Ducat 1694. Wie vorher. v. Arn. 222. Ad. Meyer 20. S. g. e.
1666 Silberabschlag 1692. Wie vorher, mit S unter dem Brustb. und LCS im Rv. H. 1093. Ad. Meyer 19. S. schön.
1667 Schau-Thaler 1692 auf die Magdeburger Huldigung. Stadtansicht, darüber der l. fliegende preuss. Adler. Rv. Knieende Frau, über welcher der preuss. Adler ein Füllhorn ausschüttet. G. 25. Sch. 5962. v. Arn. 326. Mm. 49. 36,5 Gr. Von schöner Erhaltung.
1668 Desgl. 1692. Stadtansicht, darüber das Brustb. des Kurfürsten im Medaillon etc. Rv. Lorbeerbaum in dessen Schatten eine Frau sitzt. G. 26. Sch. 5963. v. Arn. 327. Mm. 49. 36,4 Gr. S. g. e.
1669 Desgl. 1692. Stadtansicht, darüber der preuss. Adler u. göttl. Hand. Rv. Hoher Felsen, auf welchem ein Adler. Umher Landschaft mit Schäfer, Landmann etc. G. 27. Sch. 5964. v. Arn. 328. Mm. 49. 43,7 Gr. S. g. e.
1670 Med. 1692 (v. Faltz). Bau der Schlossbrücke in Berlin. FRIDER·III· D·G·M·BRAND·S·R·I·A·C·ET·ELECT· Römisch geh. Brustb. r., von dem Harnisch ist nur ganz wenig sichtbar. Rv. VTILITATI·PVBLICÆ· Ansicht der neuen Brücke etc., im Abschn. 4 Zeilen Schrift. G. 28. A. 10,997. H. 1091. Pn. 100. Mm. 48. 58 Gr. Vortr. erh.
1671 Desgl. 1692 (v. dems.). Wie vorher, aber deutsch geh. Brustb. mit Ueberwurf. Mm. 48. 57 Gr. Mit Ring zum Tragen. S. g. e.
1672 Bronze-Med. 1693 (v. R. Faltz). Bau des Hetzgartens zu Berlin. Av. Wie Nr. 1670. Rv. HILARITATI·PVBLICAE Der Hetzgarten. Im Abschn. PERFECTO·EDENDIS / VENATIONIBVS·THEATRO· / M·DC·XCIII· G. 29. A. 11,002. Pn. 104. Mm. 50. S. g. e.
1673 Med. 1694 (v. dems.). Bau der Berliner Schleuse. Av. Wie vorher. Rv. LIGNEAM·INVEN·LAPID·RELINQVIT Ansicht der Schleuse mit den angrenzenden Häusern, im Abschn. M·DC·XCIV· G. 30. A. 11,007. Pn. 105. Mm. 49. 56 Gr. S. g. e.
1674 Gleiche Med. in Bronze. S. g. e.
1675 Zwitter-Bronze-Med. 1697 (v. Hautsch), auf den Besuch der Festung Königstein. MAIORVM HAVD VNQVAM INDIGNVS AVORVM· virg. Beforb. Kopf r., im Abschn. FRIDERICVS D·G·REX / PRVSS·PIVS· FELIX·/AVG·P·P Rv. NON EXSVPERABILE SAXVM· Ansicht der Festung, im Abschn. CIƆ IƆXCVII. H. 1129. Mm. 43. S. g. e.
1676 Zinn-Med. o/J. (v. Faltz), auf die Gebrüder Dankelmann. INTAMINATIS· FVLGET·HONORIBVS· Landschaft, darüber das Siebengestirn. Rv. 8 Zeilen Schrift. G. Anhang 5. A. 11,049. Pn. 113. Mm. 49. S. g. e.
1677 Med. 1699. Einweihung der Akademie der Künste in Berlin. IN COMMVNE QVAERVNT Helm, vorne Widder, oben Sphinx. Umher Bienen. Rv. In Kranzeinfassung: ACADEMIA / REGIA BORVSSICA / ARTIVM LIBE-RAL: / FVNDATA·ANNO / MDCXCIX / DIE MARTII / XX G. nicht. A. 11,080. H. 1136. Pn. 114. Mm. 32. 14,5 Gr. Von schöner Erhaltung.
1678 Bleimedaille 1700 (v. R. Faltz) mit dem Grundriss der neu erweiterten Residenzstadt. FRIDER·III·D·G·MARCH·BRAND·S·R·I·A·C·ET·ELECT Geh. Brustb. r. Rv. ORNAVIT·ET·AVXIT·

78 Medaillen und Schaumünzen.

Grundriss von Berlin. Im Abschn.: POMOERYS · ÆDIFICYS · / CIVI-
BVS · ARTIBVS · / COMMERCYS · G. 38. A. 11,038. Pn. 116. Mm. 65.
S. g. e.
1679 Dieselbe Med. (Blei). Jede Seite separat abgeschlagen. Schön.
1680 Zwitter-Bronzemedaille (v. dems.) auf denselben Anlass. FRIDER ·
PRIMVS · D · G · REX · BORVSSIAE · Belorb. Brustb. r. Rv. Wie
vorher. Mm. 66. S. g. e.
1681 Bronze-Prämienmedaille der Kunstakademie (v. dems.). Brustb. r. Rv.
Hercules. Pn. 118. Mm. 65. Guss.

b) Als König.

1682 Krönungsmed. 1701 (v. G. Hautsch). IM REICH DIESES KÖNIGS HAT
MAN DAS RECHT LIEB · PS · 99 · V · 4 Gekr. Brustb. r. Im Abschn.
vierzeilige Aufschrift. Rv. ICH HABE MEINEN KÖNIG EINGESETZT
AVF MEINEM HEILIGEN BERGE · PS · 2 · Schwebender Engel mit
Krone u. Schild über der Stadt Königsberg. Im Abschn. vierzeilige
Aufschrift. G. 48. A. 11,064. Pn. 127. Mm. 43. 34,4 Gr. S. g. e.
1683 Desgl. 1701 (v. P. H. Müller). NEC — VIRTVTI — GLORIA DEEST
Pallas u. Borussia halten ein Medaillon mit dem Brustb. des Königs
und die Krone. Rv. RESTITVIT NOMENQVE DECVSQVE Sitzende
gekr. Borussia mit Scepter, hinter ihr die Fama etc. Beiders. im Ab-
schn. vierzeilige Aufschrift u. ein Stern. Randschr. CONVENIENS ·
UT · SCEPTRA etc. G. 50. A. 11,066. Pn. 129. Mm. 45. 33 Gr.
Vorzüglich erhalten.
1684 Desgl. 1701 (v. G. Hautsch). FRIDERICVS D·G·PRIMVS BORVSSIÆ
REX · Geb. Brustb. r. Rv. CONVENIENS, VT SCEPTRA etc. Der
König empfängt von der Germania die Königskrone. Im Abschn.:
GLORIA NOVI SAECVLI · / 18 · IAN · 1701 · Randschrift: AGGREDERE
O MAGNOS · etc. G. 52. A. 11,069. Pn. 130. Mm. 35. 15. Gr. Sch.
1685 Desgl. 1701 (v. R. Faltz). FRIDER · PRIMVS · D · G · REX · BORVSSIAE ·
Belorb. Kopf r., darunter R · F · Rv. Adlerschild im Ordensband, umher
viermal die gekr. doppelte Namenschiffre. G. 44. A. 11,058. H. 3550.
Mm. 25. 7 Gr. Sch.
1686 Königsberger Krönungsducat 2701. FRIDERICUS REX Belorb. Kopf r.,
im Abschn. UNCT: REGIOM / D: 18 IAN · Rv. PRIMA MEÆ GENTIS
Krone, im Abschn. 1701 Zu v. Arn. 240. H. 3555. S. g. e.
1687 Berliner Krönungsducat 1701. FRIDER · PRIMVS · D · G · REX ·
BORVSSIAE · Bel. Kopf r. Rv. Fünffeld. Wappenschild, umher viermal
die gekr. Namenschiffre, oben 17—01, unten L C — S ⚜ v. Arn. 241.
H. 1166. Sch.
1688 Silberabschlag dieses Ducaten. H. 1161. Schön.
1689 Königsberger Krönungsthaler 1701. FRIDERICUS REX Belorb. u. geh.
Brustb. r., darunter C G 1701 (Caspar Geelhar). Rv. SUUM—CUIQVE
Gekr. Adler, umher viermal die gekr. Namenschiffre. v. Arn. 349.
Sch. 1762. S. g. e.

Medaillen und Schaumünzen. 79

1690 Zinn-Zwitter-Med. o/J. (v. Hautsch. u. Nürnberger). Av. Wie Nr. 1675.
Rv. CYLLENIVS HÆRET ET COELVM MARS SOLVS HABET Ein
Astrolog giebt einem Clienten Auskunft. G. A. etc. nicht. Mm. 43. S. schön.

1691 Medaillon 1701 (v. Chr. Wermuth) zum 45. Geburtstage des Königs
von der Akademie der schönen Künste in Berlin gewidmet. D · G ·
FRIDERIC₉ REX BORVSS · M · BR · S · R · I · A · C · ET ELECTOR.
Belorb. u. geh. Brustb. r. Rv. PVBLICAE FELICITATIS MONVMENTVM
Steh. weibl. Figur mit Füllhorn, z. i. Seiten 3 Genien mit den Emblemen
der schönen Künste. Im Hintergrunde die Akademie. Im Abschn.
6 zeilige Aufschrift. G. 62. A. 11,081. Mm. 62. 138,5 Gr. Sehr schön.

1692 Desgl. o/J. (1701 v. F. Marl) auf die Einweihung der Kunstakademie.
FRIDER ▲ PRIMVS ▲ D ▲ G ▲ REX ▲ BORVSSIAE ▲ Belorb. und geh.
Brustb. r., unter dem Armabschn. F · MARL · Rv. EVROPAE ▲ TERTIA ▲
GERMANIAE ▲ PRIMA ▲ Sitz. Borussia reicht einem mit den Attri-
buten der Künste vor ihr stehenden Knaben den Kranz. Im Abschn.
ACAD · ARTIVM · ELEGANTIORVM · / FVNDATA · BEROLINI · D ·
I · / IVL · MDCXCVI · G. A. etc. nicht. Vossb. II. 22. Mm. 66.
136,5 Gr. S. schön.

1693 Med. o/J. (v. F. Marl) auf das vollendete 44. Lebensjahr des Königs,
von der Gesellschaft der Wissenschaften gewidmet (1701). FRIDER ·
PRIMVS · D · G · REX · BORVSSIAE · Belorb. Kopf r. Rv. COGNATA ·
AD · SIDERA · TENDIT · Aufsteigender Adler. Im Abschn.: SOCIETAS ·
SCIENTIARVM · / REGIA · FVND·BEROLINI·OPT·PRINC·NATAL· /
XLIV · G. 63. A. 11,083. Pn. 135. Mm. 49. 58,3 Gr. Trefflich erhalten.

1694 Med. o/J. auf die Pacification von Holland (1702, von Nic. Chevalier in
Utrecht). FREDERICVS · I · REX · BORVSSIÆ Brustb. r. Rv. DITAT
QVÆ LVSTRAT Gekr. Adler mit Füllhorn reicht der sitz. Pallas eine
Medaille etc. Im Abschn. NIC · CHEVALIER / INVENIT Av. H. 1167.
Rv. G. 64. Mm. 37. 19 Gr. S. schön.

1695 Med. 1703 (v. J. Boskam). Einnahme von Geldern. FRIDER ✱ PRIMVS ✱
D ✱ G ✱ REX ✱ BORVSSIAE ✱ Geharn. u. bel. Brustb. r. Rv. VINCIT ·
INVICTAM · Der König, auf einem Sessel sitzend, wird von der hinter
ihm steh. Victoria gekrönt. Vor ihm die knieende Stadtgöttin mit den
Schlüsseln. Im Hintergrunde die beschossene, brennende Stadt. Im
Abschn.: GELDRIA · PRIMVM · / EXPVGNATA · / CIƆIƆCCIII G. 70.
A. 11,098. Pn. 139. Mm. 60. Bronze, versilbert. S. sch.

1696 Zinnmedaille 1703 (v. Wermuth). Bündniss mit Karl XII. von Schweden.
Brustb. Friedrichs r. Rv. Brustb. Karls XII. r. Mit Randschr. A. 11,097.
Pn. 138. Mm. 32. Sch.

1697 Med. 1704 (v. dems.). Beendigung des Schlossbaues in Berlin. Geharn.
u. belorb. Brustb. r. Rv. Das vollendete Schloss, in der Abschnitts-
vertiefung: INSTAVRANTE SCHLUTERO ARCHITECT·DIRECTORE ·
G. 71. A. 11,105. Mm. 63. Bronze, vergoldet. S. sch.

1698 Bleimed. 1705 (v. Faltz). Tod der Königin Sophia Charlotte. Brustb.
des Königs. Rv. Allegorische Figuren am Sarkophag. A. 11,109. Mm. 60.
Guss. Gut erh.

Medaillen und Schaumünzen.

1699 Med. 1706 (v. Wermuth). Zweite Säcularfeier der Universität Frankfurt a. d. Oder. FRIDERICVS D : G · REX BORVSS · Belorb. und geh. Brustb. r. Rv. OPTATA REFERT EXORDIA SECLI · Weibl. Figur überreicht dem König einen Phönix auf der Erdkugel. Im Abschn. 7 Zeilen Schrift. Randschrift: * AVSPICIIS SESE etc. G. 82. A. 11,138. Pn. 150. Mm. 32. 14,6 Gr. Vortr. erh.

1700 Med. 1706 (v. dems.) auf die erste Berliner Messe. FRIDERICVS D : G · REX BORVSS · Belorb. u. geh. Brustb. r., unten C · WERMVTH · Rv. NVLLO DISCRIMINE · Henne mit ihren Jungen. Im Abschn.: TROS RVTI — / — LVSVE · Randschr.: * PRIMIS BEROLINI NVNDINIS AMPLIFICATIS · KALENDAS NOVEMBRIS · MDCCVI G. 91. Vossb. II. 25. A. etc. nicht. Mm. 32. 14 Gr. Gut erh.

1701 Jeton 1707 (v. Jean Patry). Huldigung von Neuenburg. FRID · D · G · REX · BOR · ET · ELECT · Belorb. Brustb. r., darunter I. P · Rv. IE · RENDS · A · CHAQVVN · LE · SIEN · Hand aus Wolken reicht einem sitz. Mann eine Landkarte. Haller, A., H. etc. nicht. Mm. 26. 5 Gr. S. g. e.

1702 Med. 1708 a. s. B. Vermählung mit Sophie Luise von Mecklenburg. NOVA GAUDIA MUNDO Jupiter u. Juno in ihrem Wagen l. Im Abschn.: FRIDERIC, I·D·G·REX PRUSS / ET SOPHIA LOUISA / PRINCEPS / MECKLENB · Rv. UNIT COGNATI FLUMINIS UNDAS · Die Flussgötter Spree u. Warnow. Im Abschn. NUPTYS D · 28 NOVEM · / ANNO 1708 / FELIC · CELE · / BRATIS G. 122. A. 11,165. Pn. 164. Mm. 35. 14,6 Gr. Von schöner Erhaltung.

1703 Med. 1708 (v. Chr. Friedr. Lüders) a. dieselbe Begebenheit. REDIIT SVA GEMMA CORONAE · Hand aus Wolken fügt der Königskrone den darin fehlenden Diamanten bei. Rv. FRIDERICO / REGI BORVSSIAE / ET / SOPHIAE LOISAE / PRINCIPI MEGAPOLIT : etc. G. 123. A. 11,106. Pn. 165. Mm. 35. 21 Gr. Vortrefflich erhalten.

1704 Desgl. 1708 auf dieselbe Begebenheit. SOPHIA y LOYSA y HERTZOGIN y ZV y MECKL y Weibl. Arm mit Ring. Im Felde vertheilt: ICH / GEBE RING VND / HERZ — DIR KÖNIG / FRIEDRICH / HIN Rv. FRIEDRICH y 1 y KÖNIG y IN y PREVSSEN Geharn. Arm mit Krone, im Felde: SO GEB / ICH DIR DIE / KROHN — DV HERTZENS / KÖNIGIN / 1708 · G. 124. A. 11,167. Mm. 35. 14,5 Gr. S. g. e.

1705 Blei-Med. 1708 (von Koch) auf dieselbe Begebenheit. Die beiden Brustb. r. neben einander. Rv. CONCORDIA FELICI Zwei weibl. Figuren mit den Wappen von Preussen u. Mecklenburg. G. 115. A. 11,160. Mm. 47. S. g. e.

1706 Goldene Med. 1709, auf die Anwesenheit der Könige von Polen und Dänemark in Berlin. TRIANGV = / LVS MAIE = / STATICVS In einem Dreieck die drei Köpfe, an den Kanten die Namen. Rv. Aufschrift in 10 Zeilen. Wie G. 125, aber kleiner, und ohne Medailleurnamen. Vergl. Beskr. over danske Mynter T. 14, 2. Mm. 37. 17,2 Gr. Schön.

1707 Med 1709 (v. Grosskurt), auf denselben Anlass. Wie vorher. G. 125. A. 11,170. Pn. 168. Mm. 44. 36 Gr. Vorzügl. schön.

1708 Med. 1709 (v. Wermuth). Auf denselben Anlass, und die Taufe der Prinzessin Fried. Sophie Wilhelmine. NOSTRI—SAECVLI—FELICITAS Das Dreieck etc. wie vorher. Rv. Aufschrift in 16 Zeilen, darunter C·W· Zeile 5 steht FRIDERICORVM Zeile 10 und 11 FRIDERICA SOPHIA WILHELMINA Av. G. 126. Rv. G. nicht. H. 1223. Mm. 44. 31,5 Gr. Vorzügl. schön.

1709 Gleiche Med. in Bronze. Schön.

1710 Med. 1709 (v. dems.), auf dieselben Anlässe. SIC BENE RESPON—/— DET etc. Das Dreieck. Rv. Wie vorher, aber Zeile 5 FRIDERICO-RVMb, Zeile 10 n. 11 FRIDERICA SOPHIA / WILHELMINA G. 127. Mm. 44. 53,5 Gr. S. g. e.

1711 Miniaturmed. 1710. Bündniss mit August II. v. Polen. FRIDER · I · D · G · REX BORVSS · Kopf r., unten 1710. Rv. AVGVSTVS · II · REX POLONIAE · Kopf r. G. nicht. A. 11,178. Mm. 15. 1,7 Gr. Schön.

1712 Sterbemed. 1713 (v. Wermuth). FRIDERICVS I · D · G · REX BORVSS · Geh. u. belorb. Brustb. r. Rv. SEMPER IN INCREMENTO Zwei weibl. Figuren mit der Krone und vier Wappenschilden, im Abschn. DONEC OBIRET / MDCCXIII · / D · XXV · FEBR · G. p. 480. A. 11,195 (Bleiguss). Mm. 63. 119,5 Gr. Schön.

1713 Desgl. 1713 (v. dems.). Av. Wie vorher. Rv. Aufschrift in 27 Zeilen. G. p. 481. A. 11,197. Mm. 63. 88,5 Gr. S. schön.

1714 Desgl. 1713 (v. dems.). FRIDERIC9 · REX BORVSS · EL · BRAND: P · P · Belorb. u. geh. Brustb. r. Rv. AD PACEM STABILEM Pietas mit dem König im Wolkenwagen und die Klugheit l. stehend vor den Kron-Insignien. Im Abschn. 5zeil. Aufschrift. G. p. 483. A. 11,198. Pn. 173. Mm. 43. 46,5 Gr. Sehr schön.

1715 Desgl. 1713 (v. dems.). FRIDERICVS D : G · REX BORVSS · Brustb. wie vorher. Rv. NON SEDES NEC AMICA QVIES PRIVS: Aufsteigender Adler im Sternenhimmel. Im Abschn. vierzeilige Aufschrift. G. p. 483. A. 11,201. Pn. 176. Mm. 32. 14 Gr. Vorzüglich schön.

1716 Desgl. 1713 (v. dems.). FRID · REX · BORVSS · EL · BR · PR · AVR · Belorb. u. geh. Brustb. r., unten C · W · Rv. HAEREDITATEM SER-VORVM DOMINI Auf einem Kissen die Kroninsignien. Im Abschn.: ACCIPIT / SVVM CVIQVE / VIVENS REDDERE PROFESSVS / NEC OBLITVS IN MORTE / XXV · FEBR · ANNO · QVO / ANIMA DATA POLO CORPVS FVNERI / GLORIOSO · KAL · MAII · G. p. 483. A. etc. nicht. Pn. 177 (Bronze). Mm. 27. 7 Gr. Schön.

1717 Dergl. 1713 (v. dems.). Av. Wie vorher. Rv. PACEM ATQVE QVIETEM Sarkophag, im Abschn. vierzeil. Aufschrift. G. p. 484. A. 11,200. Pn. 175. Mm. 27. Bronze. S. g. e.

1718 Desgl. 1713 (v. Koch). VIRTVTIBVS OCCVPAT ORBEM Untergehende Sonne. Rv. Aufschrift in 13 Zeilen. G. nicht. A. 11,199. H. 1248. Pn. 174. Mm. 31. 12,8 Gr. Vortrefflich erhalten.

1719 Sterbe-Ducat 1713. Bel. Brustb. r. Rv. A REGIA AD — COELESTEM Krone auf einem Sockel etc. v. Arn 282. H. 1249. S. g. e.

1720 Silberabschlag hiervon. H. 1250. Schön.
1721 Aehnlicher Silberabschlag, die Av.-Umschrift beginnt oben. H. 1252. S. g. e.

Elisabeth Henriette von Hessen-Cassel.
Erste Gemahlin Friedrichs I., geb. 1661, verm. 1679, † 1683.

1722 Bronze-Med. 1683 (v. Höhn), auf ihrem Tod. ELISABETA — HENRIETTA Brustb. r. Rv. FRID · PRINC · EL · BRAND · CONI · NAT · LANDG · HAS · Kurhut auf einem Sockel, an welchem eine Aufschrift in 8 Zeilen, unten III · G. nicht. v. Arn., Thaler 312. A. 10,911. Mm. 46. S. g. e.

1723 Doppelducat 1683, auf denselben Anlass. Aehnlich wie vorher. G. 5. v. Arn. 180. H. 1027. Vortreffl. erh.

1724 ¼ Thaler 1683, auf denselben Anlass. Aehnlich wie vorher, aber im Rv. auf dem Kurhut ein Reichsapfel, dessen Kreuz die Umschrift zwischen BRAND · und CONI · trennt. A. 10,944. H. 1028. S. g. e.

Sophie Charlotte von Braunschweig.
Zweite Gemahlin Friedrichs I., geb. 1668, verm. 1684, † 1705.

1725 Bronze-Med. 1691 (v. Karlsteen). Brustb. r. Rv. MON · DEVOIR · FAIT · MON · PLAISIR · Bienenstock, im Abschn. 1691 G. p. 487. Pn. 99. Mm. 50. S. sch.

1726 Med. o./J. (v. Faltz). SOPHIA · CHARL · D · G · ELECT · BRANDENB · Kopf r., darunter R · FALTZ Einseitiger Abschlag. Mm. 48. 8,5 Gr. Schön.

1727 Med. o./J. (v. Karlsteen). SOPHIA · CHARL · D · G · REG · BORVSSIAE · Brustb. r., darunter · K · Einseitiger Zinn-Abschlag. Mm. 53. Schön.

1728 Sterbe-Med. 1705 (v. Wermuth). SOPHIA CHARL · — D · G · I · REGINA BORVS Belorb. Brustb. r. Rv. EFFVGIVNT STRVCTOS NOMEN HONOSQ · ROGOS Pyramide, unten r. C·W·, im Abschn. 6 Zeilen Schrift. G. 77. H. 1258. Mm. 32. 14,5 Gr. Schön.

1729 Desgl. 1705 (v. dems.). SOPH : CHARL : — REG : BORVS · Brustb. r., darunter C·W· Rv. MELIORI ORNATA Krone auf einem Kissen, im Abschn. 4 Zeilen Schrift. G. nicht. A. 11,117. H. 1263. Mm. 26. 7 Gr. S. g. e.

1730 Desgl. 1705 (v. dems.). Av. Wie vorher. Rv. MELIORI — ORNATA Krone, Scepter und Reichsapfel auf einem Kissen, darüber Sternenkrone. Im Abschn. 4 Zeilen Schrift. G. 80. A. 11,116. H. 1261. Mm. 26. 7,3 Gr. Schön.

1731 Sterbemed. 1705 (v. Boskam). LVCTVS — PVBLICVS Zwei weibliche Figuren etc. am Sarkophag. Rv. 19 Zeilen Schrift, darunter I · BOSKAM · F· G. 73. Blei, jede Seite apart. Mm. 59. S. g. e.
Siehe auch Nr. 1643, 1644, 1645, 1646, 1698.

Sophie Luise von Mecklenburg.
Dritte Gemahlin Friedrichs I., geb. 1685, verm. 1708, † 1735.

Siehe Nr. 1702, 1703, 1704, 1705.

König Friedrich Wilhelm I., 1713—1740.

1732 Med. 1688 auf seine Geburt. Aufschrift in 8 Zeilen, FAVST · NATALIB, etc. darüber Palmzweig und Lorbeerzweig gekreuzt, so dass die Palmblätter über FAVST · und die Lorbeerblätter über NATALIB, stehen. Rv. EX VTROQVE Greif l. G. 9. H. 1151. Pn. 179. Mm. 25. 7 Gr. Sch.

1733 Med. 1688. Ganz wie vorher, aber die Lorbeerblätter kommen über FAVST. und die Palmblätter über NATALIB, Mm. 25. 7 Gr. S. g. e.

1734 Bronze-Med. o.J. (v. R. Faltz). FRID · WILH · D · G · PRINC · EL · BRAND · FRID · III · FIL. Geh. Brustb. r. Rv. PATRIOS · IAM · — CONCIPIT · IGNES. Adler im Nest, von der Sonne beschienen. Im Abschn.: AVGVSTÆ. SPEI. A. 11,206. Pn. 185. Mm. 48. S. g. e.

1735 Med. 1706 (v. Halter?) Vermählung mit Sophie Dorothea von Braunschweig. FRID: WILH: ET · — SOPH: DOROTH: Die beiden Brustb. l., darunter Spruchband mit SIC DEA IVNCTA DEO A · 1706 D 28 NOV Rv. CRESCAT IN MYRIADES — POSSIDEAT PORTAS HOSTIVM Das Paar als Elieser und Rebekka, zwischen ihnen am Boden H, im Hintergr. die Kameele am Brunnen. Im Abschn. 3 Zeilen Schrift. Zu G. 96, wo das H fehlt. Mm. 53. 58,5 Gr. S. g. e.

1736 Desgl. 1706. FRID : WILH : ET · SOPHIA · DOROTHEA Brustb. u. Spruchband wie vorher. Rv. Wie vorher, aber die Umschrift nicht unterbrochen und nach derselben ein Punkt, die Medailleurchiffre fehlt. Mm. 53. 29 Gr. S. g. e.

1737 Desgl. 1706. FRIDER: WILH: ET · SOPHIA · DOROTHEA Die Brustb. ähnlich wie vorher, jedoch sieht man hier den Brustharnisch des Prinzen, während bei den vorhergehenden Nrn. der Arm ihn verdeckt. Spruchband wie vorher. Rv. Wie vorher, aber die Figuren sind viel kleiner. A. 11,129 (in Zinn). Cat. Ad. Meyer 3350 (dessen Exemplar). Mm. 53. 43,5 Gr. S. g. e.

1738 Desgl. 1706 (v. Halter). FRID · WILH · ET · SOPHIA · DOROTHEA · Die beiden Brustb. l. Rv. ✱ ✶ ✱ / PRIMI / REGNI PRVSS: / HÆREDIS CONIUGIUM / FELIX · / 28 · NOV · / 1706 / · HFH · G. 98. Mm. 30. 14,5 Gr. Sch.

1739 Desgl. 1706 (v. Lüders). FRID · WILH · ET · SOPHIA · DOROT · Die beiden Brustb. l., darunter C · F · L · Rv. PRIMI / REGNI PRVSS · HEREDIS / CONIVGIVM / FELIX / 28 · NOV · / 1706 G. nicht. A. 11,132. H. 1267. Pn. 184. Mm. 28. 7,1 Gr. S. g. e.

1740 Desgl. 1706 (v. Boskam). LAETITIA · PVBL · REDVX · Venus auf Wolken und Hymen, im Abschn. 3 Zeilen Schrift. Rv. 9 Zeilen Schrift. G. 95. A. 11,127. Blei. Jede Seite apart. Mm. 60. Schön.

1741 Vermählungsducat 1706. FRID: WILH: ET · SOPHIA · DOROTHEA · Die beiden Brustb. l. Rv. ✱ ✶ ✱ / PRIMI / REGNI PRVSS / HÆREDIS CONIUGIUM / FELIX · / 28 · NOV · / 1706 / · HFH · v. Arn. 254. H. 4521. Vortr. erh.

1742 Desgl. 1706. Wie vorher, aber im Av. FRID · WILH · etc. und im Rv. ✱ ✶ ✱ v. Arn. 255. S. g. e.

1743 Desgl. ½ Ducat 1706. Wie vorher, mit HFH im Rv. v. Arn. nicht. Vortr. erh.

1744 Desgl. 1706. Wie vorher, aber · HFH · v. Arn. nicht. S. g. e.

1745 Desgl. ¼ Ducat 1706. FRID · WILH · ET · SOPH · DOROTH · Die beiden Brustb. l. Rv. PRIMI / REGNI PRVSS / etc. · · · · · 1706 HFH v. Arn. nicht. Sch.

Medaillen und Schaumünzen.

1746 ¹/₄ Vermählungsducat 1706. FRID : WILH : ET · SOPH : DOROTH : Wie vorher. Rv. ·*· / PRIMI / etc. HF · — · H · bogig neben 1706. v. Arn. 452. H. 4522. Sch.

1747 Desgl. 1706. FRID : WILH : D · G · REX · BORUSS · (sic!) Wie vorher. mit den beiden Brustb. Rv. Wie vorher. S. g. e. Wahrscheinlich Unicum. *Abgebildet Tafel IV.*

1748 Med. 1706 (v. Wermuth), als Rector magnificus der Universität Frankfurt a. O. FRID · WILH · REGN : ET EL · B : HÆR · Geh. Brustb. l. Rv. Aufschrift in 14 Zeilen: SECVLI / NASCENTIS / HEROI NOVO / etc. G. 83. A. 11,139. Pn. 151. Mm. 32. 14,5 Gr. S. g. e.

1749 Desgl. 1706 (v. dems.) auf denselben Anlass. FRID · WIL · D · G · · PR · HÆR · COR · BOR · In einem Oval Brustb. des Kronprinzen l. Rv. LAVDIBVS EN VIRTVS SIC ÆMVLA etc. Trophäe u. Globus etc. Randschr.: RECTOR · MAGNIFICENT · etc. G. 287. A. 11,142. Laverrenz T. 27, 96. Mm. 20. 5,15 Gr. Vortreffl. erhalten.

1750 Zinnmed. 1706 (v. dems.), Doctor-Promotion in Oxford. Geh. Brustb. l. Rv. Aufschrift in 20 Zeilen IN / DOCTOREM / IVRIS / etc. G. 89. A. etc. nicht. Mm. 32. S. schön.

1751 Med. 1713 (von dems.). Huldigung in Berlin. FR · WILH · REX BOR · EL · BR · PR · AVR · Belorb. und geh. Brustb. r. Rv. Aufschrift in 15 Zeilen: CVM / DIVO PARENTI / FRIDERICO I · / etc. A. 11,207. H. 1278. Mm. 27. 6,5 Gr. S. g. e.

1752 Bleimed. 1713. Zwei aufwärts fliegende Adler mit den Porträts des grossen Kurfürsten und Friedrichs I., und ein abwärts fliegender Adler mit dem Kurscepter und Bildniss Friedrich Wilhelms. Darüber MAGNI ET PACIFICI, daneben GEMINUM INSTAR · unten bogig CERNIS — IN UNO Im Abschn. In COELUM HI TENDUNT / COELITUS ALTER ADEST Rv. MAIOR IN OCCASU PARITER QUOQUE MAGNUS AB ORTU Zwischen einer auf- und einer untergehenden Sonne ein Stück des Erdballs, worauf Cleve, Berlin und Königsberg angedeutet sind, darüber Spruchband mit ADORAMUS UTRUMQUE. im Abschn. SOLES IRE ET REDIRE / VIDES An dem Erdball unten N Mm. 53. Jede Seite apart. Sch.

1753 Med. 1713 (v. F. Marl). Reformations-Feier. FRIDERICVS · WILHELMVS · D · G · REX · BORVSS · EL · BRAND · Brustb. r., am Armabschn. F · MARL · Rv. CONFESSIONIS · / EVANG · REFORMATAE · / A · IOH · SIGISM · EL · BRAND · ADOPT · / A · GEORG · WILHELMO · / PROMOTÆ / A · FRID · WILHELMO · FIRMATÆ / A · FRID · R · PRVSSIAE AMPLIATAE · / FRIDERICVS · WILHELMVS / SECVLAREM · PRIMVM · / ANNO · REGNI · PRIMO · / EGIT · / D · XXV · DEC · / A · MDCCXIII · A. H. etc. nicht. Mm. 51. 60 Gr. S. g. e. *Abgebildet Tafel IV.*

1754 ¹/₂ Königsberger Huldigungsthaler 1714. FRID · WILH · D · G · etc. Geh. Brustb. r., zwischen Arm und Ordensband £ Rv. 8 Zeilen Schrift. v. Arn. 384. Sch. 1789. H. 3597. S. g. e.

1755 ½ Königsberger Huldigungsthaler 1711. FRID · WILH : D : G : etc.
33, — Geh. Brustb. r., zwischen Arm und Ordensband klein M Rv. Wie vorher.
H. nicht. Treffl. erh.

1756 Med. 1715. Eroberung von Stralsund. DREY · FRIDRI — CHE · KAN ·
13, — MAN · — HIER · SEHEN · Dreieck mit den 3 Köpfen. Rv. WER ·
MAG · DENSELBEN · WIEDER · STEHEN · Ansicht der eingenommenen
Stadt etc. A. 11,239. Pn. 190. Mm. 34. 14 Gr. Vorzüglich schön.

1757 Bronze-Med. 1715. Einnahme von Rügen u. Stralsund. Dreieck worin
29, — drei Hände etc. Rv. Ansicht. Mit Randschr. A. 11,241. H. 4043.
Mm. 43. S. g. e.

1758 Vierducatenstück 1721, Huldigung von Stettin. (Abschlag des ½ Thalers).
2 75 — Geh. Brustb. r., darunter L Rv. Aufschrift in 13 bogigen Zeilen
v. Arn. 350. S. g. e.

1759 ½ Thaler 1721, auf denselben Anlass. Wie vorher. v. Arn. 399. Sch. 1803.
12, 50 S. g. e.

1760 Desgl. 1721. Wie vorher. Rv. Aufschrift in 11 geraden Zeilen, im
18, — Absch. · F · M · v. Arn. 400. Sch. 1804. H. 3994. S. g. e.

1761 Thalerklippe 1728. Besuch in Dresden. Gekr. Namenschiffre. Rv. Acht-
41, — zeil. Aufschrift. Mad. 3006. H. 1347. Sehr schön.

1762 Thalerförm. Med. 1730. FRIDERIC₉ WILHELM₉ D · G · REX · BOR ·
105, — EL · BRAND · Geh. Brustb. r., darunter L Rv. Gekr. Namenschiffre
FWR, darunter 1730 · K · v. Arn. 402c. Vorzügl. schön.

1763 Med. 1732 (v. C. Wermuth), auf den Geburtstag des Königs und die
Salzburger Emigranten. FRIDERICVS WILHELMVS etc. Belorb. u.
225, — geh. Brustb. r., darunter EVANGELICISSIMVS Rv. Doppelter Schrift-
kreis: PROCESSIO MAGNA EMIGRANTIVM SALISBVRG · & c · · ·
Die Emigranten durch eine Landschaft ziehend. H. 1360. Zeller 8.
Mm. 52. 60 Gr. Treffl. erh.

1764 Emigrantenmed. 1732 (v. P. P. Werner). Geh. Brustb. r. Rv. GEHE IN
13, — EIN LAND etc. Steh. Borussia und Emigranten. H. 1361. Zeller 9.
Pn. 206. Mm. 44. 28,5 Gr. Stgl.

1765 Desgl. (v. dems.). Wie vorher, nur der Harnisch des Königs anders
12, — gezeichnet. Mm. 44. 30 Gr. S. g. e.

1766 Desgl. 1732. ICH WILL EVCH DAS REICH etc. Christus und die
Emigranten. Rv. Christus und Andreas. H. 1363. Zeller 21. Pn. 210.
6 50 Mm. 32. 8,5 Gr. S. schön.

1767 Desgl. 1732. GEHE AVS DEINEM VATTERLAND etc. Auszug der
Emigranten. Rv. VND DV SOLLT EIN SEEGEN SEYN etc. Einzug
derselben. H. 1362. Pn. 209. Mm. 37. Zinn. S. schön.

1768 Schraubmed. 1732, auf dieselben. Wie Nr. 1764/65, aber mit einem dritten
28, — Av.-Stempel. Mm. 45. 29 Gr. Mit 19 color. Einlagen. Schön.

1769 Desgl. 1732. Nach Preußen hat euch Gott gesandt Der König
55, — und Emigranten. Rv. Gott fördere das Werck unserer Hände Die
Emigranten eine Kirche bauend. Zeller 34. Einlage 19 color. Bilder.
Mm. 45. 22 Gr. S. g. e.

1770 Schraubmed. 1732. Gehe aus seinem Vatterland etc. Ausziehende Emigranten. Rv. Die Könige sollen etc. Der König und Emigranten. Zeller 35. Pn. 216. Mm. 45. 22 Gr. S. g. e.

1771 Desgl. 1732. Gehe aus deinem Lande etc. Gruppe von Emigranten. Rv. Seuch in ein Land Der sitz. König etc. Zeller 38. Pn. 217. Mit 19 color. Einlagen. Mm. 45. 25,5 Gr. S. g. e.

1772 Grosser Medaillon 1733 (v. P. P. Werner) auf die Truppenschau am 27. Juni, beim Einzuge des neuvermählten kronprinzlichen Paares (Friedrich II. u. Gem.) zwischen Berlin und Charlottenburg. FRID Y WILH Y D Y G Y REX Y BORVSS Y EL Y BRAND Y Y Geharn. Brustb. r. mit umgelegt. Hermelinmantel. Rv. PRO DEO — ET MILITE Darstellung der Parade, oben strahlendes Dreieck, unten: BEROL · MDCCXXXIII — N · A. 11,313. H. 1373. Pn. 218, abgebildet daselbst. Mm. 133. 544 Gr. Von vorzüglich schöner Erhaltung.

1773 Med. 1733 (v. Koch). Vermählung der Prinzessin Philippine Charlotte, Tochter des Königs, mit dem Erbprinzen Karl von Braunschweig. FRIDERICVS WILH · D · G · REX · BORVSS · EL · BR · Geh. Brustb. r. Rv. GEMINA PRAECLARIOR Opferaltar. Im Abschn. FRID · WILH · BOR · REG · FILIA / PHILIPP · CAROL · PRINC · CAROL · / DVC · BRVNSVIC · & LVNEB · / NVPTA BEROL · I IVL · MDCCXXXIII A. 11,309. Mm. 68. 117,5 Gr. S. schön.

1774 Schau-Thaler 1733. Gründung der französisch-reformirten Kirche in Königsberg. Geh. Brustb. r., unten Mo (Marl) TEMPLO GALLIS OB REFORMATA etc. Die neue Kirche. v. Arn. 105. Sch. 1807. H. 3611. S. g. e.

1775 Med. 1735 (v. Koch). FRIDERICVS WILH · REX BORVSS · EL · BR · Geh. Brustb. r., darunter Hcch Rv. Spruchband mit REVIRESCENDO Zur Sonne auffliegender Adler über einer Landschaft, im Vordergr. M · IAN · 1735. (A. 11,319 u. H. 1383 in Blei.) Mm. 60. 88 Gr. Stgl.

1776 Med. 1740 (v. Werner). Tod des Königs. Geharn. Brustb. r. Rv. OPTIMI SVCCESSORIS PIETAS ERGA PATREM · Pyramide etc. Im Abschn. NAT · 1688 : MORT · 1740 · A. 11,327. Pn. 220. Mm. 14. 29,5 Gr. Vorzüglich schön.

1777 Zwitter-Zinn-Med. (von dems.). Av. Wie vorher. Rv. ANNI TERMINVS TERMINAT ARMA Friedrich II. in antiker Tracht neben einer Trophäe. Im Abschn. PAX CONCLVSA / MDCCXLV. Mm. 44. S. g. e.

Sophie Dorothea von Braunschweig.
Gemahlin Friedrich Wilhelms I., geb. 1687, verm. 1706, † 1757.

1778 Vermählungsmed. 1706 (v. Hannibal). SOPH · DOROTH · REG · PR · — RORVSS · NAT · PR · BR · ET · LVN · Brustb. r. Rv. FELIX · RENOVATI · FOEDERIS · OMEN · Regenbogen über dem Meer. Im Abschn. OB NVPT · HAN · CELEBR · / XIV · NOV · M · DCC · VI · G. 93. A. 11,126. Pn. 180. Mm. 60. 116,3 Gr. Vorzügl. erh.

1779 Desgl. 1706 (v. dems.). Brustb. r. Rv. AVGET · FLAMMA · DECVS Schmelztiegel. G., A., H. nicht. Pn. 183. Mm. 27. 9 Gr. S. g. e.

Medaillen und Schaumünzen. 87

1780 Vermählungsmed. 1706 (v. Kohler). Wie vorher. A. 11.125. H. 1269.
Pn. 182. Mm. 23. 7 Gr. Schön.
1781 Med. 1754 (v. Georgi) auf ihren Geburtstag. Brustb. r. Rv. EX
PERENNITATE FELICITAS • Landschaft. Im Abschn. D • 27 •
MARTII • 1754 • A. 11,424. Pn. 257. Mm. 35. 14,6 Gr. Stgl.
Siehe auch Nr. 1735—1717.

Friedrich Ludwig.
Erster Sohn Friedrich Wilhelms, geb. 1707. † 1708.

1782 Med. 1707 (v. Halter). Widmung der Stadt Magdeburg anlässlich seiner
Geburt. SANCTÆ PRIMITIÆ Eine Garbe, im Hintergr. auf einem
Berge der Tempel zu Jerusalem. Im Abschn. SOLO POLOQUE GRATÆ •
Rv. Aufschrift in 16 Zeilen: PRIMAM SOBOLEM REGIAM / etc. Rand-
schrift: PRIMI PARAM PRIMO GENTVM etc. Unten • H F II • G. 107.
A. 11,152. Mm. 54. 58 Gr. S. g. e.
1783 Med. 1707 (v. dems.) auf dieselbe Begebenheit. NEC IMBELLEM -
PROGENERAT • Herkules l. schreitend, vor ihm der kleine Prinz auf
einem Kissen liegend und zwei Schlangen erwürgend. Rv. Aufschrift in
11 Zeilen VIVAT! / HEROS AB INCVNABVLIS etc. Mit Randschrift.
G. 109. A. 11,154. Pn. 161. Mm. 54. 58 Gr. Gut erh.

Friedrich Wilhelm.
Zweiter Sohn Friedrich Wilhelms I., geb. 1710. † 1711.

1784 Med. 1710 (v. G. Hautsch), auf seine Geburt. AVREAE STIRPIS -
AVREVM POMVM Orangenbaum, über den zwei Adler eine Krone
halten. Rv. Horoscop des Prinzen in orangenförm. Figur, umher:
CORONA BOR • cvm IOVE CVLMINANS etc. Randschr. AVREA
STIRPS etc. G. 129. A. 11,176. H. 1271. Pn. 170. Mm. 45. 30 Gr.
Leicht pol., s. g. e.

Friederike Luise, Markgräfin von Brandenburg-Ansbach.
Tochter Friedrich Wilhelms I., geb. 1714, verm. mit Markgraf Karl Wilhelm Friedrich 1729. † 1784.

1785 Goldene Vermählungs-Med. 1729. CARL • WIL • FRID • MARCH • BR *
FRID • LVDOVICA • PR • BOR • Die beiden Köpfe einander gegenüber.
im Abschn. NVPT • PERACT • BEROL • / CIƆ IƆ CCXXVIIII / W II •
Rv. PERPETVO • Opferaltar. Im Abschn. VOTA PVBLICA • / WH
Spiess, A., H. etc. nicht. Mm 32. 14 Gr. Schön. *Abgebildet Tafel IV.*
1786 ½ Vermählungs-Thaler 1729. Wie vorher, aber im Abschnitt des Av.
statt W H ein V. (Vestner), im Rv. keine Medailleur-Chiffre. Sch. 6180. Sch.
1787 Bronze-Vermählungs-Med. 1729 (v. Vestner). Av. Aehnlich wie vorher.
Rv. SIC GENVS AMBORVM etc. Stammbaum, an dessen Fuss Kurfürst
Johann Georg. A. 11,293. Mm. 74. Gut erh.

Karl Friedrich August, Erbprinz von Ansbach.
Sohn der Vorigen, geb. 1733, † 1737.

1788 Med. 1734 (v. P. P. Werner) auf seinen Geburtstag. SPES AVCTA
DOMVS Auf Postamenten die Büsten des Königs Friedrich Wilhelm
u. des Markgrafen, umher 3 allegor. Figuren. Im Abschn. PR • IVV •
BR • ON • NATAL • / ALT • CEL • Rv. SIMILES - VT TENDAT-IN AVSVS •

88 Medaillen und Schaumünzen.

Ansicht von Ansbach, darüber zwei grosse und ein kleiner Adler. Im Abschn. MDCCXXXIIII · / D · VII · APR · A. 11,317. Mm. 44. 30,1 Gr. Treffl. erh.

Philippine Charlotte, Herzogin von Braunschweig.
Tochter Friedrich Wilhelms, geb. 1716. verm. 1733 mit Herzog Karl von Braunschweig. † 1801.

1789 Vermählungsducat 1733. Gekr. verschlungene Namenschiffre. Rv. Aufschrift. v. Arn. 397. S. schön.

1790 ½ Vermählungsthaler 1733. Wie vorher. Sch. 7086. H. 1428. S. g. e.

1791 Vermählungs-Doppelgroschen 1733. Wie vorher. H. 1429. S. g. e. Siehe auch Nr. 1773.

Luise Ulrike, Königin von Schweden.
Tochter Friedrich Wilhelms I., geb. 1720, vermählt 1744 mit Adolph Friedrich, Kronprinz von Schweden, † 1782.

1792 Vermählungs-Med. 1744 (v. J. C. Hedlinger). LUDOVICA ULRICA B· PRINCEPS SVECIAE Brustb. r. Rv. COELO—DEMITTITVR—ALTO· Adler mit Perle etc. A. 4860. Hild. II. S. 125, 1. Pn. 226. Mm. 33. 15 Gr. S. schön.

Friederike Sophie Wilhelmine von Oranien.
Enkelin Friedrich Wilhelms, Tochter des Prinzen August Wilhelm (1722—1758), geb. 1751, verm. 1767 mit Wilhelm V. von Oranien, Erbstatthalter der Niederlande, † 1820.

1793 Vermählungs-Med. 1767 (v. C. van Moelingen). Beider Brustb. r. Rv. SPES PATRIAE—POPULI DELICIÆ · Zwei Liebesgötter mit Herzen über einem Altar schwebend etc. Im Abschn. NUPTIÆ·CELEBRATÆ/etc. A. nicht. H. 1868. Verf. v. L. 403. Pn. 249. Mm. 43. 15 Gr. Vorzügl. schön.

1794 Desgl. 1767 (v. dems.). Gleiche Darstellungen wie vorher, nur kleiner. A. 11,495. H. 1869. Pn. 250. Mm. 37. 22 Gr. Vorzügl. schön.

1795 Desgl. 1767 (v. J. G. Holtzhey). SOPHIA WILHELMINA PR · REG · BOR · AVR · VXOR · Brustb. l. Rv. WILH · V · D : G · PR · AR etc. Brustb. r. Verf. v. L. 413. Mm. 34. 10,5 Gr. Gel., sonst schön.

1796 Desgl. 1767 (v. dems.). Beider Köpfe gegenübergestellt. Rv. FAVSTO — OMINE · Auf einem Altar beide Wappen, darüber gekrönter Adler etc. Im Abschn. MDCCLXVII A. 11,492. H. 1867. Verf. v. L. 405. Pn. 252. Mm. 45. 27 Gr. Vorzügl. schön.

1797 Desgl. 1767 (v. Abraham). Beider Köpfe r. Rv. PRETIOSIOR — ISTIS · Adler mit Perle im Schnabel fliegt auf die r. unten sitzende Hollandia zu etc. Im Abschn. NVPT · CEL · BEROL · / D · IV · OCT · MDCCLXVII · A. 11,493. H. 1865. Verf. v. L. 406. Pn. 253. Mm. 43. 36 Gr. Treffl. erh.

1798 Desgl. 1767 (v. Georgi). Beider Brustb. r. Rv. SPES · UTRIUSQUE · SOLIS · Hymen mit Fackel. Im Abschn. 1767. A. 11,494. H. 1866. Verf. v. L. 411. Pn. 254. Mm. 35. 15 Gr. Schön.

Friedrich Wilhelm August, Prinz von Preussen.
Enkel Friedrich Wilhelms I., Sohn des Prinzen August Ferdinand (1730—1813), geb. 1779, † 1843.

1799 Med. 1843 (v. Brandt), auf seinen Tod. Kopf l. zwischen Lorbeerzweigen. Rv. Eichenkranz mit Schlachtnamen, im Felde HELDENMUTH / UND / PFLICHTTREUE Pn. 597. Mm. 47. 44 Gr. Vorzügl. schön.

König Friedrich II., 1740—1786.

1600 Med. 1712, auf seine Geburt. D·G·FRID·WILH·REG·BOR·HAER·PRINC·AVR Brustb. des kleinen Prinzen mit befiedertem Helm, worauf ein Adler sitzt. Im Abschn. A DEO DATVS / XXIV·IAN·MDCCXII· Rv. NVBILA·PELLIT· Ein aufgehender Stern vertreibt die Wolken. Im Abschn. 5 Zeilen Schrift: EXOPT·NATALLB·FRIDERICI PRINC· PRVSS etc. G. nicht. A. 11,187. Mm. 49. 58 Gr. Sehr schön.

1801 Vermählungsducat 1733. Gekr. verschlungene Namenschiffre. Rv. Aufschrift. v. Arn. 396. H. 1425. Treffl. erh.

1802 Desgl. ¼ Thaler 1733. Wie vorher. v. Arn. 404. Sch. 1806. Schön.

1803 Bronze-Medaillon 1740 (v. Dassier). Thronbesteigung. Geharn. Brustb. v. vorn. Rv. REX NATURÂ· Ein Adler über Königsberg schwebend. Mm 54. A. 11,344. H. 3651. Pn. 222. Gut erh.

1804 Königsberger Huldigungsducat 1740. Kopf r. Rv. Steh. Justitia. v. Arn. 420. H. 3652. S. g. e.

1805 Silberabschlag desselben. H. 3653. S. g. e.

1806 Med. 1740. Huldigung in Berlin. Kopf r., unten I·H·BARBIEZ Rv. VERITATI / ET / IVSTITIÆ Im Abschnitt: HOMAG : BEROL·/ D·3·AVG·/ MDCCXL v. Arn. 409. H. 1444. Mm. 39. 22 Gr. S. g. e.

1807 Berliner Huldigungsducat 1740. Wie vorher. v. Arn. 421. H. 1446. S. g. e.

1808 Silberabschlag desselben. H. 1447. S. sch.

1809 Bronze-Spott-Med. 1742, auf die pragmatische Sanktion. Mont. 1707. Wh. 7857. Mm. 43. Schön.

1810 Med. 1742 (v. A. R. Werner u. Oexlein). Breslauer Frieden. Brustb. r. Rv. PRONEPOS MAIOR etc. Büste des grossen Kurfürsten auf einem Postament, und Fama. A. 11,373. H. 4067. Mm. 44. 29,3 Gr. Sehr schön.

1811 Ducat 1746, auf die Trockenheit in Schlesien. WASSER Wassermühle, im Abschn. ZU WENIG / 1746 Rv. WIND Windmühle, im Abschn. GENVNG v. Saurma 184. Schön.

1812 Breslauer Schulprämie o/J. Geh. Brustb. r. Rv. PRÆMIVM DILIGENTIÆ etc. Beh. Stadtwappen. H. 4052. Mm. 40. 19 Gr. Schön.

1813 Med. 1750 (v. Georgi). Akademie der Wissenschaften. Belorb. Kopf r. Rv. NEC SATIS EST DUO REGNA TENERE· Scepter, Schwert u. Schreibfeder ins Kreuz gelegt. A. 11,420. H. 1523. Pn. 234. Mm. 34. 21,7 Gr. S. schön.

1814 Desgl. 1751 (v. dems.). Belorb. Kopf r. Rv. COGNATA AD SIDERA TENDIT· Ein nach den Sternen fliegender Adler. A. 11,541. H. 1550. Pn. 235. Mm. 29. 10,5 Gr. Schön.

1815 Desgl. (v. Abraham). Belorb. Brustb. r. Rv. Wie vorher. A. 11,542. Pn. 236. Mm. 33. 14 Gr. Vorzügl. schön.

1816 Med. 1752. Säcularfeier des westphäl. Friedens in Schweidnitz. Die Brustb. Kaiser Ferdinands III. und Friedrichs II. einander gegenüber. Rv. Chronogramm. A. 11,424a. H. 4424. Mm. 35. 12,4 Gr. Schön.

1817 Med. 1757, a. d. Sieg bei Prag. Siegesgöttin auf einer Kanone etc. Rv. Genius an eine Pyramide schreibend. Amp. 11,431. Henck. 1619. Mm. 32,5. 13,2 Gr. Sehr gut erh.

1818 Med. 1757. Sieg bei Rossbach. FRIDERICVS MAGNVS REX BORVS-
SORVM · etc · ' Belorb. u. geh. Brustb. r. Rv. NEQUE JOVIS · · FUL-
MINA TERRENT Hercules im Kampf mit dem französ. Adler. Im
Abschn. PRAELIUM PROPE ROSBACH / D · 5 NOV · MDCCLVII
A., H. etc. nicht. v. Saurma 206. Rv. Cat. Farina 249. Mm. 49. 40,7 Gr.
Vorzügl. schön.

1819 Med. 1757 (v. Ulitsch). Sieg bei Lissa. FRIDERICUS MAGNUS
BORUSSORUM REX · etc. Der l. sprengende König. Rv. UT LAPSU
GRAVIORE — RUANT · Der preussische Adler treibt den kaiserlichen
Doppeladler aus seinem Neste. A. 11,139. H. 4418. Cat. Farina 248.
Mm. 42. 29,9 Gr. S. g. e.

1820 Dresdner Occupationsducat 1757. Brustb. Friedrich Augusts. Rv. Das
polnisch-sächsische Wappen, darunter FR etc. H. 1623. Schön.

1821 Dresdner Occupations-Ausbeutethaler 1757. Wie vorher. v. Arn. 415 a.
C. Sch. 4761. Cat. Ad. Meyer 3590. S. schön.

1822 Ein zweites Exemplar. S. g. e.

1823 Dresdner Occupationsthaler 1757. Wie vorher, aber an Stelle der Namens-
chiffre ein Reichsapfel. v. Arn. 418. S. g. e.

1824 Geringhaltiger Kriegs-Augustd'or 1758 mit Brustb. Augusts III. r
H. 1636. Stgl.

1825 Noch 2 Exemplare. S. g. e. 2

1826 Bronze-Med. 1758. FRIDERICVS · III · D · G · ROY DE · PRUSS : Der
König zu Pferde l., im Abschn. MDCCLVIII· Rv. NON SOLI CEDIT
Zur Sonne auffliegender Adler. Mm. 38. S. g. e.

1827 Bronze-Med. 1758. FRIDERICVS · III · — D · G · ROY · DE · PRUSS ·
Belorb. u. geh. Brustb. r. Rv. UNTER DEN SCHATTEN · DEINER
FLÜGEL · etc. A. 11,452. H. 1633. Mm. 42. S. g. e.

1828 Schraub-Med. 1759 (v. Mörikofer). FRIDERICUS MAGNUS REX
BORUSSORUM · Brustb. l. Rv. VERITATIS PARADOXA · Sitz.
Klio etc. Einlage: Historia in Nuce etc. 40 Kupferstiche zur Geschichte
der drei schlesischen Kriege. H. 1643. Mm. 51. 31,7 Gr. Schön.

1829 Bronze-Med. 1759. Wie vorher. Mm. 51. Schön.

1830 Kunersdorfer Siegesrubel 1759, mit Brustb. der Kaiserin Katharina.
Sch. 600. H. 3078. S. g. e.

1831 Med. 1760. Schlacht bei Torgau. Av. Wie Nr. 1818. Rv. CEDAT ILLE —
HIC CEDERE NESCIT Zwei sich stossende Widder, im Hintergr. ein
Terminus. Im Abschn. PROPE TORGAV · 3 NOV / MDCC LX · A. 11,469.
H. 4734. Mm. 49. 42,9 Gr. Schön.

1832 Eins. Messing-Nothmünze von Cosel, 1761 zu 1 Groschen. COSEL '
Zwischen zwei Ziegenköpfen I / 17—61 ' ⚬ G G ⚬ Maill. nicht. v. Saurma
T. 44, 3. Mm. 23. Gut erh.

1833 Desgl. 1761, 1 Gröschel. I (Ziegenkopf) GR / COSEL / 1761 Maill. T. 68, 2.
v. Saurma T. 44,5. Mm. 18. S. g. e.

1834 Med. 1763. Hubertusburger Frieden. GENUNG GEFOCHTEN UND
GESIEGT Sitz. Mars, unten r. IR Rv. DA UNS DIE FRIEDENS POST
VERGNÜGT Postillon l., im Abschn. 1763. H. 1654. Mm. 30. 10,5 Gr. S. g. e.

Medaillen und Schaumünzen. 91

1835 Med. 1763 (v. Georgi), auf denselben Anlass. Brustb. r. Rv. .ETERNAE CONCORDIAE· Drei Wappen etc. A. 11.181. H. 1656. Mm. 32. 13,2 Gr. Vorzügl. schön.

1836 Ducat 1763, auf denselben Anlass. Steh. Pax. Rv. Das Hubertusburger Schloss. v. Arn. 466. H. 1649. S. g. e.

1837 Schraubmed. o/J. (v. A. Remshart, Augsburg). Umschrift vertieft FRIDERICVS — REX BORVSSOR : EL : BRAND : Der König l. reitend, im Hintergr. Lager. Rv. EX UTROQUE — MANEMUS · Hand mit Waage etc. Einlage 17 color. Bilder. A. 11,483. Mm. 46. 23 Gr. S. g. e.

1838 Med. 1764 (v. Georgi). Verbesserung des Münzwesens. Brustb. r. Rv. REDEUNT IN AURUM TEMPORA PRISCUM Goldwaage, Münzen etc. Im Abschn. MONETÆ REG · REST · / D · I · IUN · 1764 · A. 11,485. H. 1166. Mm. 35. 16 Gr. Stgl.

1839 Med. 1766 (von Abramson), a. d. Akademie der Wissenschaften. Brustb. r. Rv. Im Kranz SCIENTIARUM : ET / LITTERARUM INCREMENTO Mm. 32. 13 Gr. Sch.

1840 Achteckige Bronze-Marke der französ. reformirten Gemeinde in Königsberg 1769. ● MEREAV DE L'EGLISE FRANCOISE ● Abendmahl, darunter MDCCLXIX Rv. KOENIGSBERG — EN — PRUSSE Zwei verschlungene Hände über einem Altar. Mm. 32/26. S. g. e.

1841 Med. 1772 (von Abraham) auf die Besitznahme des Netze-Distrikts. FRIDERICUS BORUSSORUM REX · Belorb. Brustb. r. im Pallium. Rv. REGNO · REDINTEGRATO · Knieende weibl. Figur überreicht dem r. im römischen Gewande sitzenden König eine Karte etc. Im Abschn. FIDES · / PRÆSTITA · MARIEBURGI · / MDCCLXXII · A. 11,498. H. 3941. Pn. 256. Mm. 53. 54 Gr. Schön.

1842 Med. 1777 (von Abramson) a. d. Erbauung des Bibliothekgebäudes. FRIDERICUS BORUSS · REX URBES ÆDIBUS ORNANS Belorb. Brustb. l. Rv. DIGNUS ET HAC Schwebender Genius legt die Städtekrone auf einen Altar etc. Im Abschn. BIBLIOTHECA etc. A. 11,511. Pn. 262. Mm. 53. 53,8 Gr. Sehr schön.

1843 Med. 1779 (v. dems.). Friede zu Teschen. Die Brustb. Josephs II. und Friedrichs II. einander gegenüber. Im Abschn. GERMANIA/GAUDET· Rv. DIE XIII MAII etc. Zwei gekr. Säulen etc. A. 11,520. H. 1786. Mm. 43. 28,4 Gr. Stgl.

1844 Desgl. 1779 (v. dems.). FRIDERICVS BORVSSORVM REX Brustb. l. Rv. HANC—INCRUENTA FRAXINUS Sitz. Borussia auf Wolken etc. H. 1780. Mm. 42. 28,3 Gr. Vorzügl. schön.

1845 Desgl. 1779 (v. Loos), auf denselben Anlass. Büste des Königs auf einem Postament, daneben zwei allegor. Figuren. Rv. OLIVA LAURO POTIOR Bellona ihren Helm bekränzend, etc. A. 11,517. H. 1785. Mm. 43. 28,8 Gr. S. schön.

1846 Sog. Hoymgroschen 1781, von der Breslauer Judenschaft dem Gouverneur von Schlesien, Grafen von Hoym zum Geburtstage gewidmet. Kopf d. Königs r. Rv. Oben D · 20 · AUGUST · Adler, unten 17 B 81 H. 4251. v. Saurma 190. Schön.

1847 Med. 1782 (v. Abramson). Belohnung an Ant. Mulard für Rettung von 13 preuss. Schiffbrüchigen. FRIDERICUS BORUSSORUM REX Belorb. Brustb. r. Auf dem erhabenen äussersten Rande Umschrift: ANT: MVLARD etc. Rv. SUB HOC FIDELI TUTA — etc. Schiff im Sturm. A. 11,530. H. 1803. Pn. 264. Mm. 46. 41,7 Gr. Vortreffl. erhalten.

1848 Med. 1783 (v. dems.), auf die Seiden-Industrie. FRIDERICVS—INSTAV-RATOR Belorb. Brustb. l. Rv. INDVSTRAE SERICAE PRVSS• Seide spinnendes Mädchen etc. Im Abschn. BR • MDCCLXXXIII A. 11,531. H. 1811. Pn. 267. Mm. 38. 21 Gr. S. schön.

1849 Desgl. Wie vorher, ohne Medailleurchiffre. Pn. 268. 24 Gr. Geh. Gut erh

1850 Med. 1785 (v. D. Loos). Säcularfeier des collegii medici. FRID • M • GLORIA etc. Belorb. Brustb. r. Rv. PRO SAL•POP• etc. Hygiea mit Medaillon des grossen Kurfürsten auf einem Postament r. Im Abschn. BEROLINI D•XII NOV•/MDCLXXXV• A. 11,527. H. 1825. Pn. 272. Mm. 42. 27 Gr. S. schön.

1851 Med. 1785 (v. Abramson), auf die Justiz-Reform. FRIDERICVS LEGIS-LATOR Geb. Brustb. r. mit Hermelinmantel. Rv. QVAERE VERI-TATEM ET LEGEM DOCE Steh. Themis hält in der L. eine Waage, in deren Schalen Pflugschar und Stab gegen Scepter und Krone das Gleichgewicht halten, in der R. ein Schwert, womit sie auf zwei Bücher deutet. Auf diesen steht ORDO / IVDI / CIALIS und CODEX / LEGVM Im Abschn. MDCCLXXXV A. 11,533 (in Bronze). H., Pn. etc. nicht. Mm. 66. 115,2 Gr. Vorzügl. schön.

1852 Med. 1785 (v. dems.). Auf denselben Anlass. FRIDERICVS —LEGIS-LATOR Auf einem eine Sphinx erdrückenden Felsen belorb. Büste des Königs. Im Abschn. SOLVIT/AENIGMA Rv. IAM NON RESVRGET— BELLVA CENTICEPS Stehende Gerechtigkeit m. Schwert und Waage. Zu ihren Füssen die Hydra mit abgeschlagenen Köpfen. Im Abschn. MDCCLXXXV A. 11,534. H. 1823. Pn. 269. Mm. 55. 58 Gr. Vorzügl. schön u. selten.

1853 ½ Thaler 1786 mit A • Grundsteinlegung des Schlosses Bellevue. H. 1851. S. g. e.

1854 ¼ Thaler 1786. Ebenso. G. e.

1855 1/12 Thaler 1786. Ebenso. S. sch.

1856 Sterbe-Med. 1786 (v. König). Brustb. l. in Hut und Uniform, ohne Umschrift. Unten K Rv. Im Schlangenring NATUS / D • XXIV IAN:/ MDCCXII • / MORTUUS / D • XVII AUG :/ MDCCLXXXVI • A. 11,519. H. 1836. Mm. 33. 12 Gr. S. g. e.

1857 Desgl. 1786. HIC CINERES — NOMEN UBIQUE Gekr. Urne. Im Abschn. DENAT • D • 17 • AUG •/1786 • Rv. Auf einem Altar mit Aufschrift FRIDERIC • / etc. Schwert u. Scepter etc. Im Abschn. NAT • D•24•IAN•/1712 A.11,550. H.1831. Pn.275. Mm.28. 7,3 Gr. S. schön.

1858 Desgl. 1786 (v. Abramson). Brustb. mit aufgeschlagenem Hermelinmantel l. Rv. SIC IUNCTA NUNQUAM RUMPETUR GERMANIA Römischer Krieger mit Fasces etc. Im Abschn. DENATUS etc. A. 11,543. H. 1832. Pn. 276. Mm. 42. 28 Gr. Sehr schön.

1859 Med. 1786 (v. J. G. Holtzhey). Brustb. mit Hut l. in Uniform. Rv. RESTABAT—ALIUD NIHIL· Rauchende Urne, umgeben von Emblemen des Kriegs u. der Wissenschaft. Im Abschn. 3zeilige Aufschrift. A. 11,548. H. 1833. Pn. 277. Mm. 45. 24,5 Gr. Stgl.

1860 Desgl. 1786 (v. Loos). Kopf des Königs r. mit Zackenkrone. Rv. SIS BONUS O — FELIXQUE TUIS Opfernde Borussia etc. A. 11,546. H. 1842. Pn. 279. Mm. 42. 29,5 Gr. S. schön.

1861 Desgl. 1786 (v. J. G. Stieler). Belorb. Kopf l. Rv. HEU CUNCTA RELIQUIT Weibl. Figur mit Trauerurne. A. 11,545. H. 1843. Pn. 280. Mm. 43. 26 Gr. S. schön.

1862 Bronze-Med. 1786 (v. Jachtmann) a. d. gleiche Ereigniss. Kopf des Königs r. Rv. Adler mit Rolle. Oben COELITVS A. 11,551. H. 1834. Pn. 278. Mm. 41. Stgl.

1863 Zinnmed. 1786 (v. Reich), auf denselben Anlass. Brustb. l. Rv. CINERES VRNA etc. Trauernde Borussia und Urne. H. 1839. Pn. 273. Mm. 47. S. schön.

1864 Desgl. 1786 (v. dems.). Av. Wie vorher. Rv. FAMA SVPER etc. Urne. Pn. 274. Mm. 47. Schön.

1865 Sterbethaler 1786. H. 1848. Schön.

1866 Ein zweites Exemplar. S. g. e.

Elisabeth Christine von Braunschweig.
Gemahlin Friedrichs II., geb. 1715. verm. 1733. † 1797.

1867 Med. o/J. ELISAB · CHRISTINA · D · G · BORUSSOR · REGINA SUPR · SIL · D · Brustb. r. Rv. UNVS — CVNCTA MIHI Sonne und Lilie. A. 11,341. Mm. 30. 10,9 Gr. S. g. e.

1868 Med. 1782 (v. Abramson), auf ihren Geburtstag. ELIS · CHRISTINE KÖNIGINN V. PREUSS · etc. Brustb. r. Rv. Sechs Zeilen Schrift zwischen Palmzweigen. H. 1873. Pn. 265. Mm. 43. 27 Gr. Schön.

Siehe auch Nr. 1801, 1802.

König Friedrich Wilhelm II., 1786—1797.

1869 Med. 1744, auf seine Geburt. FELICITAS — PUBLICA Himmelbett, worin Mutter und Kind, im Abschn. D · 25 SEPT / 1744 · Rv. Acht Zeilen Schrift. A. 11,561. H. 1864. Mm. 27. 6 Gr. Schön.

1870 Med. o/J. (v. König), als Kronprinz. FRID : WILH : PRINCEPS — HÆRED : REGNI BORUSS · Brustb. von vorn. Rv. HI SUNT — COMITES Pallas und Adler. H. 1862. Mm. 33. 13 Gr. Schön.

1871 Med. 1786 (v. Reich). Regierungs-Antritt. Brustb. r. Rv. SCHON IM AUFGANG GLAENZEND Die über einer Uferlandschaft aufgehende Sonne. A. 11,570. H. 1885. Pn. 285. Mm. 46. 32 Gr. S. g. e.

1872 Bronze-Med. 1786 (v. J. P. Holzhaeusser), auf die Huldigung in Königsberg, dem Grafen Groeben gewidmet. Knieende Stadtgöttin mit Fahne vor dem thronenden König. Rv. Steh. Stadtgöttin mit Kind etc. A. 11,572. Pn. 287. Mm. 67. S. g. e.

1873 Med. 1786 (v. Loos). Huldigung in Berlin. Brustb. l. Rv. Schrift und Kranz. A. 11,576. H. 1886. Pn. 288. Mm. 42. 28,5 Gr. S. g. e.

1871 Zinn-Medaillon 1786 (v. J. J. P. G.). Huldigung in Neufchatel. EN TOUTE SECURITE A—L'OMBRE DE SES AILES Der preuss. Adler auf einem offenen Buch sitzend, das auf einem Postament zwischen vier Fahnen liegt. Rv. SERMENTS—RECIPROQUES Eine Hand aus Wolken deutet mit einem Scepter auf ein offenes Buch, umher grosse Volksmenge. Im Abschnitt NOVEMBRE/1786 H. 5419. Mm. 73. S. g. e.

1875 Med. 1786 (v. Loos), der Akademie der Wissenschaften. FRID · GVLIELMVS II REX ACADEMIAE PROTECTOR MDCCLXXXVI Geh. Brustb. r. mit Hermelinmantel. Rv. Im Kranze: SCIENTIARUM / ET / LITTERARUM / INCRENENTO A. 11,586. H. 1890. Mm. 67. 147 Gr. Schön.

1876 Desgl. 1786 (von Abramson). Aehnlich wie vorher. A. 11,588. H. 1889. Pn. 312. Mm. 33. 12,5 Gr. S. g. e.

1877 Med. 1790 (v. König). Reichenbacher Convent. DURCH DICH — VIELGELIEBTER Knieende Silesia vor der Büste des Königs. Rv. ERHAELT SCHLESIEN DIE FRÜCHTE DES FRIEDENS Von der Sonne bestrahlte Landschaft, im Abschn. REICHENBACH DEN / 27 IULI / 1790. A. 11,602. Mm. 31. 16 Gr. S. g. e.

1878 Med. 1791 (v. Hoeckner) auf die Zusammenkunft in Pillnitz. Die Brustb. der drei Monarchen r. Rv. FELICITAS TEMPORVM Sitz. Saxonia deutet auf das an der Elbe gelegene Schloss. A. 11,605. H. 1924. Pn. 327. Mm. 52. 58 Gr. Vorzügl. schön.

1879 Desgl. Wie vorher. Pn. 328. Mm. 28. 7,3 Gr. S. g. e.

1880 Desgl. 1791 (v. Krüger) auf denselben Vorgang. Av. Wie vorher. Rv. FVTVRI SPES CERTA SERENI Sitz. Saxonia etc., ähnlich wie vorher. A. 15,561. H. 1926. Pn. 329. Mm. 50. 49,5 Gr. Sehr schön.

1881 Desgl. 1792 (v. Baldenbach) auf die Eintracht zwischen Preussen und Oesterreich. Die Brustb. Franz II. und Friedrich Wilhelms einander gegenüber. Rv. FELIX · VTRIVS — QVE · PRINCIPIS · CONCORDIA · Sitz. Frau mit Mercurstab und Füllhorn. A. 11,620. Mm. 50. 35 Gr. Stgl.

1882 Zinnmed. 1792 (v. Reich) auf denselben Anlass. Brustb. l. Rv. DIE HERZEN DER UNTERTHANEN etc. H. 5361. Mm. 43. S. schön.

1883 Med. 1793. (v. Loos). Ankunft des Königs in Berlin. Brustb. r. Rv. WEIH IHM / SEIN VOLK / etc. Umher Lorbeerkranz. A. 11,631. H. 1916. Mm. 37. 15 Gr. Stgl.

1884 Med. 1793 (v. Abramson). Südpreussische Huldigung. Brustb. r. Rv. VOBIS QVOQVE PATER Adler. A. 11,626. H. 3953. Pn. 352. Mm. 27. 7 Gr. Schön.

1885 Med. 1795 (v. Loos). Friede zu Basel. Brustb. in Uniform, ziemlich v. vorn. Rv. TRANQVILLITAS PACIS etc. Steh. Friedensgenius reicht einem sitz. Krieger Oelzweig u. Mercurstab. H. 1961. Pn. 355. Mm. 43. 28 Gr. Neuer Abschlag. Stgl.

1886 Desgl. 1795 (v. dems.) auf denselben Anlass. Geharn. Brustb. r. Rv. Wie vorher. A. 11,642. H. 1959. Mm. 43. 27,2 Gr. Neuer Abschlag. Stgl.

1887 Desgl. 1795 (v. dems.). Brustb. r. im Gewand mit Diadem. (Av. der Sterbemed. H. 1975.) Rv. Wie vorher. Mm. 43. 26 Gr. Neuer Abschlag. Stgl.

Medaillen und Schaumünzen.

1888 Med. 1795 (v. dems.). Geh. Brustb. l. (Av. der Med. II. 1884.) Rv. Wie vorher. Mm. 43. 26 Gr. Neuer Abschlag. Stgl.

1889 Desgl. 1795 (v. Abramson) auf denselben Anlass. Geh. Brustb. r. Rv. HARMONIA — RESTITVTA Lyra. A. 11,643. Mm. 41. 28,7 Gr. Geh. Ger. erh.

1890 Preismed. der Kunstakademie o. J. (v. Abramson). Kopf r. Rv. Steh. Genius. A. 11,566. H. 1877. Mm. 46. 42,5 Gr. G. e.

1891 Med. o. J. (v. dems.), auf die Seiden-Industrie. Kopf r. Rv. SIE KLEIDET DEN REICHEN etc. Steh. Frau. H. 1879. Pn. 358. Mm. 88. 19 Gr. Sch.

1892 Sterbe-Med. 1797 (v. Loos). Brustb. r. im Gewand mit Diadem. Rv. ER SCHÜTTELTE DEN STAUB etc. Aufsteigender Adler über dem Grabmal. A. 11,656. H. 1975. Pn. 365. Mm. 41. 26,5 Gr. Sehr schön.

Friederike Charlotte Ulrike Katharina, Prinzessin von England.
Tochter Friedrich Wilhelms II., geb. 1767, verm. 1791, † 1820.

1893 Med. 1791 (v. Loos). Vermählung mit Prinz Friedrich von York. Die beiden Brustb. l. Rv. IAM MARTE NVNC AMORE Steh. Hymen mit Guirlande etc. A. 11,606. H. 1987. Pn. 331. Mm. 45. 34,5 Gr. Neuer Abschlag. Stgl.

1894 Desgl. (v. Stierle). Av. Wie vorher. Rv. FELICES AMORIS FACE MEAQUE Hymen mit zwei Fackeln etc. A. 11,607. H. 1989. Pn. 332. Schön.

1895 Desgl. (v. dems.). Die Brustb. r. Rv. DURCH AMOR etc. Zwei gekreuzte Fackeln und Kranz etc. A. 11,608. H. 1990. Pn. 333. Mm. 30. 7 Gr. Schön.

Friedrich Ludwig Karl, Prinz von Preussen.
Sohn Friedrich Wilhelms II., geb. 1773, verm. 1793, † 1796.

1896 Med. 1793 (v. Loos). Vermählung mit Friederike von Mecklenburg. Die beiden Brustb. l. Rv. DEM IVNGEN HELDEN etc. Die auf Wolken herabschwebende Prinzessin reicht dem sitzenden Prinzen einen Myrthenkranz. A. 11,633. H. 1999. Pn. 350. Mm. 43. 26,5 Gr. Schön.

Friederike Karoline Sophie von Mecklenburg-Strelitz.
Gemahlin des Vorigen, geb. 1778, verm. 1793, Wittwe 1796, wieder verm. 1799 mit Prinz Friedrich Wilhelm von Solms-Braunfels, abermals Wittwe 1814, zum dritten Male verm. 1815 mit dem späteren Könige Ernst August von Hannover, † 1841.

1897 Med. 1794 (v. Loos), auf ihren Geburtstag. Brustb. l. Rv. IHREM FESTE etc. Tisch, worauf eine Rose. A. 11,639. H. 2001. Pn. 353. Mm. 37. 19 Gr. Neuer Abschlag. Stgl.
Siehe auch Nr. 1906.

Friederike Luise Wilhelmine, Königin der Niederlande.
Tochter Friedrich Wilhelms II., geb. 1774, verm. 1791, † 1837.

1898 Med. 1791 (v. Loos). Vermählung mit dem Erbprinzen (späteren Könige Wilhelm I. (Friedrich) der Niederlande. Die beiden Brustb. l. Rv. SEMPER TECVM — FLOREBIT Rosenstock auf einem Postament daneben Batavia und Hymen. A. 11,609. H. 1992. Pn. 335. Mm. 45. 34,5 Gr. Neuer Abschlag. Stgl.

96　Medaillen und Schaumünzen.

1899 Med. 1791 (v. Stieler). Av. Wie vorher. Rv. SANGUINE ET AMORE IUNCTIS • Borussia und Batavia neben einem Altar etc. A. 11,610. Pu. 336. Mm. 44. 27 Gr. S. g. e.

Friedrich Wilhelm Karl, Prinz von Preussen.
Sohn Friedrich Wilhelms II., geb. 1783, verm. 1804, † 1851.

1900 Med. 1804 (v. Abramson). Vermählung mit Amalia Maria Anna von Hessen-Homburg. Die beiden Brustb. einander gegenüber. Rv. UNAUS-LOESCHLICH Zwei Amoretten etc. A. 11,708. Bolz. 41. Pn. 408. Mm. 37. 14 Gr. Stgl.

Elisabeth, Prinzessin von Hessen.
Tochter des Vorigen, geb. 1815, verm. 1836, † 1885.

1901 Med. 1836 (v. König). Vermählung mit Prinz Karl von Hessen-Darmstadt. Die beiden Köpfe r. Rv. PRINCIPVM AMOR POPVLORVM CONCORDIA Genien mit Adler und Löwen, zwischen ihnen Hymen. Bolz. 159. H. 2459. Pn. 552. Mm. 42. 29 Gr. Sehr schön.

Marie, Königin von Bayern.
Tochter desselben, geb. 1825, verm. 1842. † 1889.

1902 Med. 1842 (v. König). Vermählung mit dem Kronprinzen, späteren König Maximilian II., von Bayern. Die beiden Köpfe r. Rv. Das Paar, von Borussia und Bavaria zusammengeführt. H. 2719. Pn. 588. Mm. 42. 28,5 Gr. Sehr schön.

1903 Desgl. 1842 (v. Fischer). Die Köpfe r. Rv. Sitz. Borussia und Bavaria, Hymen geleitet die Braut von der einen zur andern. Mm. 36. 21,5 Gr. Stgl.

1904 Doppelthaler 1842, auf denselben Anlass. Die Köpfe. r. Rv. Kopf König Ludwigs I. von Bayern r. Schw. 28. Reimm. 1212. Vorzügl. schön.

König Friedrich Wilhelm III., 1797—1840.

1905 Med. 1793 (v. Loos). Vermählung mit Luise von Mecklenburg. Die beiden Brustb. l. Rv. GESEGNET SEY DURCH IHN etc. Mars führt den Prinzen zu der sitz. Prinzessin. A. 11,662. Bolz. 4. H. 1997. Pn. 368. Mm. 43. 29 Gr. Neuer Abschlag. Stgl.

1906 Desgl. 1793 (v. Stierle), auf die Doppelhochzeit. Die beiden Prinzen als Dioskuren etc. Rv. Aufschrift. A. 11,663. Bolz. 3. H. 1998. Pn. 369. Mm. 45. 29,5 Gr. Schön.

1907 Med. 1797 (v. Abramson). Regierungs-Antritt. Brustb. r. Rv. DESIDERIVM / PATRIS / LENIT / FILIVS etc. Umher Lorbeerkranz. Bolz. 10. A. 11,672. Pn. 370. Mm. 41. 28 Gr. Stgl.

1908 Desgl. 1797 (v. Loos) auf denselben Anlass. Brustb. l. Rv. NUR EUCH ZU SCHÜTZEN etc. Der König in antiker Rüstung steht zwischen den Emblemen des Krieges und des Friedens. Bolz. 8. A. 11,673. H. 2052. Pn. 371. Mm. 41. 25 Gr. Neuer Abschlag. Stgl.

1909 Desgl. 1797 (v. dems.) auf denselben Anlass. Büste l., im belorb. antiken Helm. Rv. Genau wie vorher. Bolz. 7. A. 11,674. H. 2051. Pn. 372. Mm. 41. 26,2 Gr. Neuer Abschlag. Stgl.

Medaillen und Schaumünzen. 97

1910 Med. 1798 (v. Loos). Besuch in Tarnowitz. Die Brustb. des Königspaares l. auf einem Sockel. Rv. WAS KUNST UND FLEISS etc. Genius eine weibliche Figur entschleiernd. A. 11,682. Bolz. 21. H. 1337. Mm. 51. 57 Gr. Schön.

1911 Desgl. 1798 (v. König). Besuch in Schlesien. Die Brustb. r. ohne Umschrift, am Armabschn. KOENIG Rv. WILLKOMMEN / KOENIGLICH PAAR / etc. A. 11,683. Bolz. 23. Zu H. 4336. Mm. 30. 8,5 Gr. Sch.

1912 Med. 1797 (v. Loos). Protector der Akademie der Wissenschaften. Brustb. r. mit Hermelinmantel. Rv. SCIENTIARUM / ET / LITTERARUM ' INCREMENTO im Kranz. A. 11,675. Bolz. 11. H. 2053. Pn. 374. Mm. 69. 151 Gr. S. g. e.

1913 Bronzemed. o/J. (v. Loos). Desgl. Brustb. l. Rv. Schwebender Adler über der Strasse Unter den Linden. Bolz. 12. Pn. 373. Mm. 37. Schön.

1914 Zwitter - Prämienmed. der Kunstakademie (v. Abramson). Brustb. l. Rv. GRATIIS SACRVM Die drei Grazien. Im Abschn. MDCCLXXXVI · A. 11,661. Bolz. 14. Mm. 33. 13 Gr. Schön.

1915 Prämienmed. o/J. für die Seiden-Industrie (v. dems.). Brustb. l. Rv. SIE KLEIDET DEN REICHEN etc. Steh. Frau. Bolz. 15. Pn. 380. Mm. 38. 19,5 Gr. S. g. e.

1916 Med. 1801 (v. Loos). Säcularfeier der Erhebung zum Königreich. Die Brustb. der fünf ersten Könige l. Rv. MIT NEUEM GLANZ etc. Sitz. Borussia, Apollo, Horen etc. Bolz. 31. A. 11,689. H. 2077. Pn. 389. Mm. 56. 68 Gr. Sehr schön.

1917 Gleiche Medaille in Eisenguss. Mm. 54. S. g. e.

1918 Desgl. 1801 (v. Abramson) auf denselben Anlass. PREUSSENS GLÜCKLICHE REGIERUNG Die fünf Brustb. r. Rv. IEDEM DAS SEINE Sitz. Borussia mit Scepter und Waage. Bolz. 32. A. 11,690. H. 2076. Pn. 290. Mm. 67. 11 Gr. Vorzügl. schön.

1919 Desgl. 1801 (v. Loos) auf denselben Anlass. Die Brustb. des Königspaares l. Rv. Strahlende Krone, darunter Aufschrift: DEM / KÖNIGLICHEN PAARE / HEIL UND DANK etc. Bolz. 30. A. 11,691. H. 2078. Pn. 391. Mm. 42. 28 Gr. Sehr schön.

1920 Desgl. 1801 (v. P. Merker) auf denselben Anlass. Hercules die Schlangen erwürgend, im Abschn. DER ANFANG/KAMPF· Rv. Postament, worauf Löwenhaut, Herculeskeule und Palmzweig, darüber MDCCCI· Im Abschn. DER FORTGANG/RVHE· H. 2075. Pn. 392. Mm. 45. 27 Gr. Sehr schön.

1921 Huldigungs-Med. 1803 von Paderborn (v. Loos). Brustb. l., darunter HULDIGUNGSMÜNZE 1803 · Rv. Steh. Borussia. A. 11.701. Bolz. 36. Pn. 401. Mm. 42. 28 Gr. S. g. e.

1922 Bronze-Huldigungsmed. 1803 von Eichsfeld, Nordhausen etc. Brustb. l. Rv. Sitz. Borussia. A. 11,697. Bolz. 37. Pn. 402. Mm. 30. Schön.

1923 Prämienmed. o/J. für Impfärzte (v. Abramson, 1805). Brustb. des Königs r. Rv. IN TE SVPREMA SALVS Hygiea auf einer Kuh sitzend. Im Abschn. VACCINATIONIS / PRAEMIVM Bolz. 17. A. 11,668. H. 2004. Pn. 416. Mm. 68. 117 Gr. Schön.

7

Medaillen und Schaumünzen.

1924 Eins. Messing-Nothmünze 1806 für Schlesien zu 1 Silbergroschen. H. 4356. S. g. e.
1925 Kalendermed. 1809 (v. Loos). Die Brustb. des Königspaares r. Rv. Kalendertabelle. Bolz. u. A. nicht. H. 2125. Pn. 436. Mm. 44. 19 Gr. Sehr schön.
1926 Med. 1809 (v. Abramson). Rückkehr des Königspaares nach Berlin. Die beiden Köpfe r. Rv. FORTVNAE REDVCI etc. Steh. Frau mit Ruder u. Füllhorn. Bolz. 52. A. 11,734. H. 2126. Pn. 438. Mm. 37. 16,5 Gr. Sehr schön.
1927 Med. 1809 (v. Loos) auf dasselbe Ereigniss. Die beiden Brustb. r. Rv. DES VOLKES FLEHN etc. Opfernde Stadtgöttin von Berlin. Bolz. 51. A. 11,735. H. 2127. Pn. 439. Mm. 36. 14,5 Gr. Sehr schön.
1928 Desgl. 1809 (v. Loos) auf dasselbe Ereigniss. Av. Wie vorher. Rv. Saturn. Bolz. nicht. A. 11,737. Pn. 441. Mm. 28. 5 Gr. Sehr schön.
1929 Kronprinzenthaler 1812. Kopf r. Rv. Im Eichenkranz GOTT/SCHÜTZE/IHN /—/ 1 THALER / 1812 / A Sch. 1838. Pn. 1076. Vorzügl. schön.
1930 Eins. Plaquett o/J. (v. Heuberger). F : WILHELM III KÖNIG — VON PREUSSEN Brustb. l. in Uniform, mit dem eisernen Kreuz, darunter HEUBERGER Mm. 55. 11,5 Gr. Schön.
1931 Eins. Eisen-Plaquett o/J. (v. Jachlick). Brustb. l. ohne Umschrift. Mm. 84. S. g. e.
1932 Schraubmed. 1813 a. d. Siege dieses Jahres (v. Stettner in Nürnberg). EINTRACHT ÜBERWINDET ALLES Tempel mit 7 Säulen, an welchen 7 Wappen. Im Abschn. 1813. Rv. GERECHTIGKEIT WEISHEIT · U: EINIGKEIT etc. Die drei steh. Tugenden. Einlage color. Schlachtenbilder mit Erklärung. A. u. H. nicht. Pn. 453. Mm. 50. 28 Gr. Sehr schön.
1933 Desgl. 1814 (von dems.). Die Brustb. der drei Monarchen. Rv. Steh. Germania. Einlage 12 color. Bilder mit Erklärung. Bolz. 72. Pn. 454. Mm. 50. 26 Gr. Sehr schön.
1934 Gleiche Schraubmed. in Zinn, ebenfalls mit color. Einlage. Mm. 50. S. g. e.
1935 Med. 1814 (v. Gayrard). Münzbesuch des Königs in Paris. Brustb. l. Rv. Aufschrift in 5 Zeilen. Bolz. 66. Mm. 40. 32,9 Gr. Sehr schön.
1936 Fünffrankenstück auf diesen Anlass. ANGE DE PAIX etc. Mit Randschr. Bolz. 64. A. 11,755. H. 2180. Mm. 37. 25 Gr. Sehr schön.
1937 Zwei Franken, desgl. Wie vorher. Mit Randschr. Bolz. 65. H. 2182. Mm. 27. 10 Gr. Sehr schön.
1938 Med. 1814 (v. C. Wurschbauer). Pariser Friede. Die Köpfe der drei Monarchen in Medaillons. Rv. Zehnzeil. Aufschrift: OESTREICHS VATER / BOT DIE BIEDRE RECHTE etc., unten Zweige. Wie A. 11,758 und Mont. 2392, nur kleiner. Pn. 464. Mm. 36. 12,3 Gr. Sehr schön.
1939 Desgl. 1814 (v. Pönninger) auf denselben Anlass. Friedensgöttin. Rv. PAX · / PARISIENSIS · / EVROPÆ · / SALVS · Umher Palmzweige. Mont. 2393. Pn. 465. M. 48. 43,8 Gr. Vorzüglich schön.
1940 Grosses Medaillon 1815 (v. Pistrucci) auf die Schlacht bei Waterloo. Die Köpfe der vier verbündeten Fürsten, umher Kreis von mytholog. Darstellungen. Rv. Victoria zwischen Blücher und Wellington in

römischer Rüstung. Umher kreisförmige Darstellung des Titanensturzes. Mm. 135. Galvano. Sehr schön.

* „Dieses Medaillon wurde nicht ausgeprägt, da die Stempel nie gehärtet wurden. Es sind davon nur Clichés und galvanoplastische Niederschläge vorhanden." Dr. Trachsel in Leitzmanns Zeitschrift 1869. S. 120.

1941 Zinn-Medaillon 1814. Wiener Congress. Victoria in einem aus den Köpfen der Monarchen und Feldherrn gebildeten Kranze. Rv. Triumphbogen und sechszeil. Umschrift mit Angabe der Siege. A. 11,764. H. 2192. Pn. 475. Mm. 77. Sehr schön. Mit umgelegtem Holzreif.

1942 Zinn-Medaillon auf die Befreiungskriege (v. Goetze). Hüftb. des Königs von vorn, mit Generalshut und erhobenem Commandostab. Rv. Im Eichen- u. Lorbeerkranz 1813 1814 / 1815 A. 11,780. H. 2204. Pn. 490. Mm. 80.. Vorzüglich schön.

1943 Med. 1815 (v. Loos). Rückkehr des Königs nach Berlin. Belorb. Kopf r. Rv. Sitz. Pax. Bolz. 81. H. 2214. Pn. 493. Mm. 36. '18 Gr. Stgl.

1944 Med. 1822 (v. König). 25jähr. Regierungsjubiläum. Belorb. Kopf l. Rv. GENIO AVGVSTI Opfernder Genius mit Füllhorn. Bolz. 109. A. 11,806.. H. 2260. Pn. 513. Mm. 42. 28,5 Gr. Stgl.

1945 Gleiche Med. in Bronze. Schön.

1946 Prämienmed. o/J. für Rettung aus Gefahr. Kopf l. Rv. Schrift im Kranz. Pn. 540. Mm. 25. 7,2 Gr. Mit weissgelbem Band zum Tragen. Schön.

1947 Schiessprämie o/J. Brustb. in Uniform l. Bolz. nicht. H. 2018. Mm. 37. 21,5 Gr. G. e.

1948 Bronze-Med. 1839 (v. König). Säcularfeier der Einführung der Reformation. Hüftb. des Königs u. Joachims II. im Kurornat. Rv. Communion des Kurfürsten. Bolz. 161. Pn. 556. Mm. 48. Schön.

1949 Preismed. o/J. für Impfärzte (v. Goetze). Kopf r. Rv. Impfscene. Bolz. 150. H. 2040. Pn. 560. Mm. 53. 116,5 Gr. Stgl.

1950 Gleiche Med. in Bronze. S. schön.

1951 Sterbe-Med. 1840 (v. König). Kopf l. Rv. Sitz. Muse der Geschichte und steh. Todeseugel. Bolz. 167. H. 2409. Pn. 573. Mm. 41. 27 Gr. Vorzügl. schön.

1952 Gleiche Med. in Bronze. S. schön.

1953 Desgl. 1840 (v. Brandt). Kopf l. Rv. ERINNERUNG etc. Bolz. 168. H. 2407. Pn. 574. Mm. 45. 50,5 Gr. S. schön.

1954 Einseit. ovale Med. o/J. Kopf r. ohne Schrift. Mm. 17/15. 2 Gr. Schön.

Luise von Mecklenburg-Strelitz.
Gemahlin Friedrich Wilhelms III., geb. 1776, verm. 1793, † 1810.

1955 Med. 1798 (v. Loos). Geburtstag der Königin Luise. Ihr Brustb. r. Rv. DES / TREUEN VOLKES / LIEBE etc. Umher Kranz. Bolz. 18. A. 11,680. H. 2428. Pn. 381. Mm. 36. 14 Gr. Sehr schön.

1956 Desgl. o/J. (1798, v. Abramson) a. d. Königin. LUISE PREUSSENS SCHMUCK Ihr Brustb. r. Rv. DER/FRAUEN/HOECHSTER/STOLZ Umher Kranz. Bolz. 22. A. 11,681. H. 2421. Pn. 382. Mm. 45. 26 Gr. Polirt, g. e.

100   Medaillen und Schaumünzen.

1957 Einseit. Goldbronze-Plaquett o/J. (v. Detler). LUISE KÖNIGINN — VON PREUSSEN Brustb. r. mit Diadem, unten DETLER Mm. 55. S. schön.
1958 Einseit. ovales Eisen-Plaquett. Brustb. r. mit Diadem, ohne Schrift. Auf der Rückseite Geburts- und Todes-Datum eingravirt. Mm. 36/30. S. g. e.
1959 Einseit. Bronze-Med. o/J. A • DE MECKLENBOURG — REINE DE PRUSSE Brustb. r. mit eigenthümlicher Haartracht. Mm. 45. S. schön.
1960 Eins. Eisenguss-Med. o/J. (v. Jachlick). Brustb. r. mit einfachem kurzgelocktem Haar. Ohne Umschrift. Mm. 82. S. g. e.
1961 Desgl. o/J. Brustb. r. mit Diadem. Ohne Umschrift. Mm. 85. Schön.
1962 Desgl. o/J. Brustb. r. mit nestartiger Haartracht. Ohne Umschrift. Mm. 85. Schön.
1963 Med. 1810 (v. Abramson). Tod d. Königin Luise. LUISE PREUSSENS SCHMUCK Ihr Brustb. r. Rv. ACH! IST—FÜR UNS DAHIN Stern über einer Pyramide. Bolz. 55. A. 11,743. H. 2436. Pn. 442. Mm. 15. 27 Gr. Vorzüglich schön.
1964 Desgl. 1810 (v. dems.). Auf dasselbe Ereigniss. Wie vorher, nur kleiner. Bolz. 55, Anm. Mm. 30. 9 Gr. Vorzügl. schön.
1965 Desgl. 1810 (v. Loos). Auf dasselbe Ereigniss. Büste r. unter einer Krone. Rv. Ueber Wolken aufschwebende Flamme, unten Landschaft. Bolz. 57. A. 11,740. H. 2437. Pn. 443. Mm. 39. 17,5 Gr. Sehr schön.
1966 Desgl. 1810 (v. dems.) auf dasselbe Ereigniss. Büste r. Rv. Trauernde Borussia neben einer Urne. Bolz. 56. A. 11,741. H. 2438. Pn. 444. Mm. 39. 11 Gr. Neuer Abschlag. Stgl.
1967 Desgl. 1810 (v. dems.) auf die Beisetzung in Charlottenburg. Der Sarkophag. Rv. Das Mausoleum. Bolz. 58. A. 11,744. H. 2439. Pn. 445. Mm. 36. 17 Gr. Stgl.

Siehe auch Nr. *1905, 1906, 1910, 1911, 1919, 1925, 1926, 1927, 1928.*

Friedrich Karl Alexander, Prinz von Preussen.
Sohn Friedrich Wilhelms III., geb. 1801, verm. 1827, † 1883.

1968 Med. 1827 (v. Gube). Vermählung mit Marie Luise Alexandrine von Sachsen-Weimar. Die beiden Köpfe r. Rv. VOTA BORUSSICA Das Paar und Borussia. Bolz. 129. Pn. 526. M. 42. 28,2 Gr. Treffl. erh.

Friedrich Karl Nicolaus, Prinz von Preussen.
Sohn des Vorigen, geb. 1828, verm. 1854, † 1885.

1969 Bronzemed. 1854 (v. Kullrich). Vermählung mit Maria Anna von Anhalt-Dessau. Die beiden Köpfe r. Rv. Das Paar, vor dem Altar. H. 2728. Pn. 624. Mm. 51. Sehr schön.

Alexandrine, Grossherzogin von Mecklenburg-Schwerin.
Tochter Friedrich Wilhelms III., geb. 1803, verm. 1822, † 1892.

1970 Med. 1822 (v. Brandt). Vermählung mit Paul Friedrich, späterem Grossherzog von Mecklenburg-Schwerin. Die beiden Brustb. r. im Kranz, ohne Umschrift. Rv. Das Paar auf einer von Hymen geleiteten Quadriga. im Abschn. XXV MAI MDCCCXXII • Bolz. 108. Mm. 41. 29 Gr. Neuer Abschlag. Stgl.

Medaillen und Schaumünzen. 101

König Friedrich Wilhelm IV., 1840—1861.

1971 Med. 1823 (v. König). Vermählung mit Elisabeth von Bayern. Die beiden Köpfe l. Rv. Das Paar am Altar mit Hymen und Wappenthieren. A. 11,813. H. 2447. Pn. 578. Mm. 47. 42 Gr. Sehr schön.
1972 Gleiche Med. in Bronze. Sehr schön.
1973 Bronze-Med. 1823 (v. Brandt), auf denselben Anlass. Die Köpfe r. Rv. Steh. Hymen. A. 11,815. H. 2445. Pn. 579. Sehr schön.
1974 Einseit. Bronze-Med. o/J., als Kronprinz (v. Goetze). Kopf r. Mm. 41. Sehr schön.
1975 Med. 1840 (v. Lorenz). Huldigung in Königsberg und Berlin. Kopf r. Rv. Thronender König und knieende Borussia. H. 5468. Pn. 581. Mm. 41. 29 Gr. Vortreffl. erh.
1976 Desgl. 1840 (v. Fischer u. Pfeuffer). Huldigung in Berlin. Kopf r., darunter Schrift. Rv. Gekr. Adlerschild auf dem eisernen Kreuz etc. H. 2487. Pn. 582. Mm. 42. 29 Gr. S. schön.
1977 Desgl., ebenso, nur kleiner. H. 5484. Pn. 583. Mm. 30. 14,5 Gr. S. schön.
1978. Blei-Med. 1840. Huldigung. Brustb. r. im Hermelinmantel. Rv. Adler mit Eichenkranz etc. H. 2485. Pn. 584. Mm. 43. S. g. e.
1979 Prämien-Med. o/J. (v. Pfeuffer). Kopf r. Rv. Adler auf Palmzweig. H. 2467. Pn. 595. Mm. 42. 43,6 Gr. Stgl.
1980 Zinn-Med. 1844 (v. Fischer). Säcularfeier der Universität Königsberg. Geharn. Hüftbild des Herzogs Albrecht l. Rv. Buch auf zwei gekreuzten Stäben, umher Rectoratskette. H. nicht. Pn. 599. Mm. 50. Sehr schön.
1981 Med. 1848 (v. Fischer). Silberne Hochzeit des Königspaares. Die beiden Köpfe r. Rv. Sitz. Genius und gefesselter Saturn. H. 2565. Mm. 50. 58 Gr. Vorzügl. schön.
1982 Bronze-Med. o/J. (v. Fischer). Kopf des Königs r. Kopf der Königin l. H. 2473. Mm. 37. S. schön.
1983 Desgl. 1848 (v. Wiener). 600 jähr. Jubelfeier der Grundsteinlegung des Kölner Doms. Beiderseits Ansicht desselben. Mm. 59. S. schön.
1984 2 Francs 1848 für Moresnet. Doppelkopf (Fr. Wilh. IV. u. Leopold I. von Belgien). Rv. Die beiden Wappen, oben 2—F H. 5047. Cat. Ad. Meyer 3926. Vorzügl. schön.
1985 Desgl. 1848. Achtzeil. Aufschrift. Rv. Wie vorher. H. 5030. Cat. Ad. Meyer 3928. Vorzügl. schön.
1986 Sterbe-Med. 1861 (v. Loos). Kopf r. Rv. Schrift im Cypressenkranz, darüber Schmetterling. H. 2705. Pn. 632. Mm. 42. 28 Gr. Stgl.
1987 Desgl. 1861. Kopf l. Rv. Wie vorher. Mm. 19. 3 Gr. Geb. Stgl.
1988 Ovale Sterbe-Med. 1861. Kopf l. Rv. Schwebende Victoria zwischen Geburts- und Todesdatum. Mm. 20/16. 3 Gr. Geh. Stgl.
1989 Desgl. 1861. Kopf r. Rv. Todesdatum u. Kreuz. Mm. 19/16. 2,5 Gr. Schön.
1990 Sog. Sterbethaler 1861. Stgl.

Elisabeth Ludovica von Bayern.
Gemahlin Friedrich Wilhelms IV., geb. 1801, verm. 1823, † 1873.

1991 Med. o/J. (v. Fischer). Kopf l. mit Diadem. Rv. Schreitender Hymen, die Gruppe der drei Grazien emporhaltend. Mm. 36. 22 Gr. Stgl.

7*

102   Medaillen und Schaumünzen.

1992 Med. o/J. (v. Fischer). Kopf l. ohne Diadem. Rv. Eingravirt 8um /
 Unbenten / 1848 Mm. 34. 29 Gr. Schön.
 Siehe auch Nr. 1971, 1972, 1978, 1981, 1982.

Kaiser Wilhelm I., 1861—1888.

1993 Medaillon 1867 (v. Kullrich). Jubiläum des Kölner Dombau-Vereins.
 Die Köpfe Friedrich Wilhelms IV. und Wilhelms I. 1. Rv. Der Dom.
 Pn. 666. Mm. 70. 166 Gr. Vorzügl. schön.
1994 Siegesthaler 1866. Schw. 210. Stgl.

Kaiser Friedrich III., 1888.

1995 Bronze-Med. 1858 (v. Kullrich). Vermählung mit Prinzessin Victoria
 von England. Die beiden Köpfe r. Rv. Engel das knieende Paar segnend.
 Mm. 51. Pn. 757. Sehr schön.
1996 Eins. Eisenguss-Med. Auf denselben Anlass. Die beiden Köpfe r. im
 Kranz, ohne Schrift. Mm. 51. Schön.

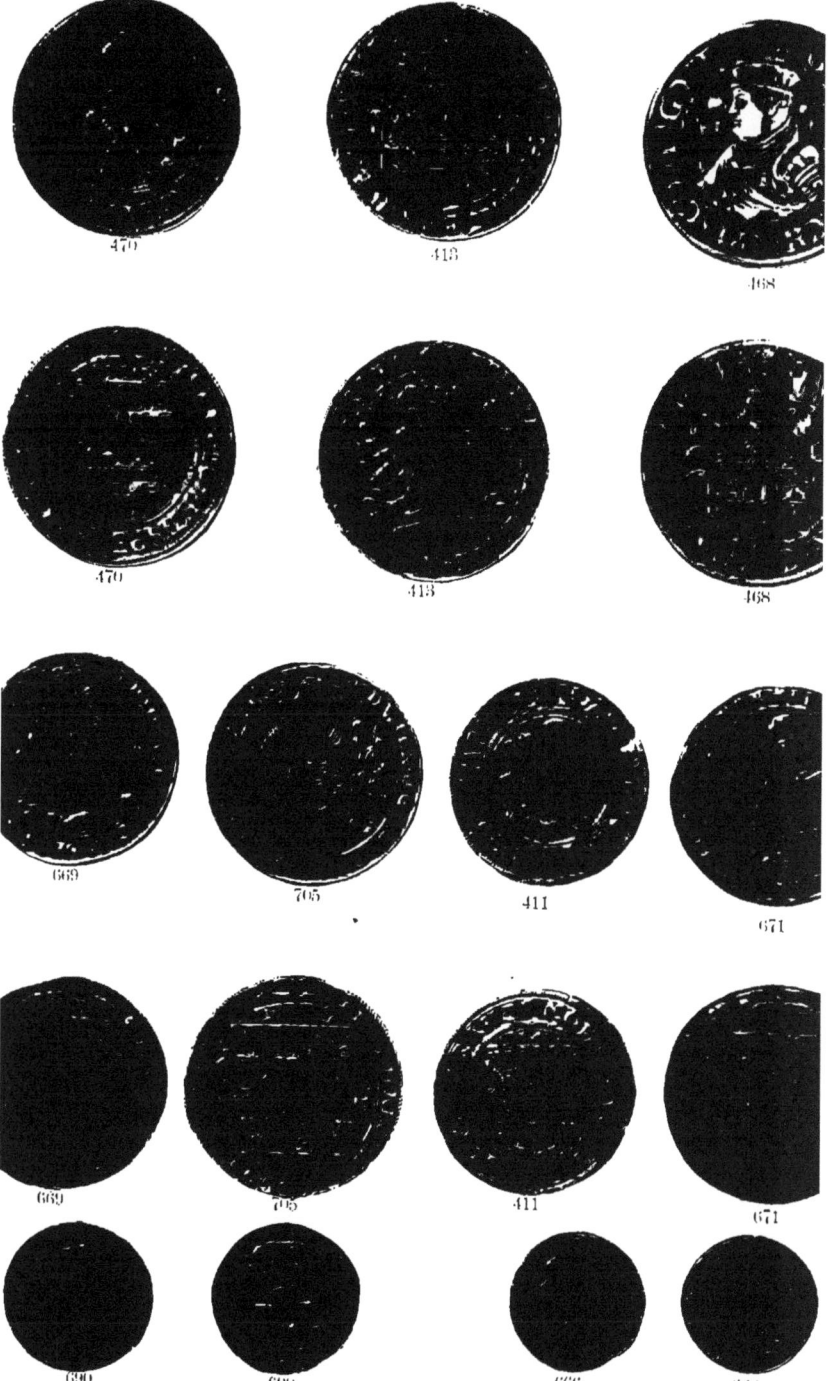

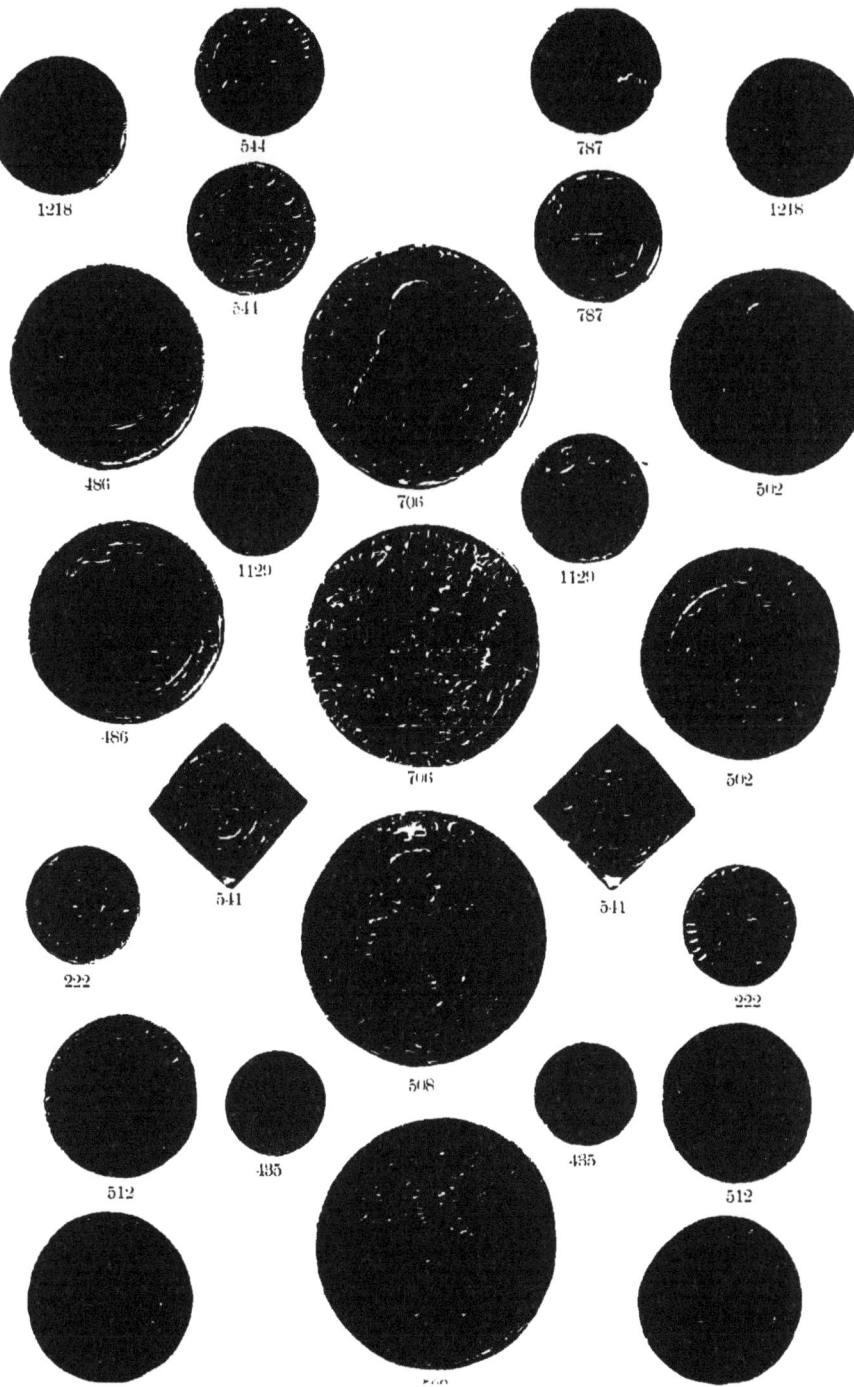

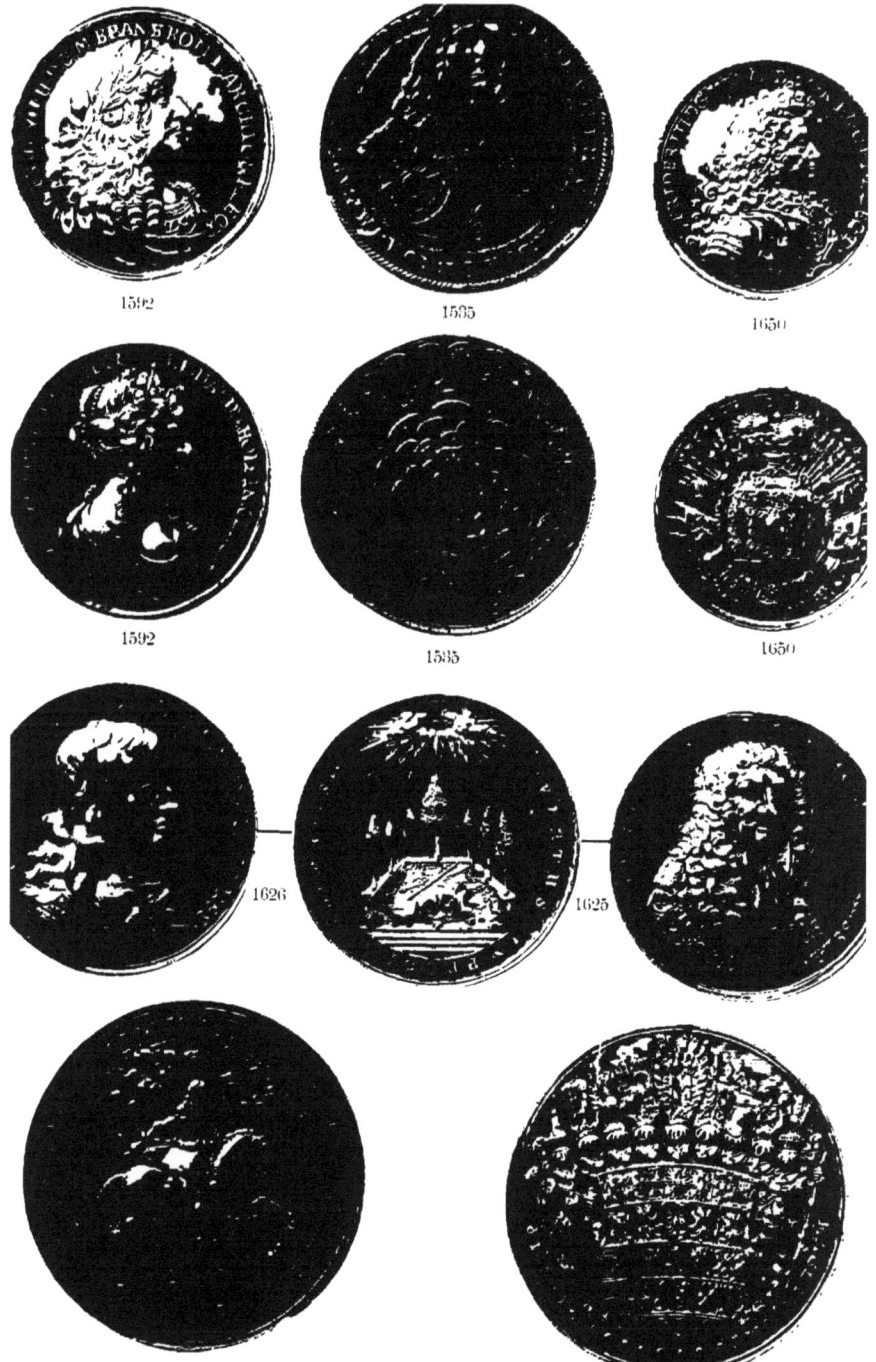

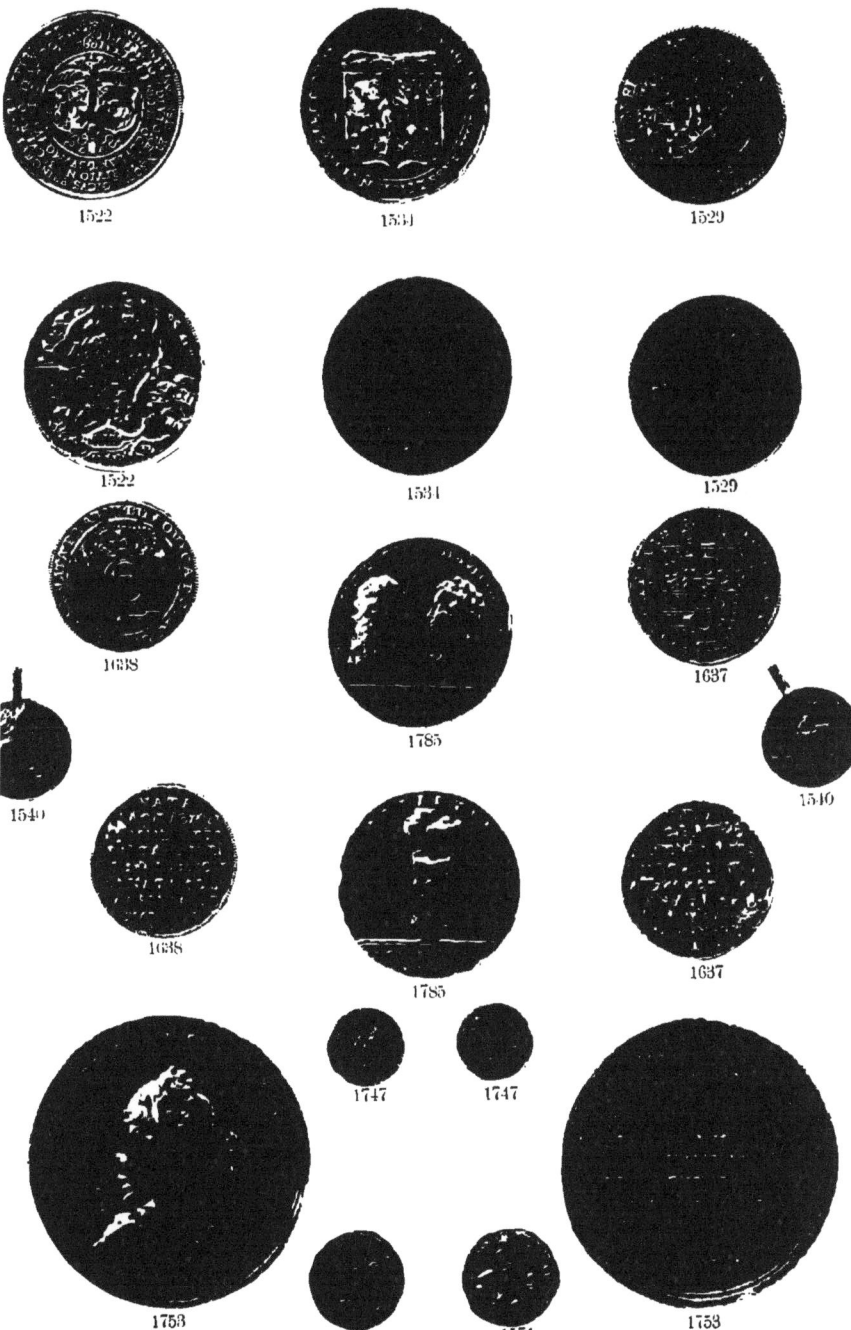

Auktions-Preisliste
der
am 5. bis 8. Februar 1896

bei **Adolph Hess Nachf.**, Westendstrasse 7, **Frankfurt a. M.**

versteigerten

Brandenburg-preussischen Münzen- und Medaillen-Sammlung

des Herrn **August von der Heyden**, Berlin.

Preis 2 Mark.

Nr.	ℳ.	Nr.	ℳ.	Nr.	ℳ.	Nr.	ℳ.	Nr.	ℳ.
1/2	1.—	46	7.—	107	—.25	212/214	1.50	276	1.75
3	—.50	47	6.—	108	3.25	215	1.—	277	175.—
4/5	—.75	48	1.75	109	—.25	216	2.—	278	3.—
6/8	—.75	49	3.—	110	2.25	217/219	1.25	279/280	2.—
9	—.50	50	2.25	111	2.50	220	4.—	281	1.50
10	1.75	51	5.50	112	—.50	221	51.—	282/283	2.50
11	1.—	52	3.75	113	2 25	222	58.—	284/288	5.50
12	2.25	53	2.50	114	2.—	223	51.—	289/290	2.25
13	2.75	54	3.25	115	—.50	224	82.—	291	2.—
14	4.25	55	3.75	116	2.—	225	91.—	292	3.—
15	4.50	56	3 75	117	2.—	226/227	1.—	293	—.75
16	14.50	57	20.—	118	2.—	228/234	3.—	294	190.—
17	30.—	58/59	33.—	119	2.—	235/236	1.50	295	2.—
18	2.75	60	11.—	120	—.75	237/239	4.25	296	3.50
19	2 50	61	9.—	121/122	4.—	240	7.—	297/298	2.—
20	6.—	62	4.25	123/132	3.—	241a	—.50	299	1.50
21	6.50	63	3.—	133/134	—.50	241b	—.75	300/305	12.50
22/23	12.—	64	2.25	135	—.50	242	1.—	306/307	—.75
24	5.50	65	2.25	136	1.50	243a	—.25	308	1.50
25	7.50	66/71	8.—	137 139	3.50	243b	1.—	309	2.25
26	5.50	72	1.50	140/145	4.50	244	—.50	310	1.—
27	5.—	73/74	2.—	146	1.—	245/247	27.—	311	—.50
28	7.—	75	2.75	147/148	2.—	248	12.—	312	2.—
29	10.50	76/78	6.—	149/154	1.—	249	3.—	313/314	1.—
30	10.—	79/81	3.—	155/162	6.—	250	3.—	315/316	4.—
31	4.—	82	1.50	163/165	2.50	251	3.—	317	4.75
32	6.50	83	3.25	166	—.50	252	2.75	318/321	3.—
33	6.—	84/85	1.75	167/178	2.—	253	3.—	322	29.—
34	6.50	86/88	2.50	179	1.25	254	2 75	323	35.—
35	5.50	89	1.25	180/182	—.50	255	4.50	324/326	1 25
36	7.—	90/92	4.—	183	2.50	256	4.50	327	2.—
37	5.—	93	1.25	184/185	—.50	257	5.50	328	3.—
38	5.—	94	4.-	186	1.75	258	9.—	329/330	1.50
39	6.50	95	—.50	187	1.75	259	6.50	331	2.—
40	30.—	96	—.50	188/194	1.—	260	4.—	332/333	1.50
41	12.50	97	6.—	195	1.50	261	5.50	334/336	1.50
42	20.—	98	1.—	196 197	2.25	262	5.50	337	1.50
43	15.—	99/102	1.—	198/206	1.—	263/268	6.—	338/341	3.25
44	21.—	103/105	2.75	207/208	2.50	269/274	5.50	342	1.—
45	45.—	106	1.50	209/211	—.50	275	4.—	343/345	1.75

— 2 —

Nr.	ℳ	Nr.	ℳ	Nr.	ℳ	Nr.	ℳ	Nr.	ℳ
346/347	3.25	434	10.50	522	180.—	606	1.—	685	47.—
348/349	1.—	435	59.—	523	200.—	607	—.25	686	48.—
350	1.25	436	24.—	524	96.—	608	—.50	687	26.—
351	1.—	437/448	2.—	525	96.—	609	—.25	688	44.—
352	9.50	449	6.50	526	185.—	610/612	4.—	689	42.—
353	4.—	450	6.—	527	81.—	613/615	3.25	690	50.—
354a	—.25	451	4.—	528	59.—	616/618	2.75	691	42.—
354b	1.25	452	1.—	528a	87.—	619	29.—	692	33.—
355	8.50	453	1.75	529	135.—	620	24.—	693	46.—
356	220.—	454/455	2.50	530	130.—	621	29.—	694	43.—
357	210.—	456	4.50	531	200.—	622	31.—	695	45.—
358/359	5.50	457	3.75	532	88.—	623	35.—	696	47.—
360	—.50	458	19.50	533	100.—	624	72.—	697	39.—
361	1.—	459	27.—	534	85.—	625	33.—	698	45.—
362/364	2.—	460	2.—	535	19.50	626	33.—	699	49.—
365/366	2.—	461	290.—	536	3.—	627	61.—	700	59.—
367/368	1.25	462	280.—	537	3.50	628	66.—	701	41.—
369/370	1.50	463	4.50	538	97.—	629	67.—	702	49.—
371	—.50	464	9.—	539	100.—	630	30.—	703	61.—
372	1.—	465	32.—	540	98.—	631	29.—	704	67.—
373/374	1.—	466/467	—.25	541	90.—	632	32.—	705	105.—
375/376	1.—	468	685.—	542/543	4.75	633	27.—	706	79.—
377	—.75	469	94.—	544	210.—	634	28.—	707	45.—
378	3.25	470	450.—	545	100.—	635	20.—	708	16.—
379/380	3.75	471/473	9.50	546	46.—	636	50.—	709	80.—
381/383	1.—	474/476	11.—	547	56.—	637	49.—	710	12.—
384	1.50	477	190.—	548	48.—	638	32.—	711/713	6.—
385	65.—	478	145.—	549	50.—	639	33.—	714	4.75
386	51.—	479	105.—	550a	6.—	640	33.—	715	3.25
387	2.25	480	110.—	550b	5.50	641	35.—	716	2.25
388	76.—	481	170.—	551	6.—	642	57.—	717	2.75
389	60.—	482	96.—	552	6.—	643	39 —	718	3.50
390/394	4.—	483	90.—	553	3.75	644	76.—	719	5.50
395	2.25	484	115.—	554	18.50	645	1.—	720	4.—
396/397	6.50	485	120.—	555/556	—.75	646	20.—	721	5.—
398	1.75	486	180.—	557	90.—	647	3.25	722/723	4.—
399	39.—	487	115.—	558	85.—	648	8.—	724/725	6.—
400	115.—	488	100.—	559	77.—	649/650	5.50	726	4.50
401	23.—	489	150.—	560	58 —	651	2.50	727	—.75
402	18.—	490	35.—	561	80.—	652	4.—	728	5.50
403	7.50	491	3.—	562	76.—	653	4.—	729	5.—
404/407	2.—	492/494	8.50	563	47.—	654	2.25	730	3.—
408	335.—	495/496	7.—	564	45.—	655	2.—	731	19.50
409	295.—	497	5.—	565	61.—	656/658	8.—	732	6.50
410	325.—	498/500	6.50	566	56.—	659/660	5.50	733	4.—
411	600.—	501	—.50	567	43.—	661/664	1.50	734/736	19.—
412	345.—	502	250.—	568	40 —	665	45.—	737/739	14.50
413	440.—	503	115.—	569	34.—	666	49.—	740/744	3.25
414	1.25	504	130.—	570	51.—	667	31.—	745/746	3.—
415	28.—	505	125.—	571	52.—	668	150.—	747/753	3.75
416	27.—	506	120.—	572	68.—	669	185.—	754	1.25
417	31.—	507	175.—	573	49.—	670	43.—	755/757	2.25
418/419	5.50	508	285.—	574	45.—	671	170.—	758	1.25
420	4.—	509	140.—	575	88.—	672	28.—	759	2.50
421	5.—	510	165.—	576	42.—	673	43.—	760	1.25
422	4.—	511	50.—	577	43.—	674	56.—	761	—.25
423	2.75	512	80.—	578	40.—	675	52.—	762	11.—
424	5.—	513	19.50	579	39.—	676	36.—	763/764	7.—
425	5.50	514	23.—	580	46.—	677	40.—	765/766	8.—
426	4.75	515	20.—	581	50.—	678	41.—	767/768	6.—
427	2.50	516	18.—	582/600	16.50	679	36.—	769	5.—
428	4.—	517	5.—	601	1.25	680	41.—	770	1.50
429	32.—	518	1.25	602	4.—	681	49.—	771/773	9.—
430	12.—	519	4.75	603	2.75	682	28.—	774	5.50
431	59 —	520	4.75	604	1.—	683	46.—	775	3.25
432/433	14.50	521	1.—	605	2.—	684	70.—	776	2.50

Nr.	ℳ	Nr.	ℳ	Nr.	ℳ	Nr.	ℳ	Nr.	ℳ
777	1.25	852	1.25	937	14.50	1026	11.—	1101	45.—
778	1.75	853	1.50	938	68.—	1027	14.—	1102	60.—
779	7.—	854	2.50	939	71.—	1028	18.—	1103	56.—
780	7.50	855/857	5.—	940	91.—	1029	12.—	1104	115.—
781	3.25	858	2.—	941	80.—	1030	11.50	1105	66.—
782	—.75	859	2.—	942	76.—	1031	11.50	1106	8.50
783	225.—	860	17.—	943	64.—	1032	11.—	1107	6.50
784	14.50	861	5.50	944	70.—	1033	10.50	1108	4.—
785	—.75	862	4.50	945	74.—	1034	7.—	1109	5.50
786	65.—	863	5.50	946	81.—	1035	10.—	1110	4.—
787	73.—	864	18.—	947	3.75	1036	11.50	1111	3.50
788	6.50	865	8.50	948	9.—	1037	11.—	1112/1113	9.—
789	5.50	866	30.—	949	5.50	1038	4.50	1114/1115	11.50
790	6.50	867	25.—	950	11.—	1039	2.75	1116	5.—
791/792	5.—	868	61.—	951	10.50	1040/1041	—.50	1117/1118	7.—
793	5.—	869	145.—	952	8.50	1042	—.75	1119/1121	11.50
794	71.—	870	93.—	953	6.50	1043/1044	—.50	1122	3.75
795	1.75	871	130.—	954	8.50	1045	—.25	1123	4.50
796	1.75	872	15.50	955	10.—	1046	95.—	1124	3.75
797/798	2.—	873	15.—	956	8.—	1047	100.—	1125	4.—
799/800	4.—	874	15.—	957	1.—	1048	74.—	1126/1127	18.50
801/802	4.—	875	15.50	958/961	3.25	1049	16.—	1128a	4.—
803	3.25	876	15.—	962	—.50	1050	7.—	1128b	6.—
804	67.—	877/878	33.—	963	—.50	1051	5.50	1129	16.—
805	61.—	879/881	5.50	964	1.—	1052	155.—	1130	2.75
806	72.—	882/883	3.—	965	1.—	1053	12.—	1131	1.75
807	75.—	884	2.50	966	—.75	1054	5.50	1132	1.—
808	33.—	885/886	3.—	967	—.75	1055/1057	10.50	1133/1134	1.25
809	38.—	887	1.50	968	71.—	1058	12.—	1135/1137	1.—
810	46.—	888/889	8.—	969	84.—	1059	10.—	1138/1139	5.50
811	17.50	890	2.—	970	71.—	1060	6.—	1140	1.50
812	20.—	891/892	3.—	971	125.—	1061/1062	5.50	1141	1.25
813	26.—	893	2.50	972	8.50	1063	3.75	1142	1.—
814	15.—	894	2.—	973	9.—	1064	2.50	1143	4.—
815	25.—	895	1.—	974	9.—	1065	130.—	1144	4.50
816	29.—	896	1.25	975	12.—	1066	10.—	1145	3.75
817	60.—	897	—.50	976	—.25	1067	11.—	1146	5.50
818	20.—	898	—.50	977	—.50	1068	10.50	1147	1.25
819	20.—	899	23.—	978	16.—	1069	10.—	1148	—.75
820	70.—	900	2.—	979	10.50	1070	1.—	1149	1.50
821	57.—	901	2.25	980	140.—	1071	—.50	1150/1151	1.50
822	41.—	902	5.50	981	150.—	1072/1073	615.—	1152	1.—
823	31.—	903	2.50	982	20.—	1074	18.—	1153/1155	9.50
824	16.50	904	2.25	983	5.50	1075	14.—	1156	1.25
825	47.—	905	145.—	984	27.—	1076	11.50	1157	2.—
826	47.—	906	21.—	985	30.—	1077	20.—	1158	1.—
827	96.—	907	26.—	986	25.—	1078	12.50	1159	3.—
828	145.—	908	4.—	987	17.50	1079	12.50	1160	2.—
829	110.—	909/910	3.50	988/990	1.—	1080	12.—	1161/1162	3.25
830/831	2.—	911/912	7.50	991	16.—	1081	11.50	1163	9.50
832	6.50	913	2.50	992/993	23.—	1082	17.—	1164	1.25
833	2.75	914/915	5.50	994/995	21.—	1083	25.—	1165	2.25
834	4.75	916	4.75	996/997	21.—	1084/1086	35.—	1166	2.—
835/836	3.25	917/918	5.50	998/999	21.—	1087	16.—	1167	2.25
837/838	12.—	919/921	6.50	1000	6.—	1088/1089	24.—	1168	—.75
839	7.—	922	3.50	1001/1005	51.—	1090	13.—	1169/1170	1.—
840	11.—	923	3.—	1006/1015	105.—	1091	13.50	1171/1173	3.50
841	1.25	924/925	4.75	1016	11.—	1092	19.—	1174	4.75
842	1.—	926/927	2.—	1017	115.—	1093	9.—	1175	9.—
843/844	5.—	928	5.—	1018/1019	590.—	1094	36.—	1176,1191	89.—
845	4.50	929	20.—	1020	135.—	1095	50.—	1192	3.75
846	6.50	930/932	3.—	1021	130.—	1096	60.—	1193	5.50
847	2.50	933	22.—	1022	29.—	1097	2.—	1194	2.50
848	—.75	934	17.—	1023	11.50	1098	11.—	1195	1.50
849	—.75	935	16.50	1024	11.—	1099	9.—	1196	1.—
850/851	4.25	936	16.—	1025	27.—	1100	175.—	1197	1.50

Nr.	ℳ	Nr.	ℳ	Nr.	ℳ	Nr.	ℳ	Nr.	ℳ
1198	4.50	1279	5.50	1354	6.50	1439/1440	8.50	1517	4.—
1199	6.50	1280	3.—	1355/1358	9.—	1441	6.—	1518	24.—
1200	2.—	1281	7.—	1359	27.—	1442	6.—	1519/1520	25.—
1201/1202	8.—	1282/1283	8.—	1360	17.50	1443	7.—	1521/1523	185.—
1203	27.—	1284a	4.50	1361	12.50	1444	5.—	1524	94.—
1204	60.—	1284b	3.25	1362	16.50	1445	33.—	1525	33.—
1205	20.—	1285	4.25	1363	18.—	1446	4.50	1526	54.—
1206	4.—	1286	4.50	1364/1365	31.—	1447	17.50	1527	235.—
1207	—.50	1287	5.—	1366	1.25	1448	35.—	1528	100.—
1208	2.—	1288	4.—	1367/1368	4.25	1449	17.—	1529	55.—
1209	—.25	1289	4.—	1369	17.50	1450	4.—	1530	86.—
1210/1211	5.50	1290	3.—	1370	17.—	1451	3.75	1531	79.—
1212	1.—	1291	2.—	1371	55.—	1452	4.25	1532	41.—
1213a	7.50	1292/1293	6.50	1372	24.—	1453	8.50	1533	69.—
1213b	6.—	1294	4.25	1373	18.50	1454/1455	8.—	1534	165.—
1214	9.—	1295/1296	4.—	1374	56.—	1456	6.—	1535	725.—
1215	9.—	1297	1.50	1375	19.—	1457	5.—	1536	80.—
1216	1.—	1298	6.50	1376	9.50	1458	13.50	1537	69.—
1217	8.50	1299	2.50	1377	9.—	1459/1460	8.—	1538	51.—
1218	80.—	1300/1301	5.50	1378	19.—	1461	5.—	1539	205.—
1219	—.50	1302	2.—	1379	17.—	1462	9.50	1540	49.—
1220	9.50	1303/1306	14.50	1380	9.50	1463	11.—	1541	46.—
1221	5.—	1307	3.50	1381	40.—	1464	2.—	1542	100.—
1222	14.50	1308	1.50	1382	11.—	1465	2.—	1543	190.—
1223	5.50	1309	2.—	1383	4.25	1466	1.25	1544	335.—
1224	—.75	1310/1311	5.50	1384/1385	7.—	1467	1.—	1545	81.—
1225/1226	2.25	1312	1.50	1386	50.—	1468	1.—	1546	210.—
1227	1.50	1313	—.75	1387	6.—	1469	—.50	1547	73.—
1228	1.—	1314	4.50	1388/1389	7.50	1470	—.25	1548	23.—
1229	17.—	1315	10.—	1390	15.50	1471	1.75	1549	20.—
1230	8.50	1316	3.—	1391/1392	9.—	1472	7.50	1550	96.—
1231	30.—	1317 1318	12.—	1393/1394	15.—	1473	15.50	1551	46.—
1232	68.—	1319	7.—	1395	3.—	1474	19.50	1552	71.—
1233	4.75	1320	11.50	1396	8.—	1475	21.—	1553	15.—
1234	9.—	1321	7.—	1397/1399	11.—	1476	4.25	1554	9.50
1235	6.—	1322	4.50	1400	5.50	1477	5.—	1555	195.—
1236	5.50	1323	5.50	1401	5.—	1478	4.75	1556	165.—
1237/1238	8.—	1324	3.25	1402	34.—	1479	4.25	1557	150.—
1239	—.50	1325	4.50	1403	8.50	1480/1482	15.—	1558	49.—
1240/1246	15.50	1326	5.—	1404	6.50	1483	6.—	1559	37.—
1247	12.50	1327a	3.—	1405	3.50	1484	5.50	1560	91.—
1248	35.—	1327b	2.25	1406	3.50	1485	4.25	1561	38.—
1249	60.—	1328	76.—	1407	4.75	1486	2.75	1562	75.—
1250	11.—	1329	3.50	1408	4.50	1487	2.—	1563	80.—
1251	6.50	1330	7.—	1409/1410	9.—	1488	2.—	1564/1565	6.—
1252	11.—	1331	5.—	1411	29.—	1489	2.—	1566	190.—
1253a	2.25	1332	3.25	1412	4.25	1490	1.25	1567	41.—
1253b	—.75	1333	1.50	1413	10.—	1491	1.25	1568	240.—
1254 1255	5.—	1334	1.25	1414/1415	3.25	1492	7.50	1569	30.—
1256	—.75	1335	2.—	1416	8.—	1493/1498	5.—	1570	35.—
1257/1258	2.25	1336	2.—	1417	6.—	1499	8.—	1571	50.—
1259/1262	4.50	1337	6.—	1418	32.—	1500	3.25	1572	9.50
1263	1.25	1338	5.—	1419	1.25	1501	1.75	1573	115.—
1264	1.25	1339	2.—	1420/1421	41.—	1502	—.75	1574	76.—
1265/1266	1.25	1340	—.75	1422	23.—	1503	—.50	1575	89.—
1267	1.25	1341	5.50	1423	—.50	1504	—.50	1576	75.—
1268	1.25	1342	—.50	1424	20.—	1505/1506	1.25	1577	185.—
1269	13.—	1343/1345	11.—	1425 1426	32.—	1507	4.50	1578	185.—
1270	16.50	1346	26.—	1427	3.50	1508/1509	33.—	1579	140.—
1271	13.50	1347/1348	9.50	1428/1429	5.50	1510	18.—	1580	160.—
1272	60.—	1349	8.—	1430/1431	3.75	1511	81.—	1581	305.—
1273	12.—	1350	9.—	1432/1433	3.—	1512	23.—	1582	56.—
1274	22.—	1351	3.—	1434	16.—	1513	9.—	1583	49.—
1275	20.—	1352a	4.75	1435	14.—	1514	19.—	1584	45.—
1276/1277	7.50	1352b	4.25	1436	1.50	1515	13.—	1585	49.—
1278	3.75	1353	7.—	1437/1438	1.50	1516	4.50	1586	45.—

Nr.	ℳ	Nr.	ℳ	Nr.	ℳ	Nr.	ℳ	Nr.	ℳ
1587	50.—	1659/1660	45.—	1727	4.—	1794	6.—	1862	1.75
1588	52.—	1661	1.50	1728	56.—	1795	2.25	1863,1864	10.—
1589	50.—	1662	44.—	1729	25.—	1796	7.50	1865	9.—
1590	62.—	1663	51.—	1730	20.—	1797	13.—	1866	4.—
1591	69.—	1664	43.—	1731	4.—	1798	9.—	1867	29.—
1592	210.—	1665	31.—	1732	2.25	1799	11.—	1868	50.—
1593	50.—	1666	8.50	1733	1.75	1800	155.—	1869	3.—
1594	56.—	1667	66.—	1734	5.—	1801	21.—	1870	9.—
1595	36.—	1668	50.—	1735	81.—	1802	21.—	1871	24.—
1596	58.—	1669	52.—	1736	72.—	1803	2.—	1872	10.—
1597	56.—	1670	105.—	1737	65.—	1804	10.50	1873	5.—
1598	5.—	1671	50.—	1738	43.—	1805	1.—	1874	9.50
1599	4.25	1672	20.—	1739	16.50	1806	10.—	1875	26.—
1600	4.25	1673	99.—	1740	4.—	1807	10.50	1876-1877	5.—
1601/1602	8.50	1674	20.—	1741	34.—	1808	1.—	1878	18.—
1603/1604	9.—	1675	16.50	1742	34.—	1809	—.50	1879	8.50
1605/1606	8.—	1676	2.50	1743	29.—	1810	40.—	1880	13.50
1607	3.—	1677	25.—	1744	16.—	1811	14.—	1881	20.—
1608	4.50	1678	5.50	1745	16.—	1812	11.—	1882	1.—
1609	150.—	1679	3.25	1746	14.50	1813	10.—	1883	5.—
1610	59.—	1680	37.—	1747	31.—	1814	8.—	1884	1.25
1611	67.—	1681	4.—	1748	18.—	1815	8.—	1885/1888	32.—
1612	43.—	1682	54.—	1749	9.50	1816	5.—	1889	4.—
1613	71.—	1683	32.—	1750	3.25	1817	5.50	1890	10.—
1614	43.—	1684	16.50	1751	9.50	1818	57.—	1891/1892	10.—
1615	80.—	1685	6.50	1752	5.—	1819	29.—	1893	6.—
1616	12.—	1686	13.—	1753	140.—	1820	18.—	1894	6.—
1617	35.—	1687	18.—	1754	32.—	1821	17.—	1895	2.50
1618	39.—	1688	2.50	1755	33.—	1822	15.50	1896	7.—
1619	35.—	1689	79.—	1756	13.—	1823	14.—	1897/1898	6.50
1620	36.—	1690	5.—	1757	29.—	1824	11.—	1899	9.—
1621	38.—	1691	175.—	1758	275.—	1825	14.50	1900	18.—
1622	36.—	1692	145.—	1759	12.50	1826	1.75	1901	7.50
1623	36.—	1693	50.—	1760	18.—	1827	2.—	1902	5.—
1624	36.—	1694	35.—	1761	41.—	1828	26.—	1903	6.50
1625	235.—	1695	16.—	1762	105.—	1829	3.50	1904	6.—
1626	180.—	1696	3.—	1763	225.—	1830	13.—	1905	5.50
1627	71.—	1697	50.—	1764	13.—	1831	62.—	1906	9.50
1628	20.—	1698	3.25	1765	12.—	1832/1833	29.—	1907	8.—
1629	5.—	1699	21.—	1766/1767	6.50	1834	6.—	1908/1909	12.—
1630	43.—	1700	20.—	1768	28.—	1835	8.—	1910	16.50
1631	91.—	1701	39.—	1769	55.—	1836	11.50	1911	4.—
1632	95.—	1702	31.—	1770	13.50	1837	40.—	1912	15.—
1633	85.—	1703	27.—	1771	25.—	1838	14.—	1913/1914	5.50
1634	165.—	1704	21.—	1772	800.—	1839	4.50	1915	4.—
1635	165.—	1705	4.25	1773	145.—	1840	3.25	1916	17.50
1636	61.—	1706	75.—	1774	81.—	1841	25.—	1917	1.75
1637	65.—	1707	16.50	1775	170.—	1842	53.—	1918	49.—
1638	81.—	1708	27.—	1776	45.—	1843	17.—	1919/1920	17.50
1639	62.—	1709	7.—	1777	5.—	1844	16.50	1921	7.—
1640	4.—	1710	45.—	1778	105.—	1845	7.50	1922	—.50
1641	76.—	1711	5.—	1779	14.—	1846	29.—	1923	33.—
1642	76.—	1712	160.—	1780	10.—	1847	59.—	1924	—.50
1643	96.—	1713	105.—	1781	22.—	1848	7.—	1925	9.50
1644	155.—	1714	45.—	1782	110.—	1849	6.50	1926	7.50
1645	130.—	1715	25.—	1783	50.—	1850	10.—	1927	10.—
1646	61.—	1716	17.50	1784	14.—	1851	115.—	1928	5.—
1647	120.—	1717	6.—	1785	110.—	1852	75.—	1929	150.—
1648	32.—	1718	10.—	1786	15.50	1853/1854	13.—	1930/1931	5.50
1649	1.50	1719	19.—	1787	13.—	1855	3.—	1932	17.—
1650	210.—	1720/1721	4.—	1788	44.—	1856	10.50	1933	18.—
1651/1652	23.—	1722	6.50	1789	35.—	1857	5.—	1934	7.—
1653	20.—	1723	66.—	1790	31.—	1858	17.—	1935	8.—
1654/1655	4.—	1724	8.50	1791	6.50	1859	9.50	1936	58.—
1656/1657	4.25	1725	24.—	1792	6.50	1860	5.50	1937	17.50
1658	12.50	1726	8.—	1793	14.—	1861	16.—	1938	6.50

Nr.	ℳ	Nr.	ℳ	Nr.	ℳ	Nr.	ℳ	Nr.	ℳ
1939	16.—	1950	4.50	1964	14.50	1975/1976	7.50	1987/1988	3.50
1940	35.—	1951	4.—	1965	10.50	1977/1979	7.50	1989	—.75
1941	3.50	1952	—.50	1966/1967	7.—	1980	2.—	1990	20.—
1942	9.50	1953	4.25	1968	6.—	1981	18.50	1991	4.50
1943/1944	8.—	1954	1.50	1969	3.—	1982	3.—	1992	5.—
1945	—.50	1955	7.—	1970	10.—	1983	2.—	1993	22.—
1946	3.75	1956	7.50	1971	8.—	1984	8.—	1994	3 25
1947	1.75	1957/1959	26.—	1972	1.50	1985	9.50	1995	2.75
1948	1.50	1960/1962	25.—	1973/1974	1.25	1986	5.50	1996	3.50
1949	19.—	1963	46.—						

Druckerei von August Osterrieth in Frankfurt a. M.